오랜 시간에 걸쳐 카세트테이프를 듣고 이 책을 타이핑해 준 내 딸 찰린Charlene과 이 책을 편집해 준 내 아내 조니에게 감사한다.

이 책이 결실을 맺기까지 전문가로서의 조언을 준 켄 메이어Ken Meyer와 데이비드 허프David Hupp에게 감사드린다. 두 분께 하나님의 사랑과 풍성한 축복이 내리길 기도한다.

그리고 이 책을 예수 그리스도께 바친다.

내가 진실로 너희에게 이르노니
누구든지 이 산더러 들리어
바다에 던지우라 하며
그 말하는 것이 이를 줄 믿고
마음에 의심치 아니하면
그대로 되리라. 마가복음 11장 23절

주님이 제리 레오나드에게 이렇게 말씀하셨다.
"그들은 그들이 입술로 고백한 것을 가질 수 있음에도, 이미 갖고 있는 것을 말하고 있다고 내 백성에게 전하라."

Originally Published in English under the title

That's No Problem For The Lord! by Jerry Leonard

Copyright ⓒ by Celestial House

Korean Translation Copyright ⓒ 2009
by JinHeung Publishing Company
104-8 Sinseol-Dong, Dongdaemun-Gu, Seoul, Korea

제리 레오나드   윤귀남·윤남옥 옮김

창조적 치유와 기적의 간증
That's No Problem For The Lord!

진흥

머리말

하나님이 이 책에 부여하신 기름부음은 제리 레오나드가 예수님의 훈련된 제자로서 행한 것과 동일한 기름부음이다. 그가 말하는 모든 이야기는 원수 형제를 고소하는 자를 개인적으로 맞선 일에 대한 것이며 그 원수가 어떻게 정복되었는지에 대한 것이다. 제리는 우주 최고의 힘인 하나님의 말씀에 접속되어 있다.

하나님의 말씀은 살았고 운동력이 있어 좌우에 날선 어떤 검보다도 예리하여 혼과 영과 및 관절과 골수를 찔러 쪼개기까지 하며 또 마음의 생각과 뜻을 감찰하나니 히브리서 4장 12절

제리는 갈보리 산에서 흘리신 예수 그리스도의 피가 사탄과 모든 정신적, 신체적, 영적 영역에서의 사탄의 권세를 이긴다는 것을 온전히 이해하고 있다. 원수에 대한 승리를 예수님의 공로로 돌릴 때, 우리는 영적인 영역을 꿰뚫는 간증을 하게 되며 악을 파괴하고 하나님의 영광을 나타내게 된다. 제리 레오나드가 이 책에 쓴 간증은 예수님이 그분의

말씀에 영광을 돌리며 그분의 권세와 권위를 나타내신 수많은 경우를 자세히 설명하고 있다.

또 여러 형제가 어린 양의 피와 자기의 증거하는 말을 인하여 저를 이기었으니 그들은 죽기까지 자기 생명을 아끼지 아니하였도다. 요한계시록 12장 11절

예수님을 영접하기로 선택한 사람들은 예수님이 우리들을 영원한 죽음, 질병, 빈곤, 혼동과 연약한 마음 등으로부터 구원해 내신 모든 것을 받을 권리가 있다. 나는 이 책을 읽는 모든 믿는 자들이 예수님의 말씀에 들어와 기도하게 될 때 그분과 함께하게 된다는 것을 믿는다.

제리, 예수님께 헌신함을 인하여 감사한다. 단순하게 믿고 하나님의 말씀을 신뢰하기로 선택한 순종하는 종의 본보기가 됨을 인하여 당신에게 감사한다. 당신은 우리 모두가 원수의 권세를 이기고 예수님의 죽음이 가져온 모든 축복을 받게끔 동기부여를 해 주는 격려자이다.

밥 고메즈 Bob Gomez

서문 | 오늘의 치유와 기적을 위한 성경적 근거

두려움은 "하나님은 할 수 없다."고 말하나 믿음은 "하나님은 하실 수 있다."고 말한다.

믿음은 바라는 것들의 실상이요 보지 못하는 것들의 증거니 히브리서 11장 1절

믿음은 볼 수 없는 것을 보며 불가능한 것을 믿으며 믿을 수 없는 것을 믿는 것이다.

믿음은 그가 할 수 있다는 것을 믿는 것이 아니라 그가 하실 것이라는 것을 아는 것이다. 이것을 믿는가? 계속해서 읽으라.

저가 그 말씀을 보내어 저희를 고치사 위경에서 건지시는도다. 시편 107편 20절

하나님의 말씀이 그렇게 말씀하신다면, 나는 그것을 믿고 그렇게 된다.

그러므로 내가 너희에게 말하노니 무엇이든지 기도하고 구하는 것은 받은 줄로 믿으라 그리하면 너희에게 그대로 되리라. 마가복음 11장 24절

만일 당신이 이것을 의심한다면 당신은 여기서 제외될 것이다.

살리는 것은 영이니 육은 무익하니라 내가 너희에게 이른 말이 영이요 생명이라. 요한복음 6장 63절

나는 이것이야말로 하나님이 하시는 일이라고 생각한다.

예수를 죽은 자 가운데서 살리신 이의 영이 너희 안에 거하시면 그리스도 예수를 죽은 자 가운데서 살리신 이가 너희 안에 거하시는 그의 영으로 말미암아 너희 죽을 몸도 살리시리라. 로마서 8장 11절

나는 주님의 말씀을 믿기로 선택한다.

그러나 보라, 내가 이 성을 치료하며 고쳐 낫게 하고 평강과 성실함에 풍성함을 그들에게 나타낼 것이며 예레미야 33절 6절

역자의 글 | 윤남옥 목사

이 아름다운 책의 주인공인 제리Jerry Leonard를 만난 것은 저에게 새로운 세계를 열어준 사건이었습니다. 평범한 미국인 이발사가 하나님께 전적으로 헌신하고 순종하면서 어떻게 많은 기적을 체험하여 하나님의 이름을 높여드렸는지 보여주는 이 책을 모든 이들에게 알리고 싶은 마음이 불일듯 일어났습니다. 지난해 4월에 직접 집으로 찾아가서 만나본 제리와 조니 레오나드는 매일 기름부음의 예배를 드리면서 계속하여 치유와 임파테이션의 목회HIS way ministry를 하고 있었습니다. 그는 아주 단순히, 정말 어린아이처럼 단순하게 주님의 말씀에 순종하여 그 말씀을 사역에 적용하였고, 그 결과 많은 이들이 창조적 치유를 목격하게 하였습니다.

먼저 이 책은 저의 동생인 윤귀남 권사가 일일이 번역을 해 주었습니다. 이 책의 번역의 어려움은 원문 자체가 전문적인 영어로 쓰여져 있지 않으며 교정이나 수정을 거쳐 나온 글이 아닌 책이라는 점에 있었습니다. 그래서 초역은 어려움을 겪었습니다. 저는 이 어려운 작업을 해준 윤귀남 권사(이화여대 영문과 졸업, 前 이화외고 영어교사)에게 깊은 감사를 드립니다. 그는 여름 내내 이 번역과 씨름을 하여야 했습니다.

제가 하는 일은 그 작업을 읽기 쉬운 구어체로 바꾸는 일이었으며 미국식의 표현을 잘 이해하도록 다시 조정하는 일이었습니다. 그래서 다시 재번역을 시도하였습니다. 여러 번 여러 사람의 손을 거쳐 점검이 된 책이라 아마 독자 여러분들은 훨씬 편하게 읽어 내려 갈 수 있을 것입니다.

무엇보다도 이 책이 소개되면서 저는 '아주 단순하게 하나님의 말씀을 믿고 그대로 생활에 적용하는' 일들이 우리 주위에서 많이 일어나게 되기를 기도합니다. 제리는 언제나 '하나님이 하시는 일입니다. 그에게는 불가능이 없습니다!' 라고 고백하고 있습니다. 저는 그러한 그의 고백이 우리의 고백이 되기를 원합니다. 우리의 이성이 너무 하나님의 기적을 제한하기 때문에 기적을 보지 못하는 것입니다. 이제 우리가 단순한 마음으로 하나님의 기적에 대하여 마음을 열고 담대하게 믿음을 행사하여야 한다고 봅니다.

보통 유명하고 세계적인 사역자들의 글들이 많이 번역이 되었지만 저는 우리 동네의 이발사 같은 아주 평범한 평신도의 손을 들어서 하나님이 얼마나 많은 일을 하셨는가를 전하고 싶었습니다. 그래서 우리 모두가 '나도 그러한 사역자가 될 수 있다' 고 하는 마음들이 불일듯 일어나기를 바랍니다.

이 책을 출판하여 준 도서출판 진흥에 감사드리며 이 치유사역에 관심을 가지고 함께 기도하며 같은 길을 걸어주는 메누하 사역자들에게 깊은 감사를 드립니다. 이 책을 통하여 하나님의 놀라우심이 한국에서도 영광 받게 되기를 기도합니다.

2008년 성탄절에

차 례

머리말
서문
역자의 글

이발사의 간증 >>>

부록

여러분을 위한 기도
구원의 확신
용어 풀이
성령의 가르치심

이발사의 간증

01. 영적인 인생이 시작되던 때 | 14
02. 이발소에서의 사역 | 54
03. 체휼적 분별 | 82
04. 임파테이션-꿈-환상 | 88
05. 사역 속의 은사들 | 96
06. 어두움에서 빛으로 | 124
07. 기적들 | 132
08. 치유와 축사를 위한 처방 | 138
09. 성령 안에서 행하기 | 190
10. 행함으로 | 198
11. 듣는 자와 행하는 자 | 210
12. 최근 소식 | 236

01. 영적인 인생이 시작되던 때

　내 이름은 제리 레오나드Jerry Leonard이다. 이 이름을 말할 때마다 나는 하나님이 이 이름을 통해 행하신 일 때문에 놀라게 된다. 나는 1926년에 할아버지 농장에 있는 통나무집에서 태어났다. 열여덟 살 때 전쟁이 터졌기 때문에 나는 일터로 가야 했다. 그 때 내 친구는 해군에 입대하였는데, 열여덟 살이었던 나에게는 그 친구의 생각이 좋아 보였다. 탐 틸포드Tom Tilford는 중고 오토바이를 타고 와서는 입대하러 가는 길이라고 하였다. 나는 뒷자리에 얼른 올라타서 함께 갔다. 그러나 나는 아직 성인이 되지 않았기 때문에 부모님이 허락하는 용지에 서명을 해야만 했다. 친구들은(신병 훈련 후에) 알류트 섬에 있는 알래스카 해변에 배치되었다.

　나는 그들과 함께 갔어야 했지만 배에 짐을 싣다가 팔이 부러졌다. 병원에서 치료를 받고 있는 중에 의사는 내 코 속의 종양을 제거하는 수술을 해야 한다고 했다. 어렸을 때 콩을 코 속에 찔러 넣었던 일 때문에 생긴 종양이었다. 이런 일 때문에 서류 제출이 늦어져서 나는 남태평양으로 가게 되었다. 사실 알래스카로 배치된 나의 친구들 대부분은 돌아오지 못했다. 일본군은 커다란 대포를 사용해서 배 밑창에 구멍을 내곤 했었는데 그 배들은 폭파되고 말았다. 다행히 그 콩으로 인한 종양 때문에 나는 목숨을 건질 수가 있었다.

전쟁은 엄청나게 끔찍한 경험이었다. 매일 밤마다 일본군은 내가 있던 섬에 공습을 가했다. 늘 죽음이 가까이 있다는 절박함 속에 살았다. 그렇지만 하나님은 내가 어디에 있는지 알고 계셨고, 나를 잊지 않으셨다. 우리 가족과 이웃은 날 위해 기도하고 있었다. 제대하고 보니 우리 가족은 캘리포니아 주로 이주해 있었다. 부모님과 남동생은 캘리포니아 주의 태프트로 이사를 하였고 아버지는 스탠더드 오일 회사의 기계공장에서 일하고 계셨다. 남동생 척은 고등학교에 다니고 있었다. 나는 집에 돌아와 당분간 오일 분야에서 일했다.

내 친구 깁 헌트가 새 차를 갖게 되어서 우리들은 다른 친구 세 명과 함께 3월에 알래스카로 떠나서 10월에 돌아왔다. 우리는 거기서 건축 일을 하였다. 얼마나 아름다운 곳이었는지! 언젠가는 다시 가보고 싶었는데 여태껏 가보질 못했다.

집에 돌아왔을 때 어머니와 이웃집 본Vaughan 부인이 담 너머로 이야기를 나누고 있었다. 그녀에게 어린 딸이 있었는데, 일곱 중의 막내였다. 두 분의 중매가 효과가 있어서, 나와 로즈는 1948년 11월에 베이커스필드의 치안 법관의 집에서 결혼식을 올렸다. 우리는 54년 간 결혼 생활을 하였고, 그녀는 2002년 7월 16일에 주님 곁으로 떠났다.

이 책을 읽는 분들 중에 어떤 이들은 마음의 감동을 받아서 "주님, 나도 이 사람처럼 살고 싶어요."라고 기도할지 모르겠다. 만일 주님께 요청한다면, 하나님은 여러분이 원하는 대로가 아니라 그 분이 원하시는 대로 여러분을 사용하실 것이다. 그러면 여러분도 창조적 기적을 행할 것이다. 여러분은 주님이 하신 일을 하게 될 것이다. 주님께서 말씀하시길, "이보다 더 큰 일을 보리라."요 1:50 고 하셨다. 주님은 예수님의 귀한 이름 안에서 주의 일을 하기를 소원하는 성도들 마음에 소원을 심어 주신다.

　순복음실업인회 만찬에서 래리 페어웰은 이렇게 나를 소개하였다. "2년 전 순복음실업인회 만찬에서 강연을 하고 있을 때, 저의 딸이 청중 가운데 앉아 있었습니다. 딸은 등에 심한 상처를 입어서 고통을 겪고 있었고 힘이 하나도 없었지요. 제 딸은 엄청나게 많은 용량의 스테로이드 처방을 받았습니다. 그 많은 양의 약을 복용하게 되자 너무 허약하게 되어 슈퍼마켓에서 걸을 수도 없었습니다. 그 모임이 거의 끝날 무렵, 제리가 걸어 나와서 나에게 내 딸이 등에 문제가 있으며 주님께서 그녀를 위해 기도해 주라고 하셨다고 말하였습니다. 그의 기도를 받은 후, 우리는 집으로 돌아왔습니다. 내 딸은 계단을 뛰어올라가 엄마에게 자신이 기도를 받았고 좀 나은 것 같다고 말했습니다. 이틀이 지난 후, 그녀가 전화를 하였는데 놀라운 소식을 전했습니다. 그 전날 밤 늦게까지 과자를 구웠다는 것입니다. 그녀는 자기가 완전히 치유되었다는 것을 확실히 알게 되었던 것이지요. 오늘 밤 바로 우리 딸을 위하여 기도하여 주었던 그 제리 레오나드가 초청 강사로 오셨습니다."

딸의 전도로 하나님 앞으로 나아가다

　나의 아내와 두 딸은 15년 동안 교회를 다녔다. 작은 딸은 자기가 아는 사람들에게 아빠를 위해 기도해 달라고 부탁하였다. 나는 주님으로부터 도망치고 있었다. 교회에서 자라났지만 오늘날 우리가 믿는 많은 것들을 믿지 않았었던 것이다. 작은 딸이 다섯 살일 때 우리는 친척을 방문하러 테네시로 가고 있었는데 나는 그 곳에서 낚시도 할 수 있었기 때문에 기대하며 길을 떠났다. 아칸소에서 출발하여 가는 도중에 식사를 하기 위해 잠깐 멈추게 되었다. 식사 중에 작은 딸이 아프기 시작했는데, 너무나 심하게 아파서 우리는 그녀를 인근 도시의 응급실로 데려갔다. 의사는 "이 아이는 이질(설사)에 걸렸을 뿐이고 여행하는데 지장이 없을 겁니다."라고 말했다. 그렇지만 우리는 결국 여러 병원에 들려야 했으며 뉴멕시코 주 칼즈배드에 도착했을 때 딸을 병원에 입원시켰다. 다음 날 나는 젊은 의사를 만나서 "박사님, 제 딸이 나아지질 않네요. 만일 이 아이가 박사님 아이라면 다른 특별한 조치를 취하셨겠지요."라고 말했다. 그는 "선생님 말씀이 옳습니다. 오늘 밤에 대변을 검사해 보고 나아지지 않으면 다른 검사를 좀더 해 보겠습니다." 그동안은 페니실린을 처방하였는데 이제 설파제를 주기 시작했다.

　그 날 저녁 아내는 복도에서 젊은 침례교 목사를 만났는데 그 목사는 자기가 도울 일이 없느냐고 물었다. 아내는 기도를 부탁했다. 목사와 아내는 침대 한 쪽 끝에 서서 기도를 하였고, 나는 다른 쪽 끝에 서서 "주님, 우리 딸을 고쳐 주시면 주님을 섬기겠습니다."라고 기도했다. 이렇게 여러분들도 주님과 협상을 해 본 적이 없었는가? 그 젊은 목사의 기도에서 생각나는 것은 "새벽이 오기 전에 어두움이 가장 깊습니다."라는 말이다. 다음날 아침 아이는 여전히 아팠지만 데리고 나올 수 있었다. 아이는 계속적으로 설파제를 먹어야 했고 닭 수프만 허용이 되었기 때문에 배가 고파 울고 있었다. 다행히 몇 주 지나고 나서 딸아이는 병이 나았고 학교에 다닐 수 있었다.

12년 후에, 딸아이는 태평양기독교대학Pacific Christian College에 가기로 결정하였다. 그 아이가 대학으로 가기 전 일이다. 어느 주일에 딸과 아내가 교회에서 돌아왔다. 시간은 정오쯤이었고 나는 축구를 보고 있었다. 그 때 딸 조니는 갑자기 내가 보는 TV를 껐다(세상에, 내 딸이 그렇게 무례한 행동을 나한테 할 수 있다니!). 그녀는 내 눈을 똑바로 쳐다보면서 "아빠, 엄마와 나는 구원 받았고 천국에 갈 거예요. 아빠는 길을 잃었어요. 우리는 아빠가 우리와 같이 천국에 가셨으면 좋겠어요."라고 말했다. 주님은 어린 아이도 사용하시는 것이다. 나는 주님께 12년 전에 약속을 했었지만 순종하지 않았다. 그래도 그럭저럭 잘 살아갔다. 그렇지만 그날 밤 가슴이 두근거려 잠을 잘 수 없었다. 다음 주일날 나는 일어나서 옷을 차려입고 그들과 함께 교회에 나가기 시작했다.

세 주일 연속으로 목사님은 새 신자들을 제단 앞으로 불러내었다 alter call, 새로 믿기로 작정한 사람들을 제단 앞으로 불러내는 시간: 역자 주. 나는 자리에 꼼짝 않고 앉아서 "주님, 제발 다음 주일에, 다음 주일에…."라고 기도했다. 세 번째 주일날까지 성령께서는 충분히 기다리셨던 것 같다. 그는 나를 자리에서 끌어내었고 나는 통로를 걸어 내려가 예수님이 나의 구세주임을 고백하였다. 나는 그 날 밤 세례를 받았다. 그렇지만 그들은 내가 그 분을 마음속에 초대해야 한다는 것을 가르쳐 주지 않았다. 머리와 가슴의 거리는 45cm다. 나는 그저 한 주일에 세 번씩 교회에 갈 뿐이었다. 말씀의 깊이로는 들어가지 못했다. 그저 교회에 나가는 것만이 내가 할 일인 줄 알았다. 그렇지만 하나님은 다른 계획을 가지고 계셨던 것이다.

사역을 향하여 주님이 준비하셨다

때는 바야흐로 1970년, 주님은 내 관심을 끌기 위한 특별한 일을 행하셨다. 나는 예수님을 알고자 하는 마음이 없이 25년을 살아왔었다. 그 때 나는 등을 다치게 되었는데 수술 밖에 방법이 없다는 말을 들었다. 나는 수술을 받아들일 수가 없었다. 그래서 병자를 위해 기도해 준다는 전도사의 말씀을 들으러 64km를 달려갔다. 나는 영적 치유를 믿지도 않았었는데 급하기 급했었던 모양이다.

집회에서 나는 사람들이 기도를 받고 쓰러지는 것을 보았다. 사실 그렇게 되고 싶지 않았다. 그렇지만 아내는 나에게 앞으로 가서 기도를 받으라고 우겼다. 강사가 나를 위해 기도하기 시작했을 때, 나는 내 안에 크리스마스 트리처럼 불이 켜지는 것을 느꼈다. 예수님은 당신이 하시고자 하는 일을 하셨고 그것을 나에게도 행하셨다. 그것은 아무도 부인할 수 없는 명백한 사실이었다. 다른 사람들이 그 일을 다 함께 목격하였기 때문이다. 그러자 한 여성이 갑자기 나에게 다가오더니 병자에게 기도해 주라고 지시하였는데, 즉시로 병자들이 고침을 받았다. 나의 삶은 극적으로 변화되었다. 예수님은 생생한 방식으로 주님을 알게 하셨다.

아내와 나는 하나님의 일에 헌신하기로 결심하였다. 그러나 예수님은 나에게 "너는 기적을 행하며 내 이름으로 귀신을 내쫓을 것이다."라고 말씀하셨는데, 나는 "안 됩니다! 그런 사람들은 핍박을 받아요. 그런 일은 나하고는 상관없어요."라고 말했다. 그 후 나는 3년 동안 죽은 교회를 다녔는데 내 영혼이 견딜 수 없어서 울부짖기 시작했다. 주님은 교회 건물 밖으로 나와 나의 사업장으로 옮겨 오셨다. 나의 이발소는 지역사회의 등대가 되었다. 사람들은 이발을 하러, 기도를 받으러 줄을 섰다. 사람들은 이발과 면도와 치유를 위해서 전국에서 몰려들었다. 주님은 사람들을 우리 집으로 보내기 시작했고 곧 이어 나는 순복음실업인회의 회장이 되었다. 하나님은 전국을 다니면서 말씀을 전할 기회를 주셨다. 그분은 신실하게 곤궁에 처한 사람들을 고치시며 구원하셨다. 나는 은사를 받았고 명령을 받았는데, 인간의 신체를 회복시키는 은사와 예언자들 그룹을 훈련시키는 임무를 맡았다. 오늘날 나는 주님이 그날을 예비하여 주님의 계획과 사람들을 연결시키는 일에 나를 급히 부르시고 있다는 것을 알고 있다. 나는 주님의 마지막 날의 계획에서 큰 역할을 하고 있는 것 같다. 모든 기적들과 모든 치유들을 보면서 나는 지금이 주님의 재림을 준비할 긴박한 때라는 것을 알 수 있다. 여러분은 구원을 뒤로 미루지 않길 바란다. 이것은 영원의 부르심인 것이다.

    꼬박 1년 동안 주님은 내가 주님의 이름으로 기적을 행하며 귀신과 악한 영을 쫓아낼 것이라고 말씀하셨다. 나는 장난감 가게에 있는 어린 아이와 같았다. 나는 어떤 병이든 상관없이 사람들에게 안수하였고 온갖 종류의 기적이 일어나는 것을 보았으며 귀먹은 사람들에게도 안수하였다. 나는 이발소에서 사람들을 위해 기도하곤 하였다. 곧 성령께서는 "나에 대해서 말하라."고 말씀하셨다. 나는 이발소에서 사람들에게 예수님을 전하기 시작하였다. 사람들은 구원을 받았고 고침을 받았으며 해방되었다! 내가 사람들에게 이발용 덮개를 씌우고 내가 그들을 만지는 그 순간에 주님은 즉시 그들을 위한 성경 구절을 주셨다. 혹은 누군가가 "주님께 말씀을 받고 싶어요."라고 말하면 즉시 두세 개의 성경 구절이 떠올랐다. 목사님들도 나에게 그런 부탁을 하였다. 그럴 때마다 나는 누군가가 내 뒤에 서서 가르쳐주고 있나 하고 뒤를 돌아보기도 하였다.

일 년 정도 주님은 나에게 말씀에 대한 갈망을 심어주셨다. 나는 여러 번 성경을 통독하였고 또 다시 되풀이 읽었다. 시편과 잠언을 읽었으며 하루에 여섯 장에서 여덟 장씩 읽었다. 나는 성령님께 30분 더 일찍 일어나게 해 달라고 요청하였다. 그래서 그 다음 3년 반 동안, 시편과 잠언과 신약을 30일마다 한 번씩 통독을 할 수 있었다. 나는 그 일을 떠날 수 없었고 말씀의 잔치에 푹 빠져 지냈다.

하나님을 찬양한다! 하나님은 말씀을 통해서 나에게 말씀하시기 시작하셨다. 주님은 나에게 앞으로 일어날 일들에 대해서 말씀하셨고, 나에게 보내주실 사람들에 대해서 말씀해 주셨다. 나는 오일 분야에서 일하면서 얻은 등의 통증으로 23년 간 고생하고 있었다. 어느 날 오후 등이 몹시 아팠는데, 그 때 딸아이가 주말이라서 학교에서 집으로 돌아와 지내고 있었다. 딸은 친구 둘을 데리고 왔었는데, 그 아이들도 내가 정말로 아프다는 것을 알 수 있을 정도였다. 그 아이들은 나에게 노래를 듣고 싶으냐고 물었다. 나는 '험한 세상 나그네길 He Touched Me'을 불러달라고 했다. 나는 통증을 느끼며 앉아 있었고 아이들은 'He Touched Me'를 부르기 시작했다. 뜨거운 눈물이 뺨에 흘러내리면서 이상한 말씀이 내 입 속에서 만들어지기 시작하더니 "하바 데 샤바 숀 다 데 미아…."라고 말하기 시작했다. 내 몸은 달아올랐고 통증은 사라졌다. 아내는 집에 와서 나를 보고 "당신에게 무슨 일이 일어난 거예요?"라고 물었고 나는 "나도 모르겠소!"라고 대답하였다. 아내가 말했다. "난 알아요. 당신 성령으로 세례 받은 거예요." "정말이오?"

부흥회에서 처음으로 남을 위해 기도하기 시작하다

우리는 뉴 호프 템플에서 열리는 부흥회에 참석하였다. 거기에는 조니 마로니라고 하는 버튼 윌로우에서 온 젊은 전도자가 있었다. 그는 우리를 불러내어 "당신들은 해야 할 사역이 있어요, 당신들의 교회로 돌아가세요."라고 말했다. 그러나 바로 거기에서 일어나는 일들을 즐기고 있었기 때문에 돌아가고 싶지가 않았다. 그는 "내일 밤에는 치과적인 문제를 다룰 것입니다."라고 말했다. 나는 '좋아, 내일도 와서 말씀을 들어야지'라고 생각했다. 다음 날 밤에 그는 나와 젊은 부인을 불러내었다. "주님은 지금 당장 이 부인의 뒤쪽 치아 두 개를 때우실 것입니다!" 그리고 나에게 거울과 회중전등을 건네주었다. 나는 하나님이 금을 치아 아래쪽부터 위로 가져와 십자가와 별모양으로 씌우시는 것을 똑똑히 보았다. 나는 "주님, 주님께서 내게 명하시는 것은 무엇이든지 하겠습니다."라고 말했다. 주님은 무엇이든지 하실 수 있다는 것을 알기 때문이었다! 그녀는 가서 치아 2개를 엑스레이로 찍어 보았다.

그녀의 치아 속에는 80만원 상당의 금이 들어있었다. 그녀의 어머니는 우리 집에서 두 집 건너에 살고 있었다. 그 때 하나님은 그 분에게는 불가능한 일이 전혀 없다는 것을 보여 주신 것이다. 누가복음 1장 37장에는 "하나님의 모든 말씀은 능치 못하심이 없느니라."고 기록되어 있다. 사람들에게만 불가능할 뿐이다.

이 젊은 전도자가 "당신들은 해야 할 사역이 있습니다."라고 말함을 인하여 주님을 찬양한다. 우리는 주님을 찾으려는 갈망으로 성령에 대하여 설교하거나 가르치는 곳에는 어디든지 따라갔다. 마로니 형제가 성령과 은사에 대해서 설명해 주었을 때에, 나는 "주님, 그 은사들을 전부 원합니다."라고 말했다. 마로니는 이렇게 말했다. "내 아내가 병중에 있습니다. 내가 사역을 하러 나갈 때마다 아내는 병이 납니다. 아내가 병원에 가면 병원에서는 나에게 전화를 하지요. 병원에서 아내를 치료하는 동안 나는 하나님의 말씀을 전하기 위해 여기 니외 있습니다. 아내를 위해 기도해 주세요. 2주간의 집회가 끝나기 전에 아내는 여기에 올 것입니다." 나는 어떻게 기도해야 할지 알지 못했지만, 그의 아내가 병이 나아서 집회의 나머지 일정에 참석할 수 있게 되었으면 하는 마음의 소원이 있었다. 그래서 나는 "주여, 마노리 형제의 아내를 고쳐주소서."라고 기도하였다.

나는 마음의 부담이 많이 느껴졌기 때문에, 예배가 끝날 무렵에 걸어 나가 그에게 말하였다. 나는 "마노리 형제, 내가 책 하나를 읽고 있는 중인데, 그 책이 당신 아내의 건강에 해결책을 줄지도 모른다고 생각해요."라고 말하려고 생각했었다. 그렇지만 웬일인지 나는 그 말 대신에 "내가 그녀를 치유할 것입니다!"라고 말하고 말았다. 그는 나를 덥석 끌어안고는 내 손을 위해서 기도하였다. "믿습니다. 하나님이 고치실 것이라고 말씀하셨습니다." 다음 날 아침 우리는 베이커스필드로 갈 예정이어서 그 길에 그의 집으로 차를 몰고 갔다. 베이커스필드까지 가던 중 중간쯤에 나는 "그녀가 심장에 압박을 받고 있다."고 말했다. 아내는 "그것이 바로 지식의 말씀이에요."라고 말했다. "지식의 말씀이라는 것이 뭐요?"라고 물으니 아내는 "그건 성령의 은사 중의 하나에요."라고 대답했다.

　우리는 그 집에 당도하였고 그의 아내가 문에서 우리를 맞아주었다. 그녀는 "안드레가 오늘 새벽 4시까지 여기 있다가 갔어요. 그는 피아노를 쳤고 조니는 오르간을 쳤지요. 자고 싶었어도 잘 수가 없었어요."라고 말했다. 마로니는 "하나님께서 내 아내를 고치실 것이라고 말씀하셨으니 들어오셔서 아내를 위해서 기도해 주세요. 나는 가서 샤워 좀 할게요."라고 말했다. 나는 그녀에게 가서 어깨에 손을 얹고 "예수의 이름으로 고침을 받을지어다."라고 말했다. 그녀는 그날 저녁 교회에 갈 수 있었다. 그렇게 하신 분은 바로 하나님이셨다.

　그 다음 날 새벽 4시쯤에 나는 울면서 일어나 집 안을 걸어 다녔다. 성령께서 분명히 들을 수 있는 음성으로 이렇게 말씀하셨던 것이다. "너는 내 이름으로 기적을 행할 것이며 내 이름으로 악한 영을 쫓아낼 것이다." 나는 "나는 아니에요, 주님! 그런 사역을 하는 사람들은 핍박을 받아요."라고 말했다. 그렇지만, 보라, 그렇게 행하는 것은 내가 아니라 하나님이시다! 그것은 나의 의지가 아니라, 그분의 의지인 것이다. 여러분은 기적을 일으킬 수 없다. 여러분은 병든 자를 고칠 수 없다. 나도 고칠 수 없다. 하나님이 우리를 통해서 일하시기를 원한다. 그렇게 하기를 주님은 우리에게 부탁하시는 것이다. 주님은 여러분을 신성하게 임명하셨다. 주님은 우리 모두를 동일한 방식으로 사용하기를 원하신다. 내가 주님께 사람들에게 무슨 간증을 해야 할지 여쭈어 볼 때마다, 주님은 이발소에서 일어난 많은 일들을 간증하라고 말씀하셨다. 그러나 이번에는 주님은 조금 다르게 말씀하셨다. "나는 네가 사람들의 믿음을 세워줄 수 있는 간증을 하길 원한다." 나는 일어나 간증을 해 본 일이 거의 없었지만 그 분이 말씀하신 것을 다음과 같은 뜻으로 들었다. "내 백성에게 내 말씀에 주파수를 맞추고 있으라고 말하라. 나는 내 말씀을 통해서 그들에게 말할 것이다."

히브리서 10장 7절에는 "하나님이여, 보시옵소서. 두루마리 책에 나를 가리켜 기록한 것과 같이 하나님의 뜻을 행하러 왔나이다."라고 쓰여 있다. 또한 시편 40편 7절에도 하나님은 "사람들이 가진 모든 문제에 대한 해답은 내 책에 있고, 거기에 머물러 문제에 대한 해답을 찾으면 그 문제 상황에 대처하게 될 것이라고 말하라."고 하셨다. "너는 나로 기억이 나게 하고"사 43:26 내가 오늘 밤 당신을 위해서 기도할 때 나는 당신이 하나님의 말씀을 기억하게 하겠다. 왜냐하면 하나님은 그의 말씀을 보내셔서 사람들을 치유하셨기 때문이다.

좀 더 깊이 들어가기 전에, 조금 더 말씀 속으로 들어갔으면 좋겠다. 사도행전 8장 5절에서 8절을 보라. "빌립이 사마리아 성에 내려가 그리스도를 백성에게 전파하니 무리가 빌립의 말도 듣고 행하는 표적도 보고 일심으로 그의 말하는 것을 좇더라. 많은 사람에게 붙었던 더러운 귀신들이 크게 소리를 지르며 나가고 또 많은 중풍병자와 앉은뱅이가 나으니 그 성에 큰 기쁨이 있더라!" 오늘 밤 이 도시에도 큰 기뽐이 있을 것이다. 26절로 내려가 보자. "주의 사자가 빌립더러 말하여 이르되 일어나서 남으로 향하여 예루살렘에서 가사로 내려가는 길까지 가라 하니 그 길은 광야라. 일어나 가서 보니 에디오피아 사람 곧 에디오피아 여왕 간다게의 모든 국고를 맡은 관리인 내시가 예배하러 예루살렘에 왔다가 돌아가는데 수레를 타고 선지자 이사야의 글을 읽더라. 성령이 빌립더러 이르시되 이 수레로 가까이 나아가라 하시거늘 빌립이 달려가서 선지자 이사야의 글을 읽는 것을 듣고 말하되 읽는 것을 깨닫느뇨? 대답하되 지도하는 사람이 없으니 어찌 깨달을 수 있느냐 하고 빌립을 청하여 병거에 올라 같이 앉으라 하니라 읽는 성경 귀절은 이것이니 일렀으되 저가 도살자에게로 가는 양과 같이 끌려갔고 털 깎는 자 앞에 있는 어린 양의 조용함과 같이 그 입을 열지 아니하였도다. 그가 굴욕을 당했을 때 공정한 재판도 받지 못하였으니 누가 그의 세대를 말하리요. 그 생명이 땅에서 빼앗김이로다 하였거늘(너무 눈물이 나서 읽을 수가 없다.) 내시가 빌립더러 말하되 청컨대 내가 묻노니 선지자가 이 말 한 것이 누구를 가리킴이냐 자기를 가리킴이냐 타인을 가리킴이냐 빌립이 입을 열어 이 글에서 시작하여 예수를 가르쳐 복음을 전하니 길 가다가 물 있는 곳에 이르러 그 내시가 말하되 보라 물이 있으니 내가 세례를 받음에 무슨 거리낌이 있느냐 (없음) 이에 명하여 수레를 멈추고 빌립과 내시가 둘 다 물에 내려가 빌립이 세례를 베풀고 둘이 물에서 올라올새 주의 영이 빌립을 이끌어 간지라. 내시는 기쁘게 길을 가므로 그를 다시 보지 못하니라. 빌립은 아소도에 나타나 여러 성을 지나다니며 복음을 전하고 가이사랴에 이르니라."

빌립이 행한 것과 같은 것을 행하도록 하나님은 여러분과 나를 부르신 것이다. "믿는 자들에게는 이런 표적이 따르리니 병든 자에게 손을 얹은 즉 나으리라"고 말씀하신다. 나는 이 말씀이 이루어지는 것을 본다. 하나님이 빌립을 위해서 행하셨다면 나를 위해서도 행하실 것이고 여러분을 위해서도 행하실 것이다. 여러분이 해야 할 일은 오직 믿는 일 뿐이다!

기적들이 일어나기 시작하다

주님의 감화를 받은 몇 가지 간증을 하려고 한다. 내가 갔던 병원에서 일어난 일인데, 이는 주님이 문을 열어주시고 영광을 얻으신 것이다. 왜냐하면 보내심을 받지 않았다면 아무 유익이 없었을 것이기 때문이다. 나는 부르심을 받고 간다. 어느 날 고객이 들어와서 "당신 친구 휴고 화이트가 병원에 입원해 있어요. 심장 발작을 일으켰어요."라고 말했다. 시 73:26 ; 렘 24:7 그래서 그 날 저녁 가서 그에게 면도를 해 주고 침대 발치 쪽에 서서 그의 발가락을 만졌다. "휴고, 널 위해 기도할 거야. 내일 아침에는 퇴원할 거라고 믿어." 그는 나를 쳐다보면서 "그렇게 되면 좋지."라고 말했다. 며칠 후 금요일에 게티 오일에 근무하는 어떤 사람이 이발소에 와서 "휴고가 집에 왔어요."고 말했다. "정말 그래요? 주님을 찬양합시다!" 아내와 나는 토요일 아침에 식사를 하고 설거지를 끝낸 후에 의자에 앉아 있다가 휴고의 허리 윗부분의 환상을 보았다. 나는 아내에게 "지금 막 휴고의 환상을 보았는데 내려가서 그에게 이야기를 좀 해야겠어."라고 말하고 그의 집으로 갔다. 그는 유리문 앞에 서 있다가 "들어오게. 자네에게 하고 싶은 말이 있네."라고 말했다

(오늘날 휴고는 구원을 받았으며 하늘나라로 가기 전에 내 동생에게 몇 번 간증을 하였다). 나는 "휴고, 자네 등에 문제가 있네."라고 말하니 그는 "그걸 어떻게 알았지? 23년이나 등이 아팠었네."라고 말했다. "오른발은 어떻지?" "나는 하수족drop foot이어서 보조기를 끼고 지내왔네." "그런가?" "그래." 나는 그에게 손을 얹고 기도하였다. 그는 더 이상 보조기도 쓰지 않고 등도 아프지 않게 되었다. 그는 이렇게 말했다. "나도 자네가 가진 것을 가질 수 있다면 좋겠네. 자네가 내 침대 앞에 서 있을 때 누군가가 당신 뒤에 서 있는 것을 보았네. 그가 누구인지 모르겠네. 천사인지, 주님인지 모르겠지만 당신이 가진 것을 나도 가졌으면 좋겠네!" "자네도 가질 수 있어!" 그 때 그의 아내가 뒤쪽에서 들어왔는데 숨을 헐떡이고 있었다. 나는 "당신은 폐기종이 있군요."욥 33:4 라고 말했다. 그녀는 "그래요."라고 말했다. "당신을 위해서 기도하고 싶군요." 나는 그녀에게 손을 얹고 기도하기 시작했다. 그녀는 정상적으로 숨을 쉬기 시작했다. 그의 아들이 벤추라에서 왔는데 궤양이 있었다. 나는 "주님, 어떻게 되는 겁니까?"하고 생각했다. 휴고는 "아들아, 넌 궤양이 있잖니."출 23:25 이 분이 지금 막 너의 엄마와 나를 위해서 기도해 주셨고 널 위해서도 기도해 주실 거야."라고 말했다. 하나님은 그 아들을 만지셨고, 어머니는 아들을 위해서 음식을 만들었다. 왜냐하면 그 전에는 아들이 우유와 토스트 밖에는 아무 것도 먹지 못했기 때문이었다.

나는 큐야마 밸리에 사는 한 부부로부터 전화를 받았다. 어느 날 아침 기도회에서 돌아온 후의 일이다. 33마일 떨어진 곳에 사는 어떤 부부는 "제리, 이웃집 사람이 입원해 있어요. 열흘밖에 살지 못한다는

군요. 그는 주님을 알지 못해요. 그래서 그의 가족들이 그를 매우 걱정하고 있어요. 그에게 가서 주님에 대해서 전해주실래요?"라고 말했다. 나는 "네! 오전 중에 가겠습니다. 기도하고 계세요."라고 말했다. 그녀는 "알았습니다."라고 말했다. 그래서 나는 10시쯤에 병원에 가서 그 사람에게 면도하겠느냐고 물었다. 그는 "아니요, 지금 막 면도했어요."라고 말했다.

그런데 그 옆 침대에 나의 이웃에 사는 빌 스키너가 누워있었다. "빌, 여기서 뭘 하고 있소?" "출혈이 되고 있어요. 제가 뇌출혈로 고생해 왔지요." "아, 피를 흘리실 필요 없어요. 기도하시겠어요?" "그래요. 저도 집에 가고 싶어요." "언제요?" "오늘이요." "오케이." 나는 그에게 손을 얹고 에스겔 16장 6절을 선포하였다. 언젠가 주님께서 그 말씀을 생생하게 말씀하신 적이 있었다. 주님은 "혈액에 관한 병이나 장애에 대해서는 에스겔 16장 6절을 선포하라."고 하셨고 나는 그로 인해 하나님께서 많은 기적을 행하신 것을 보아왔다. 그 말씀은 "내가 네 곁으로 지나갈 때에 네가 피투성이가 되어 발짓하는 것을 보고 네게 이르기를 너는 피투성이라도 살라. 다시 이르기를 너는 피투성이라도 살라."는 것이다. 나는 세 번을 반복하였다.

그리고 아침에 어느 부부가 부탁한 그 사람에게 가서, "큐야마에 사는 당신 이웃이 당신의 구원에 대해 염려하고 있어요. 당신의 가족들은 주님을 알고 있고 영원을 어느 곳에서 보낼지 알고 있지요. 이런 것에 대해 생각해 보신 적이 있으세요?"라고 말했다. "네, 계속 생각하고 있었어요." "아, 그러면 지금 당장 해 보시겠어요?" "네, 내가 뭘 해야 하지요?" 나는 그의 손을 잡고 죄인의 기도를 따라하게 하였다.

빌은 마침 그 때에 화장실에서 자기 침대로 돌아왔다. 간호사는 들어와서 "침대를 떠나서 뭘 하셨어요? 선생님은 침대를 떠나면 안돼요."라고 말했다. 그는 "이제 피가 나지 않아요. 내 옷 좀 갖다 주세요. 집에 갈 수 있어요."라고 말했다. 그 날 오후 2시에 그는 집에 돌아왔다고 나에게 건너와 말했다. 그렇지만, 그건 예수님이 하신 일이었다! 집에 오는 길에 나는 주님께 여쭈었다. "주님, 이 마을에는 목사님이 스물 두 분이나 계십니다. 그런데 왜 내가 그 사람에게 간증하게 하셨지요?" 주님은 이렇게 말씀하셨다. "오늘 새벽 4시에 네가 기도했던 것을 기억하지 못하느냐? 너는 '주님 이번 주에는 아무에게도 간증하지 못했고, 아무에게도 기도하지 못했습니다.' 라고 기도하지 않았느냐? 한 영혼을 요청하기에 한 사람을 너에게 보낸 것이다." 바로 예수님이시다! 하나님, 영광 받으소서!

우리 이발소에 다니던 '와츠 씨' 란 사람이 있었는데, 아들이 당뇨병으로 인해 실명이 되었었다. 나는 그를 돌보아 주곤 했다. 그는 "우리 아빠는 벨리지 가의 오시아노에 살고 계신데 주님을 알지 못합니다. 교회에는 다니셨지요. 아빠에게 가셔서 기도 좀 해주세요."라고 말했다. 나는 기도하기 시작했고 주님은 그에 대한 환상을 보여 주셨다. 그는 거실에 무릎을 꿇고 예수님을 영접하고 있었다. 그래서 우리는 차를 타고 오시아노로 향했다. 집에 들어가면서 나는 "와츠 부인, 주님께서 저를 보내셨습니다."라고 말했다. 그녀는 "주님을 찬양합니다! 나는 지금 주님께서 누군가를 보내 주셔서 남편에게 간증을 해 달라고 기도하고 있었답니다."라며 기뻐했다.

나는 "로우슨, 이제는 예수님을 당신의 구세주로 영접할 시간이 되었다고 생각하지 않으세요?"라고 물었다. 주님은 이미 그가 구원을 받을 것이라고 말씀해 주셨기 때문에 나는 아무 것도 할 필요가 없었다. 그는 거실 바닥에 무릎을 꿇고 앉아서 죄인의 기도를 하였다. 그는 이렇게 말했다. "할 이야기가 있어요. 나는 미주리 주에서 침례교회 집사였던 적이 있었어요. 나는 늘 담배를 피웠더랬지요. 교회를 나오면 주머니에서 담배를 꺼내 피우기 시작했죠. 집사 둘이 와서 '이렇게 하는 것은 덕이 되지 못해요.' 라고 말하더군요. 나는 담배를 구겨 버리면서 '알았습니다.' 라고 말했지요. 그런데 조금 후에 수풀 위로 담배 연기 같은 것이 올라오는 것이 보였습니다. 아까 그 집사 둘이 구부리고 담배를 피우고 있는 게 아닙니까. 나는 '저런 위선자들 같으니라고, 자기들도 담배를 피면서 나를 나무라다니 이 교회와 상종하지 않겠다.' 고 말하고는 몇 년 동안 교회에 가지 않았습니다." 그렇지만 이제 그는 교회에 다시 나가기 시작했다. 하나님만이 그런 일을 하실 수 있다.

한밤중에 마리코파에 사는 한 여성이 나에게 전화를 걸었다. 그녀는 "제리, 기적이 일어나야 해요. 우리 딸이 12시간째 산통을 겪고 있어요. 병원에서는 제왕절개를 하려고 해요. 그 아이들은 제왕절개 할 돈이 없어요."라고 말했다. 나는 "거기로 갈게요. 뒷문에서 만나요."라고 말했다. 그 시간이면 앞문은 닫혀 있을 것이기 때문이었다. 그 곳에 당도해 보니 그녀는 모자와 가운을 입고 있었다. 몇 사람이 내다보고 있었다. 그녀는 "제리 레오나드가 왔으니 하나님께서 기적을 행하실 거예요. 제왕절개는 안 하게 될 거예요."라고 말했다. 나는 그녀를 보면서 '아, 이렇게 말하는 것은 분명히 그녀의 믿음이야. 내 믿음이 아니고.' 라고 생각했다. 우리는 복도를 내려가서 병원 맨 아래층으로 가서 딸이 있는 분만실에 도착하였다. 난 그녀를 알고 있었고 전에 기도해 준 적도 있었다. 그녀는 임신 중에 아침마다 입덧이 무척 심했었다. 이는 첫 아이였다. 그리고 산모는 열아홉 살 밖에는 되지 않았다. 분만실에는 남편과, 간호사 둘과, 의사가 있었다. 그 의사는 제왕절개로 유명한 사람이었다. 어머니는 걸어 들어가 "제리 레오나드가 왔으니 주님께서 기적을 베푸실 거예요. 이 밤에 제왕 절개하는 일은 없을 거예요."라고 말했다. 의사는 "시간이 얼마나 걸립니까?"라고 말하고는 나갔다. 나는 카트리나에게 기름을 바르고 나서 "두려움의 영에 대해 권위를 갖는다. _{딤후 1:7} 이제껏 분만 중에서 제일 쉬운 분만이 될 거야. 너도 내 말에 동의하지?"라고 말했다. "네." 그녀는 긴장을 풀었다. "여기는 숨이 막히니, 복도에 나가서 기도할게."

　　내가 밖으로 나오자 간호사 하나가 나에게 와서 "저를 위해 기도해 주시겠어요. 편두통이 있는데 약 먹어서 될 일 같지 않아요."라고 요청했다. 나는 그녀를 위해서 기도했다. 또 한 여자가 등을 잡고 복도로 걸어왔다. 그녀는 "저는 오늘 막 아기를 낳았어요. 난 선생님을 알아요. 이발소 하시는 분이시죠? 내 등을 위해서 기도해 주시겠어요?"라고 말했다. 나는 기도했고 주님은 그녀를 해방시켜 주셨다. 나는 복도에 20-25분간 있었다. 나는 돌아와 분만실 문에 머리를 디밀고는 "게일, 이 일에 대해 평안을 느낍니다. 잘 될 거예요."라고 말했다. 바로 그 때 간호사가 게일의 어깨 위로 고개를 내밀며 "주님을 찬양합니다. 자연분만이 될 것 같아요. 태아의 머리가 나오기 시작했어요."고 하였다. 그래서 나는 집에 와서 잠자리에 들었다. 다음 날 아침 전화벨이 울렸다. 게일 스미스였다. "좋은 소식 듣고 싶으세요?" "물론이죠, 들려주세요." "2시 20분에 4.8kg의 아들을 낳았답니다." 그렇지만 그것은 하나님이 하신 일이다! 그녀는 소리쳐 기도하였고, 하나님이 응답하셨다! 하나님이 하신 일이시고 하나님이 영광을 받으실 일이다.

    토요일 아침 순복음실업인회 조찬 기도회에서 부회장 중의 한 사람이 와서 이렇게 말했다. "간증하고 싶은 이야기가 있어요. 내 아내는 지난밤에 그 병원 당직이었지요. 그녀가 월요일 아침에 진료실에 들어갔더니, 의사가 '토요일 아침에 하려고 했던 제왕절개는 어떻게 된 거예요? 제리 레오나드를 병원에 오지 못하게 하세요. 안 그러면 병원은 문 닫게 될 거요'라고 말하더랍니다." 그렇지만 나는 이렇게 말한다. 예수님을 병원에 오지 못하게 하면 병원은 문 닫게 될 거라고. 그것이 이 의사의 간증이었다. 하나님께 영광을 돌린다. 그 병원이 문 닫을 뻔한 적이 몇 번 있었다.

    우리는 낸시 멕켄로를 베이커스필드에 있는 병원으로 데리고 갔다. 그녀의 아버지 벤 다이크는 우리 마을의 치과의사였다. 교회는 24시간 꼬박 기도하였다. 그녀의 병세는 심각했다. 그녀는 당뇨병이었는데, 작은 축구공만한 신장을 떼어내었다. 나는 그녀를 위해서 당장 병원으로 달려가 기도하고 싶었지만, 그런 마음이 들 때마다 나는 야고보서 5장 14절을 읽어보곤 한다. 그래서 계속 기다리면서 기도만 하였다. 3주가 지났을 때 목사님이 전화를 하셔서, "주님께 모든 것을 맡깁니다. 하나님의 뜻이 이루어지도록 기도해 주세요."라고 말씀하셨다. 바로 그것이 하나님께서 원하시는 것이었다. 다음날 나의 아내가 전화를 하여, "벤이 당신을 만나고 싶어해요. 베이커스필드로 가는 길에 이곳에 오시겠대요."라고 말했다. 그는 이발소에 오자 같이 좀 가자고 말했다. 바로 직전에 나는 영적으로 허락을 받은 터였다. 그날 밤에 순복음 실업인회 모임이 있어서 나는 그에게 자정쯤에 그곳에 갈 수 있을 거라고 말했다. 내 아내와 함께 병원에 들어가 대기실로 갔다. 벤은 창문을 통해서 나를 보더니 나왔다. 직계 가족 외에는 아무도 ICU응급치료실에 들어갈 수가 없는데, 그가 특별히 조치를 취하여 나는 그를 따라 들어갈 수 있었다. 들어가면서 나는 주님의 영이 갑자기 나를 방문하는 것을 느꼈다. 나는 알고 또 알았다! "벤, 기적을 맞이할 준비를 하세요. 하나님이 모습을 나타내셨습니다." 우리는 그녀에게 다가갔고, 나는 그녀에게 기름을 발랐다. 그들은 그녀와 3일 동안 아무 대화도 하지 못했었다. 나는 기도하였는데 무슨 말을 했는지 잘 기억이 나진 않는다. 그는 길이요 진리요 생명이라는 말씀이었던 것 같다. '예수 그리스도를 무덤에서 일으키신 똑같은 영이 당신 안에도 거한다. 당신의 죽을 몸을 소생시킬 것이다' 라는 단순한 기도였다. 나는 물러섰고, 벤이 "낸시, 나 아빠야. 내 말 들리니?"라고 말했을 때 그녀는 고개를 끄덕였다. 그는 "제리의 기도를 들었니?"라고 말했다. 그녀는 "네."라고 대답하였다. "우리가 떠났으면 좋겠니?" "아니요." 나는 몇 분 더 있다가 그와 함께 나왔다.

복도에서 청년 둘을 만났다. 그들의 어머니는 혼수상태에 있었다. 그녀는 뇌졸중으로 쓰러졌던 것이다. 나는 그들에게 "하나님께서 너희들에게 무엇을 해 주셨으면 좋겠나?"라고 물었다. "어머니가 깨어나서 우리가 어머니를 사랑한다고 말할 수 있었으면 좋겠요." 결국 어머니는 깨어났고 그들은 어머니가 돌아가시기 전에 사랑한다고 말할 수 있었다. 그러한 분이 바로 하나님이다.

벤은 토요일 오전에 모임에 와서 "기적입니다."라고 말했다. "하나님은 우리 딸을 구해 주셨어요." 72시간 후에 그녀의 남편이 링거병을 매단 그녀를 휠체어에 태워 밀고 갔던 것이다. 며칠 후에 그녀는 집에 돌아왔다. 그것은 하나님이 이루신 기적 중에 하나다! 하나님만이 그러한 일을 하실 수 있다. 나는 여러분의 믿음을 세워주기 위해서 이런 일들을 이야기하는 것이다.

　　　이 저녁 이곳에 있는 한 여성은 베이커스필드에서 젊은 여자와 일하고 있었다. 그녀의 약혼자의 동생은 생명 유지 장치를 부착하고 있었다. 그녀가 내게 전화했다. "우리 시동생을 위해서 기도해 주시겠어요. 그는 주님을 알지 못하며 체중이 40kg까지 내려갔습니다. 31살인데, 앞으로 일주일도 못산다고 해요." "오케이, 토요일에 가겠습니다."

　　　우리가 케른 종합병원에 갔을 때 샌디 잭슨은 나에게 와서 "멜 웨델의 아들이 오늘 아침 오토바이 사고로 응급실에 누워 있어요."라고 말했다. "태프트 시에서는 수술을 할 수가 없어서 여기로 호송되었어요. 엄청난 통증이 있다는데, 아마도 갈빗대가 폐를 찌른 것 같다고 하네요. 그를 위해 기도해 주시겠어요?" "물론이지요." 나는 그에게 가서 "하나님이 당신을 위해서 무엇을 해 주셨으면 좋겠나요?"라고 물었다. 그는 "이 통증이 사라지게 해 주셨으면 좋겠어요."라고 대답했다. 나는 "알았어요."라고 말하고 그에게 손을 얹고 그를 위해 기도하기 시작하였다. 그리고 그의 눈 주위의 근육이 풀리는 것을 보았고 통증이 사라졌다는 것을 알았다. 그는 정상적으로 호흡하기 시작했다. 내가 "당신은 36시간이 지나면 집에 가 있을 거예요."라고 말하자 그는 '당신 미쳤군요' 라는 식으로 나를 쳐다보았다. 그 때가 토요일 아침이었다. 화요일 저녁에 그의 아버지가 이발을 하러 왔다. 그는 "말씀드릴 게 있어요. 내 아들이 36시간이 지나자 집에 왔답니다."라고 말했다. 하나님은 바로 이런 분이시다!

나는 생명 유지 장치를 달고 있는 젊은이가 어디에 있는지 물어보았다. 그의 이름이 존 카터였던 것 같다(확실하진 않지만). 병원에 도착했을 때 간호사의 허락을 받아 들어가야만 했다. 나는 간호사에게 이 환자의 가족이 나보고 와서 기도해 달라고 요청했다고 말했다. 그녀는 "네, 알겠습니다. 들어오셔도 되지만 절대로 그에게 말을 해서는 안 됩니다. 말을 하시면 그가 어려워집니다. 36시간 이내에 완전한 혼수상태가 될 겁니다."라고 말하고는 갔다. 나는 하나님의 말씀을 그와 나누기 시작했다. 나는 내 이름을 말해 주고 그의 이름도 말해 주었다. 그를 사랑한다고 말해 주고 예수님도 그를 사랑한다고 말해 주었다. 나는 "당신의 영혼은 하나님의 말씀에 살아있습니다. 당신이 만일 주님의 이름을 부르면서 '주님, 나를 구원해 주시고 치료해 주시고 구해 주세요. 그러면 당신을 섬기겠습니다.' 라고 말하면 주님은 그 기도를 들으실 겁니다."라고 말했다.

잠시 후 병실 밖 책상 뒤에 앉아 있던 한 젊은이가 외치기 시작했다. "간호사, 간호사. 저 사람이 환자에게 말하고 있어요. 환자에게 말하고 있다고요." 거구의 간호사가 다가왔다. "선생님, 환자에게 말씀 하지 말라고 하였죠? 환자를 방해한다고요." "어쨌든 간에 간호사님은 그가 죽었다고 하지 않으셨나요? 나는 그의 영혼에 말하고 있는 겁니다." 그녀는 나를 쳐다보더니 휙 돌아서면서 "면회시간 5분이 끝나면 나가세요."라고 말하고 나가 버렸다. 내가 그를 위해서 기도하고 하나님의 말씀을 들려주고 있는 동안 스크린 상에 작은 기둥들은 계속해서 올라가고 있었다. 나는 그곳을 나왔다. 열흘쯤 지나서 샌디가 이발소로 전화를 걸어왔다. "제리, 믿지 못할 거예요. 존은 케른 종합병원을 제 힘으로 걸어 나왔답니다!" 하나님만이 이런 일을 하실 수 있으며, 나는 하나님이 하시는 것을 보아왔다.

  그 뒤로 오래지 않아, 아마 6개월이나 8개월쯤 지나서 또 전화가 걸려왔다. "제리, 내 약혼자의 또 다른 동생이 병원에 입원하였어요. 목이 부러졌대요. 가서 그를 위해서 기도해 주실래요?" 나는 곧 '주님, 베이커스필드까지 운전하고 가고 싶지 않아요' 이렇게 기도하였다. 나는 총회 회장 두 사람의 이름과 전화번호를 일러 주었다. 그렇지만 그 두 사람과 연락이 되지 않았다. 그래서 그녀는 2시쯤 다시 전화를 걸어왔다. "알았습니다. 제가 가지요." 내가 머시 병원에 도착하여 병실로 가는데 "여기는 어쩐 일이세요?"라는 소리가 들렸다. 칸 트랜스에서 일하는 이발소 고객인 찰스 하프가 문간에 서있었다. 그는 "심장 발작이 있었는데 날 위해 기도해 주세요. 집에 가고 싶어요."라고 말했다. "언제 가고 싶어요?" "내일이요!" 간호사는 우리 둘을 미친 사람인 양 쳐다보았다.

  나는 그를 위해서 기도하고 환자를 만나러 옆방으로 갔다. 여러분은 목이 부러진 사람을 본 적이 있는가. 유전에서 일한 경험이 있다면 알 텐데, 마치 케이싱헤드_{<small>석유나 천연 가스 유정(油井)의 쇠 파이프 꼭대기에 붙이는 기구: 역자 주</small>} 같은 모습이다. 커다란 쇠로 된 칼라가 있고 칼라 주위에 온통 나사가 박혀 있다. 이 23살 난 청년은 엄청난 통증을 느끼고 있었다. 그의 아버지는 18개월 된 딸과 함께 거기 있었다. 나는 "어떤 분이 나에게 당신을 위해 기도해 달라고 말했습니다. 기도하기를 원하시나요?"라고 말했다. "물론이죠."라고 그는 대답했다. 그의 아버지는 "감사히 받겠습니다."라고 말했다. 그래서 나는 그에게 기름을 바른 후 손을 얹고서 그를 위해 기도하였고, 보이스 잡지를 한 권 주고는 그 자리를 떠났다. 그것이 수요일 저녁이었다. 목요일 오전 10시에 수술 시간이 잡혀 있었다. 그러나 금요일 오후 2시에 한 여자가 전화를 하여, 이렇게 말했다. "제리, 믿을 수 없을 거예요! 나는 수술이 어떻게 되었는지 알아보려고 금요일에 전화를 했어요. 그랬더니 병원에서는 '어제 집으로 갔습니다. 수술 받지 않았습니다. 엑스레이를 다시 찍어 보았을 때 그에게 아무런 이상도 발견하지 못하였습니다.' 라고 말하는 게 아니겠어요?" 이 분이 바로 여기 계신 예수님이시고 오늘 밤 바로 여기에 그 성령님이 계신다! 나는 두 가지 정도 더 나누겠는데 우리는 주님께서 하시고자 하는 일이 무엇인지 알게 될 것이다. 여기에는 산을 넘어야 하는 것 같은 거대한 장애를 가지고 있는 사람도 서너 분 있다. 여러분은 그 산에게도 명령할 필요가 있다.

중보기도를 하게 하시는 하나님

　나는 어느 날 밤 베이커스필드에서 간증을 하였다. 거기에는 이발사가 두 사람 있었다. 그들 모두 태프트에서 왔다. 체스트 가에 이발소가 있다. 그들의 이름은 케니 놀란과 세실 허들레스튼인데, 처남 매부 사이였다. "제리, 내 아내는 림프샘에 암이 있어요. 아내를 위해 기도해 주시겠어요?" "물론이죠, 갑시다." "그런데 지금은 밤 11시이고 그녀를 깨우고 싶지 않으시죠?" "알았어요. 주님께서 인도하실 거예요." 열흘 쯤 뒤에 나는 동생과 함께 이발소에서 일하고 있었다. 주님께서 나에게 "가서 진을 위해서 기도하라."고 말씀하셨다. 나는 "진이라고요?"라고 말했다. 주님은 "세실의 아내 말이다."라고 대답하셨다. 나는 "알았습니다."라고 대답하고 내 아내에게 전화하여 "준비해요. 세실의 아내를 위해 기도하러 베이커스필드에 갈 거요."라고 말했다. 나는 그녀를 태우고 오일데일의 이발소로 갔다. 케니는 "신령한 약속에 의해 여기 오셨군요. 그녀는 항암 치료를 받았는데 통증이 엄청납니다. 머리카락은 다 빠졌고요."라고 말했다. 우리는 집주소를 알아내어 집으로 갔다. 그녀는 무척 아팠는데도 일어나 의자에 앉았고 우리는 하나님의 말씀을 약 15분 간 그녀와 나누었다. 나는 야고보서 5장 14절에 말씀하신 대로 하나님의 말씀의 능력이 직접 임하도록 그녀에게 기름을 바르고 믿음의 기도를 하고 떠났다.

열흘 뒤에 성령께서 새벽 4시에 침실에서 나를 깨웠다. 내 아내는 깊이 잠들어 있었다. 그 임재가 너무나 강해서 감히 일어날 수도 없었다. 대개 나는 거실로 가서 기도한다. 나는 "주님, 무엇을 원하세요?"라고 말했다. 갑자기 나는 한 여자의 환상을 보았는데, 어깨 위 부분이 보이고 거기서부터 TV 스크린 위로 두 번 플래시가 터졌다. "아, 저건 진이에요. 주님, 뭘 원하십니까? 중보 기도요? 주님, 저에게 성경 말씀을 주시겠어요?" 주님은 "마가복음 11장 23절"이라고 말씀하셨다. "주님, 마가복음 11장 23절 말씀을 압니다. '내가 진실로 너희에게 이르노니 누구든지 이 산더러 들리어 바다에 던지우라 하며 그 말하는 것이 이룰 줄 믿고 마음에 의심치 아니하면 그대로 되리라' 고 되어 있습니다. 주님, 이 말씀에 대해 계시를 주십시오. 이 말씀에 대한 주님의 생각을 알려주십시오." 성령께서 새벽 4시에 침실에서 또렷한 음성으로 나에게 말씀하시기 시작하였다. 그는 "나는 하늘에 있고, 나는 좋은 은사를 준다. 원수는 그 아래에서 책임을 맡고 있다. 그가 그녀의 몸에 그런 종양을 준 것이다."라고 말씀하셨다. 그는 "그녀에게 그녀는 성령의 전이라는 것을 말해 주라. 그녀더러 그 산에게 말하게 하라. 내 이름으로 권위를 가지고 그 종양들이 몸 밖으로 나가도록 명령하게 하라. 나갈 때까지 그렇게 하게 하라."고 말씀하셨다. 아, 그녀에게 전화하고 싶었지만 그 때는 새벽 4시였고 그녀가 쉬어야 할 시간이라는 것을 알고 있었다. 그래서 6시에 일어났다. 아내가 부엌으로 들어갈 때 나는 전화기를 들어 다이얼을 돌리기 시작했다. 아내는 "당신 정신 나갔어요? 7시가 되면 전화해요."라고 말했다. 나는 계속 다이얼을 돌렸다. "세실." 그가 출근 준비를 하고 있을 거라는 것을 알고 있었다. "성령님께서 내게 말씀하신 것이 있다네." 나는 내가 들었던 말씀을 그와 나누었다. 그는 "내가 아내에게 말하겠네."라고 했다. 8개월 후에 그녀가 내게 전화를 하였다. "제리, 방금 CT촬영을 했는데, 내 몸에서 암을 흔적도 찾을 수가 없다더군요." 머리의 지식에서 영혼으로 내려갈 때까지 8개월이 걸린 것이다. 그녀는 "내가 심히 연약했던 날들도 있었어요. 나는 침대 모서리에 앉아서 전신 거울을 들여다보면서 '악마야, 너는 거짓말쟁이야. 떠날지어다. 떠날지어다.' 라고 말했어요."라고 했다. 머리의 지식에서 영혼으로 내려가게 되자 하나님은 그녀를 해방시키셨다!

　　나의 친한 친구, 칼 그로더는 맥키트릭에 유전개발권을 가지고 있었다. 하루는 그와 골프 친구 몇이서 이야기를 나누고 있었다. 그는 우리 이발소에 다니고 있었는데, 어느 날은 이발소에 와서 말하길 "내 친구 에디는 살 것 같지 않아, 살 것 같지 않아. 심장 개복 수술을 2번이나 받았다네. 자네가 그를 위해 기도해 주었으면 좋겠네."라고 하였다. 나는 "칼, 그 일에 대해 평안하네! 평안하네!"라고 말했다. "그가 어디 있나?" "웨스트 코비나에 있는 병원에 있네." 이때가 화요일 오후였다. 칼은 "다음 주에는 세 번째 심장 개복 수술 날짜가 잡혀 있네. 병원에서는 전혀 가능성이 없다고 하네."라고 말했다. 나는 "예수님과 함께라면 언제나 기회가 있네."라고 말했다. "자네는 가서 그의 아내에게 전화를 하게. 나는 딸과 손자를 보러 토요일에 클레어몬트에 갈 예정이네. 내가 그를 만나러 들어갈 수 있는지 알아보게." 토요일에 내 딸은 나를 웨스트 코비나까지 데려다 주었고 내가 3층에 올라가 있는 동안 로비에서 기다렸다. 나는 들어가서 "에디, 당신 친구 칼이 오늘 여기에 와달라고 부탁하였습니다. 나는 당신이 예수님을 당신의 개인적인 구세주라고 알고 있는지 물어보고 싶습니다. 영원을 어느 곳에서 보낼지 알고 계십니까? 사람으로선 이해할 수 없는 평화를 가지고 계십니까? 어린 양의 생명책에서 당신의 이름이 지워지지 않는다는 사실을 아십니까?"라고 말했다. 그는 고개를 끄덕이며 "네."라고 대답하였다. "이제 당신의 손을 잡고 당신을 위해서 기도하겠습니다. 내가 기도를 마치면 하나님이 당신의 삶에 주인이 되실 것입니다." 나는 죄인의 기도를 하였는데, 붉은 빛이 그를 덮는 것을 보았다. 기도하기를 마쳤을 때 그는 마음의 평안을 얻었다. 그가 그렇다는 것을 알 수 있었다.

이때가 토요일이었고, 그 다음 토요일에 칼은 멕킷트릭에서 베이커스필드의 골프코스에 위치한 새 집으로 이사를 가게 되었다. 그는 우리에게 자기 집에 오라고 초대하였다. 나는 처제와 몇몇 사람을 방문한 후에 그곳에 들르게 되었다. 차고 앞에는 크라이슬러가 있었고 길에는 캐딜락과 링컨이 주차되어 있었다. 나는 "어휴, 여기 너무 많은 사람들이 와 있구나. 들어가지 않는 게 좋겠어."라고 생각했다. 그 때쯤 현관문이 열리고 두 부부가 걸어 나오더니 차를 타고 가버렸다. 나는 떠나려고 시동을 걸고 있었는데 칼이 나를 보자마자 내리라고 손을 흔들었다. "들어오게. 자네는 신성한 약속으로 이곳에 온 것일세." "내가?" "그렇다네, 누구를 좀 만났으면 하네." 집에 들어가 보니, 내가 전에 기도해 주었던 그의 동업자가 거실에 앉아 있었다. 하나님만이 그런 일을 하실 수 있다. 그의 아내는 "내 무릎을 좀 고쳐주시겠어요?"라고 물었다. "나는 할 수 없지만 치유자를 알고 있어요." 그것이 하나님께서 내가 참여할 수 있게 허락하신 일이다. 몇 가지 경험을 더 나누고 싶다.

천국을 방문하게 되다

난퇴근하여 거실에 있었는데 두통으로 머리가 무거웠다. 나는 두통이 생기는 일이 거의 없는 사람이었는데도 말이다. 나는 바닥에 누워 있었고, 아내는 저녁을 준비하고 있었다. 나는 소파에 발을 올려놓았다. 머리에 피가 쏠리면 두통이 사라지지 않을까 생각해서였다. 그런데 갑자기 내가 내 몸에서 빠져나와 터널 속을 가는 듯 했다. 엘리베이터 통로 같았다. 나는 빛의 속도로 이동하고 있었다. 얼마 동안이나 이동하였는지 모르겠다. 지금 생각해보니 그것이 낙원이었고 내가 거기에 있었다는 사실을 알 수 있었다. 긴 옷을 입은 어떤 사람이 와서 내 옆을 걸어가고 있었다. 우리는 강으로 걸어 올라갔으며 생명 강에서 수영도 하였다. 나는 그런 경험을 해 본 적이 없었다! 세상에서 경험한 그 어떤 것과도 비교할 수 없었다. 그곳은 가장 아름다운 색채로 이루어져 있었고 한번도 들어보지 못한 천상의 음악들이 울려 퍼지고 있었다! 바위들도 가장 아름다운 색채를 띠고 있었다. 그 시냇물에서 떠다니기만 하면 되니, 당신은 거기서 영원히 머물고 싶었을 것이다. 나는 흰 옷을 발목까지 내려오게 입고 있었다. 강에 들어가면 젖을 수도 있었는데 강 밖으로 나오자마자 옷은 금방 말랐다. 나는 잔디가 덮인 언덕을 걸어 내려왔다. 거대한 나무들도 보았다. 남부에 있는 허미티지 건물과 같은 집처럼 이중으로 된 현관이 2층에 있었고 아이들이 뛰어 놀고 있었다. 보트 선착장이 있었고 보트가 매여 있었다. 마치 이태리의 곤돌라 같았다. 그렇지만 그 안에 안내해 줄 사람은 없었다. 많은 보트들이 물 위에 떠 있고 사람들이 타 있었는데 제각기 다른 방향으로 가고 있다. 그렇지만 보트를 조종하는 사람은 없었다. 나도 그 중의 한 보트에 타니 보트가 저절로 출발하였다. 아름다운 음악 소리가 머리 위에서 나고, 어린 아이들(천사였을 것 같은데, 잘 모르겠다.)이 노래하고 있었다. 모든 종류의 소리가 함께 섞여 흘렀다. 그 보트는 호수를 가로질러갔다. 나는 보트에서 나와 다른 보트 선착장에 내렸다. 올려다보니 진주 문이 보였다! 정말 거대했다! 하늘까지 치솟아 있었다! 디즈니랜드에서 볼 수 있는 금줄로 된 길이 있었고 금빛의 휘황찬란한 등이 그 길을 통해 올라가고 있었다. 푸르디푸른 잔디, 맑디맑은 공기! 나는 이 이야기를 짐 세풀베다, 에비 박사, 마빈 포드 박사에게 하였다. 그들 모두 그 곳에 갔던 적이 있었고 이러한 것들 중 어떤 것들을 보았다고 한다. 나는 진주문 앞에 서서 "들어가야지"라고 생각하였는데, 그 다음에 보니 나는 거실에 있었고, 아내는 "저녁 다 되었어요."라고 말하고 있었다. 나는 아내에게 아무 말도 하지 않았다. 그냥 일어나 주방으로 가서 식사를 하였다. 그리고 "주님, 그것이 진짜라면 나에게 다시 한 번 보여주세요."라고 말했다.

열흘쯤 지나서 새벽 4시에 주님은 똑같은 경험을 하게 해 주셨다. 헬렌 스프링거가 쓴 『벽화들 사이에서 Intermurals』라는 책이 있는데, 그녀는 나와 거의 똑같은 경험을 하였다. 나는 천국에 두 번 갔으며 주님은 매번 같은 것을 보여주셨다. 두 번째에는 "주님, 이번에는 진주 문에 들어가겠습니다!"라고 말했다. 한 목소리가 들렸는데 4개의 단어로 세 번 반복해서 들렸다. "그들에게 나에 대해서 말하라, 그들에게 나에 대해서 말하라, 그들에게 나에 대해서 말하라!"

나는 이발소에서 예수님에 대해서 사람들에게 말하기 시작하였다. 내가 어딜 가든지 사람들이 구원받고 치유되고 구조되고 성령으로 세례 받는 것을 보기 시작하였다. 주님은 "네가 사람들 앞에서 나를 시인하지 않으면 나도 하늘에 계신 나의 아버지 앞에서 너를 시인하지 않으리라."고 하셨다. 주님은 우리 모두를 그렇게 하도록 부르셨다. 그래서 나도 그렇게 해나간다.

가장 멋있는 치유는 구원받는 것

에드 릭시 이야기를 해볼까 한다. 그는 축구를 하다가 등이 부러져 샌 루이스 오비스포의 병원에 입원해 있었다. 마이크는 전화하여

"그에게 가서 기도해 줄 기름부음을 느끼십니까?"라고 물었다. 나는 "네."라고 대답하였다. 그들이 나에게 해 준 이야기는 목요일에 수술을 받을 것이라는 것이다. 온 몸에 깁스를 하고 몇 주간이나 있어야 되고, 그 후에도 몇 주간이나 직장에 나가지 못하고 있어야 한다는 것이다. 마이클이 전화하였을 때 나는 "우리들이 수요일 저녁에 가겠다고 전해 주세요."라고 말했다. 론이 나와 함께 갔는데 병원에 도착하자 분홍 옷을 입은 여자가 우리를 그의 병실로 안내하였다. 갑자기 병실에서 3미터 떨어진 곳에서 주님의 영이 나에게 임했다. 하나님이 무슨 일인가 하실 것이라는 것을 알 수 있었다. 우리가 병실에 들어갔을 때 그는 굉장한 통증이 있었다고 나중에 이야기해 주었다. 우리는 그에게 기름을 바르고 그에게 손을 얹고 기도하기 시작했다. 즉각적으로 통증이 사라졌다. 통증이 전혀 없었다! 나는 그 다음날 엑스레이를 찍었을 때 잘못된 것이 하나도 없게 되어서 병원을 걸어서 나올 수 있게 해달라고 기도했던 것이 기억난다. 그런데, 정말로 정확하게 그렇게 되었다. 병원에서는 그에게 조그만 깁스를 해 주었다. 의사는 그에게 말은 하지 않았지만 그가 이미 치유되었다는 것을 알고 있었다. 그렇지만 그렇게 하신 것은 하나님이시다!

오늘 이 곳에 오신 분들 중 예수 그리스도를 여러분의 구세주로 영접해 본 적이 없는 분들이 있다면, 오늘이 바로 구원의 날이다. 나는 사람들에게 천국을 얻든지 지옥을 피하든지 하라고 말한다. 지옥은 뜨겁지만 천국은 그렇지 않다! 때로 주님은 여러분에게 체험을 주시고 두 가지 다 볼 수 있게 허락하신다. 그렇지만 주님은 내가 불꽃 가운데서 몇 사람을 구출할 것이라고 말씀하셨다. 또한 주님은 불꽃을 볼 때까지는 결코 하나님 나라에 들어갈 수 없을 사람들이 있다고 말씀하셨다. 주님은 "그러나 그들이 불꽃을 보고 내 이름을 부르면 나는 그들을 구원할 것이다."라고 말씀하셨다.

오늘 예수 그리스도가 구세주라는 것을 알지 못하는 분이 있다면 그 분을 위해 기도해 드리겠다. 단순한 기도이다. 우리는 여러분을 당황스럽게 만들지 않을 것이며, 앞으로 불러내지도 않을 것이다. 그렇지만 예수님만이 여러분이 가지고 있는 모든 필요를 채워주실 수 있다. 예수님은 오늘 이곳에 계신다. 여러분이 몸의 치유를 원하신다면 치유자를 구해야 한다. 만일 구조를 원하신다면 구조자를 구해야 한다. 만일 구원을 원하신다면 구세주를 찾아야 한다. 능력의 삶을 살기 위해 성령의 세례를 원하신다면 세례자를 구해야 한다. 그분의 이름은 예수이다. 여기 있는 이 분들은 기름부음을 받은 분들이며 사역을 위해서 파송된 사람들이다. 누가 여러분에게 손을 얹든, 기도를 하든 상관없다. 여러분의 필요가 무엇이든지 하나님께서 당신의 필요를 채우실 것이다. 주님께서 하시고자 하는 몇 가지 일이 있다. 그렇지만 나는 그냥 주님의 시중을 들고자 한다. 당신이 나오게 될 때 내가 무엇인가를 꼭 말해야 한다고 느끼지 않는다. 오늘 밤은 주님이 다르게 하실 것 같다. 지식의 말씀이 넘쳐흐르면 나는 몇 가지 필요한 것이 이곳에 있다는 것을 알게 된다. 그러나 여러분이 믿음으로 나오시면 하나님께서 여러분의 모든 필요를 채워주실 것이다.

도운이라는 젊은 여성이 몇 분간 간증을 하러 앞으로 나왔다. "이달 28일이면 의사가 불치라고 말한 방광병에서 치유된 지 6개월이 됩니다. 방광을 딱딱하게 만들고 오그라들게 만드는 병입니다. 방광 안에는 개그층이라고 부르는 점액층이 있는데 방광을 보호해 줍니다. 그런데 이 질병은 이 층을 공격하여 방광이 더 이상 보호를 받지 못하게 합니다. 내 방광은 딱딱해지면서 정상적인 기능을 할 수 있게 확장될 수가 없었습니다. 그 대신에 파열이 되면서 출혈을 하게 되었죠. 나는 병원에 갔고 내시경 검사도 하였고 조직검사도 하였습니다. 이것으로 진단을 확실하게 내렸지요. 의사는 치료를 하기 원했지만 별로 좋은 방법은 아니었습니다. 방광 설치였지요. 일은 점점 더 악화되기만 했습니다. 방광 장치는 부작용이 있어서 나는 약물 치료를 받아야 했습니다. 처음에는 한 알로 시작했지만 결국에는 매일 13가지 다른 약을 먹어야 했습니다.

    통증은 점점 더 심해져서 옆구리를 찌르는 듯한 통증 때문에 바이코딘을 먹었고 그 다음에는 모트린을 복용하였습니다. 그렇지만 통증은 계속 악화될 뿐이었습니다. 유일한 해결책은 방광을 적출하는 것이지만 그것이 해결책이 될 수는 없었습니다. 왜냐하면 그것이 신장이나 장을 공격할 수 있었기 때문입니다. 24살이었던 저로서는 죽을 준비가 되어있지 않았습니다. 의사는 자기가 해 줄 것은 더 이상 없지만 UCLA로 보내줄 수는 있다고 말했습니다. 아마도 실험적인 처치(FDA의 승인은 아직 받지 못한)를 시도해 볼 수 있었던 것 같습니다. 나는 고통이 덜어지길 원했기 때문에 그것을 정말 고대하고 있었습니다. 옆집 사람이 내 남편에게 치유의 은사를 가진 사람에 대해 말해 주었습니다. 몇 개월이 지난 어느 날, 우리는 친구를 기도 받게 하려고 차를 타고 해안으로 갔습니다. 친구를 위해 기도하기를 마치자, 그는 기도를 원하는 사람이 또 있느냐고 물었습니다. 나는 벌떡 일어났습니다. 그는 내 배에 손을 얹고 기도하기 시작했습니다. 내 배는 아주 강렬하게 뜨거워졌습니다. 그는 자기 손이 더 이상 뜨겁지 않을 때까지 계속해서 기도하였습니다. 나는 그 즉시 내가 나았다는 것을 확신할 수 있었습니다. 통증은 완전히 사라졌습니다!

집에 왔을 때 지미에게 일어난 일을 이야기하려고 했으나 울음밖에 나오지 않았습니다. 그는 특별한 기적이 일어났다는 것을 알았으며 내가 달라졌다는 걸 알 수 있었습니다. 우리는 코페이co-pay, 병원개인부담 제도: 역자 주로 우리 돈을 만 달러나 썼지만 방광치료에는 아무 효과가 없었습니다." 이 모든 것이 하나님이 하신 일이다. 하나님께 모든 영광을 돌린다!

당시 나는 비숍의 순복음실업인회의 만찬에서 말씀을 전하고 있었고 주일 아침에는 한 교회에서 사역하고 있었다. 이 젊은 부부는 레마성경대학을 졸업한 사람들이고 내 친구들이며, 두 가지 예배에 다 참석하고 있었다.

나는 태프트로 돌아왔다. 2주일이 지난 후에 그들은 나에게 전화하여 희귀한 뼈 질환이 있는 젊은 여자를 나에게 보내겠다고 말했다. 그 때는 금요일 오후 2시였는데 주님께서는 이발소를 아주 많이 청결케 하셨다. 그들은 트럭을 타고 와서 뒤에서 휠체어를 꺼내서 그녀를 태웠다. 그녀는 체중이 45kg 정도 나가 보였다. 엄지와 검지로 그녀의 팔과 다리를 두를 수 있을 정도로 아주 작았다. 그녀는 휠체어에서 나와서는 안 되며 만일 뼈가 부러지면 결코 나을 수 없다는 말을 들어온 터였다. 나는 "그런 말을 누가 했지요?"라고 물었다. "의사들이요." "그렇지만 위대한 의사이신 예수님은 뭐라고 말씀하시지요? 그분에게는 불가능은 없습니다!" 나는 젊은 여자를 보면서 "기적을 믿습니까?"라고 물었다. 그녀는 "한 번도 본 일이 없는데요?"라고 말했다. 나는 주님께 주님이 무엇을 원하시는지 여쭙기 시작했다. 주님은 "나는 네가 그녀의 척추를 위해 기도해 주길 바란다."고 하셨다. 왼쪽 다리는 아주 나쁜 상태가 되어 복사뼈 위로 말려 올라가 있었다. 나는 그녀에게 "내가 손으로 당신 발꿈치를 잡아도 되겠습니까?"라고 물었다. 그녀는 "네"라고 대답했고 나는 부서질 듯한 그녀를 위해 아주 부드럽게 발꿈치에 손을 댔다. 기도하기 시작하자 한 쪽 다리가 적어도 15cm나 자라나 정상이 되었다. 그녀의 척추는 맞추어지기 시작하고 팝콘 터지는 듯한 소리가 났다. 이 젊은 부부 랜디와 미시는 내 이발소에서 뛰어 올라 '여리고 춤'을 추기 시작했다. 나는 젊은 여자를 보면서 물었다. "주님이 하실 수 있다고 믿는다면, 주님이 당신을 휠체어에서 끌어내실 수도 있다고 믿습니끼?" "물론이죠!" 그래서 나는 그녀의 머리 위해 손을 얹고 기도하기 시작했다. 하나님의 능력이 나의 손을 빠져나와 이 젊은 여자에게 갔고, 성령께서 그녀 안에서 역사하시기 시작하는 것을 볼 수 있었다. 이들은 미시의 부모를 만나러 피스모 해안으로 갈 예정이었다. 나는 이렇게 말했다. "피스모에 도착하면 방파제로 나갈 거지요? 그녀를 휠체어에 태우지 마세요. 당신들 중 한 사람이 거기에 타고 그녀가 방파제 거리만큼 밀게 하세요. 끝까지 다 가면 다시 반대로 밀고 오게 하세요."

그 다음 날 랜디가 내 주차장으로 들어오는 것을 보았다. 휠체어는 트럭 뒤에 있었다. 그는 함박웃음을 웃으면서 "깜짝 놀라게 해 줄 일이 있어요!"라고 말했다. 그의 아내와 이 젊은 여자는 4분의 3 마일을 걸어서 이발소에 온 것이다. 그들은 들어왔고, 그녀는 "나에게는 18개월짜리 아기가 있는데 머리 꼭대기에 커다란 혈관 덩어리가 있어요. 집에 가서 아기를 데리고 와서 기도를 받아야겠어요."라고 말했다. 나는 "여기서 차로 4시간이나 걸리니 그렇게 할 필요 없어요. 주님께는 거리가 아무 문제가 안 됩니다. 기도만 하고 하나님이 기적을 일으키시길 믿으면 됩니다."라고 했다. 그래서 그들은 아기를 데리고 오지 않았다.

다음 주일날 그들은 그녀의 휠체어를 교회 앞으로 몰래 가지고 갔으며 목사가 간증할 사람이 있는지 묻자 그녀가 뒤에서 일어나서 앞으로 걸어가 자기가 겪은 기적을 이야기했다고 하는 말을 들었다. 그들은 그녀의 휠체어를 벽에다 못 박은 후 내게 전화해서 "선생님을 다시 뵙고 싶습니다."라고 말했다. 나는 "당신들은 내가 필요 없어요. 필요한 분은 오직 예수님뿐입니다. 말씀을 전하세요. 그러면 기사와 이적이 따라올 것입니다."라고 말했다.

나는 그와 같은 이사와 기적을 많이 보았다. 그것이 하나님이 하시는 일이다. 하나님이 모든 영광을 받으시길! 때로 우리는 "내가 이것을 했다." "내가 저것을 했다."는 식으로 말해서 "내"가 너무 커진 나머지 방해가 되기도 한다. 우리는 하나님께 아무런 영광도 돌리지 않는다. 하나님은 자신의 영광을 그 누구와도 나누지 않으신다. 그러므로 이 책에 쓰인 것들은 모두 그 분에 관한 것이고 나에 관한 것은 아주 적다. 나는 하나님이 나를 부르시고 내가 그 부르심에 응답한 것으로 인하여 하나님을 찬양한다. 나는 46년 동안이나 그분으로부터 도망 다녔고 그분을 영접하지 않았다. 나는 지금 일흔 일곱 살이다. 약 먹는 것도 없이 완벽하게 건강하다. 의사들도 믿을 수 없다고 한다. 저번에 진찰을 받으러 갔을 때 오히려 나의 의사에게 안수하였다. 그는 감기가 심하게 걸려 있었는데도 어쩔 수 없이 환자를 보고 있었다. 나는 그에게 본인 부담금도 없을 것이며, 진찰비 청구서도 보내지 않을 것이라고 말했다. 그는 웃으면서 "4개월 뒤에 만납시다."라고 했다.

내게는 여러분에게 들려 줄 이야기가 아주 많이 있지만 하나님만이 그 모든 것의 영광을 받으셔야 한다. 하루는 어떤 남자가 이발소에 들어왔다. 그는 볼링장에서 오는 길이라고 하면서 내가 기도해 주었던 두 자매를 만났다고 했다. 얼마 전, 한 자매는 어깨가 아프고 또 한 자매는 등이 몹시 아프다고 했다. 나는 커피를 마시러 거기에 갔는데, 그들은 자기들 문제에 대해서 불평하고 있었다. 그래서 나는 "주님께서는 해결 못할 문제가 없습니다. 제가 기도해 드릴까요?"라고 말했다. 그들이 "네"라고 대답해서 나는 그들에게 손을 얹고 기도하였고 그들은 다 나았다.

이 신사는 일흔 살 정도였는데, 그가 이 자매들에게 불평하기 시작했을 때, 그들은 "저기 이발소에 가보세요. 그 분의 이름은 제리에요. 두 형제가 있는데 아주 비슷하게 생겼지만 앞 쪽 의자에 있는 사람을 만나세요."라고 말했다. 그는 "저 아래 볼링장에서 당신을 만나러 가보라고 하더군요."라고 말했다. 내 동생 척은 골프 치는 사람이었는데, 골프 동료 몇 사람이 이발을 하려고 기다리고 있었다. 나는 기도를 하려고 할 때 어떤 의심이나 불신도 있으면 안 된다고 생각하기 때문에 "당신을 우리 집으로 모시고 가겠습니다."라고 말했다. 그래서 우리는 트럭을 타고 여섯 블록 떨어진 우리 집으로 향했다. 아내는 진공청소기를 돌리고 있었는데 청소기를 껐고, 우리들은 함께 앉아서 그가 4-5분 이야기하는 것을 들었다. 아내는 "이 분이 원하는 것은 예수님이에요!"라고 말했다. "맞아요. 나도 알고 있어요."라고 나는 말했다. 그래서 그에게 죄인의 기도를 하게끔 인도하였으며 그의 등을 위해서도 기도하였다. 그는 자기가 이발소에서 구원을 받았다고 다른 사람에게 말하곤 했는데, 그 말을 들은 사람들은 "글쎄요, 만일 제리 레오나드가 그 일과 관련이 있다면, 그건 오래 가지 않을 거요!"라고 말했다. 소천하기 직전에 그는 이발소에 와서 이야기했다. "제리, 이것만을 당신이 알았으면 좋겠어요. 16년이나 지속이 되었다는 것을." 그가 성령 세례와 아무 관련이 없었을지는 모르지만 그는 이미 하나님 나라에 가 있다. 그의 이름은 레스였는데, 언젠가는 천국에서 그를 만나보리라는 것을 나는 알고 있다.

02. 이발소에서의 사역

　나의 간증은 순복음실업인회 30주년 세계 회의 기념 보이스 잡지에 실렸다. 간증을 해 달라고 요청을 받았기 때문에 그 잡지에 내 글이 실릴 것이라는 것은 알았지만 표지 스토리로 실릴 것은 알지 못했다. 내가 그 잡지를 우편으로 받아보기도 전에 미국 전역에서 전화가 오기 시작했다. 사람들은 보이스 잡지에 실린 간증을 보고 기도해 달라고 전화하였다. 하나님은 기도에 대해 응답하기 시작하셨다. 물론 주님께서 하신 일이지만 나는 놀라운 치유를 행하였으며 사람들에게 전화를 통해서 기도해 주어도 치유가 일어났다.

전화로 기도해도 같은 기적과 치유가 일어나다

　하나님께 거리는 상관없는 것이다. 마태복음 18장 19절에서 주님께서는 "진실로 다시 너희에게 이르노니 너희 중에 두 사람이 땅에서 합심하여 무엇이든지 구하면 하늘에 계신 내 아버지께서 저희를 위하여 이루게 하시리라."고 말씀하신다. 사람들이 절실하게 주님의 이름을 부를 때, 주님은 속삭이는 기도나 그들이 숨 쉬는 공기만큼 가까이 계신다. 예레미야 33장 3절은 "너는 내게 부르짖으라 내가 네게 응답하겠고 네가 알지 못하는 크고 비밀한 일을 네게 보이리라."고 말한다. 이사야 65장 24절은 "그들이 부르기 전에 내가 응답하겠고 그들이 말을 마치기 전에 내가 들을 것이며"라고 말한다. 응답하시는 이는 하나님이시다. 그 분은 현재의 하나님이시기도 하다. 나는 하나님이 지금 응답하시기를 기대하며 기도하고 하나님은 그렇게 하신다. 하나님은 기대를 어기시지 않는다. 그분의 말씀도 기대를 어기지 않는다. 그분의 말씀이 그렇다고 말씀하신다. 나는 그렇게 될 것이라고 믿는다. 그것으로 충분하다.

일콕스라는 부인이 전화를 해서 자기 암을 위해서 전화로 기도해 줄 수 있느냐고 하였다. 그 부인을 위하여 기도할 때, 주님의 임재가 내 위에, 그리고 전화 저편의 그녀에게 임하는 것을 느낄 수 있었다. 그녀는 열흘 후에 전화하여, CT촬영을 하였는데 암의 흔적은 찾을 수 없었다고 하였다. 그녀는 베이커스필드에 사는 자기 여동생에게 나에게 전화하라고 했고, 그 여동생에게 기도하였더니 똑같은 일이 벌어졌다. 라스베이거스에 사는 친척에게도 똑같은 일이 생겨 좋은 소식이 왔다. 이 모든 것이 예수님이 하신 일이다.

얼마 전에 산타 마리아에 사는 한 부인을 위해 기도하였다. 그녀와 함께 있는 부인들 중 한 사람이 목 옆에 종양이 두 개 있었다. 나는 그녀를 위해서 기도했고 그 종양은 즉시 사라졌다. 그녀는 이렇게 말했다. "내 자매는 후두암에 걸렸습니다. 큰 종양 두 개 때문에 외과 수술을 받을 예정인데, 내가 그녀 대신에 기도 받을 수 있을까요?" 나는 "물론이죠. 그렇게 할 수 있습니다."라고 대답했다. 나는 그녀에게 기름을 바르고 그녀의 목에 손을 얹고 암세포에게 뿌리부터 말라버리도록 명령했다. 나는 그녀에게 임한 죽음의 영에게 주어진 임무를 취소시켰으며, 떠나가라고 명령하였다. 그 여인이 가지고 있는 의심과 두려움과 불신도 그녀의 몸에서 떠나가라고 명령하면서, 주님의 이름을 부르며 치유를 위해 사용하라고 주신 성경말씀을 인용하였다. 시편 118편 17절과 18절은 "내가 죽지 않고 살아서 여호와께서 하시는 일을 선포하리로다. 여호와께서 나를 심히 경책하셨어도 죽음에는 넘기지 아니하셨도다."라고 되어 있다. 시편 116편 9절에는 "내가 생명이 있는 땅에서 여호와 앞에 행하리로다."라고 나와 있고, 요한복음 11절 4절에는 "이 병은 죽을 병이 아니라 하나님의 영광을 위함이요 하나님의 아들이 이를 말미암아 영광을 받게 하려 함이라 하시더라."고 나와 있다. 욥기 22장 28절에는 "네가 무엇을 결정하면 이루어질 것이요 네 길에 빛이 비취리라."고 나와 있다.

주님은 나에게 하나님의 뜻을 전하고 선포할 때 신중하게 하라고 하셨다. 그것은 우리가 선포한 대로 이루어질 것이기 때문이었다. 주님은 또한 "네가 내 말을 사람들에게 전하면 내가 그들을 자유롭게 만들 것이다."라고 말씀하셨다. 이것은 주님이 하시는 일이다. 그 분은 나에게 사람 몸을 회복시키는 사역을 주셨다고 말씀하셨다. 주님은 "네가 내 말을 전할 때, 바로 네 눈앞에서 재건하는 외과 수술이 행해지는 것을 목격하게 될 것이라."고 말씀하셨다. 나는 그런 일을 수없이 목격하였다. 그렇지만 이것은 주님이 하신 일이고 주님만이 모든 영광을 받으셔야 한다!

나는 베이커스필드에서 열리는 순복음실업인회의 조찬 모임에 갔다. 40명 정도가 그 날 아침에 모여 있었다. 그곳에는 과거에 지옥의 사자였던 젊은이의 간증이 있었다. 그 때에 주님께서 계속 나에게 지식의 말씀을 주셨다. "불치의 신장병에서 치유 받고 있는 사람이 여기 있습니다." 나는 세 번을 말했다. 간증하던 그 남자는 걸어 나와서 말했다. "이웃 사람이 투석을 받고 있습니다. 그 사람을 말씀하시는 겁니까?" 나는 "아니요, 지금 이 방안에 있습니다."라고 말하고 그 남자에게 다가가서, 기도해 주어도 되겠느냐고 물었다. 그는 나중에 나에게 말하기를 뒷문이 있었다면 도망갔을 거라고 했다. 나는 그에게 손을 얹고 그를 위해서 기도하였다. 7일이 지나서 그는 베이커스필드에서 차를 몰고 이발소로 왔다. 그는 이렇게 말했다. "선생님께 말씀드릴 게 있습니다. 그날 저는 LA로 가는 길이었습니다. 내 콩팥은 너무 나빠져서 투석을 받지도 못할 상태가 되었었습니다. 콩팥이 다 말라버린 콩 크기만 하게 되었었습니다. 선생님이 나를 위해서 기도해 주실 때 나는 아무 것도 느낄 수가 없었습니다. 나는 주님께 '나는 처방이 필요한 사람입니다.' 라고 말씀드렸지만 주님은 '너는 기도를 받았고 치유되었다.'고 말씀하셨습니다. '네, 주님, 그런데 내가 실제로 치유받지 못한다면 내가 얼마나 곤란하게 되겠습니까?'" LA에서 돌아와서 그는 자신이 진통제를 먹지 않은 지 사흘이나 지났다는 것을 깨닫게 되었다. 그는 집에 돌아와 신장 전문가에게 그 사실을 전화하였다. 의사는 "곧 내려오세요. 엑스레이를 좀 찍어 봐야겠어요."라고 하였다. 엑스레이를 여섯 차례나 찍어보고서야 신장 전문가가 확신할 수 있었다. "믿을 수가 없어요! 당신에게 새로운 콩팥 두 개가 생겼네요!" 이것은 하나님이 하신 일이다.

　그는 이발소에 찾아와서 하나님이 하신 일을 간증하였다. 우리는 식당에서 아침을 먹고 있었다. 식당 중앙에서 에드가 일어나서 나를 가리키며 "나를 위해 기도해 주신 분이 바로 이 분입니다. 하나님께서 나에게 새로운 신장 두 개를 주셨습니다."라고 말했다. 나는 너무 당황스러워서 식탁 밑으로 기어 들어가고 싶었다. 그렇지만 그는 그렇게 자신이 고침 받았음을 증거하고 싶었던 것이다. 그는 하나님이 자기에게 해 주신 일을 선포하고 있었다. 하나님은 여러분의 망가진 삶mess을 들어 올려 그것으로부터 메시지message를 만들어 내신다. 주님은 여러분의 시험test을 들어 올려 그것으로부터 간증testimony을 만들어 내신다. 여러분이 간증을 할 때 그것은 바로 예수님에 대한 예언이다. 하나님은 우리 모두가 그런 사역을 하도록 부르셨다. 주님의 영이 이러한 치유에 대해 확증을 해 주고 계신다. 여러분들 가운데 어떤 분들은 이러한 간증을 듣기만 해도 즉시 치유를 받을 것이다.

이발소에서 기도회를 가지게 되다

　우리는 매일 아침 기도로 이발소를 열기 시작했다. 순복음실업인회의 임원들은 유전에 가기 전에 오곤 하였다. 그러던 중 주님께서는 나에게 이발소에서 화요일 밤 기도회를 열라고 감동을 주시기 시작하였다. "주님, 확증이 필요합니다." 72시간 내에 나는 내가 그 기도회를 시작해야 한다는 7번의 확증을 받게 되었다. "제가 무엇에 대해 가르치기를 원하십니까?" 성령께서는 "성령의 세례에 대해 내 백성에게 가르치기를 원한다. 그들이 능력으로 채워지게 하라. 그들에게 안수하라. 디모데후서 1장 6절에 따라 그들 안에 은사를 불일듯하게 하라. 이것은 바울이 디모데에게 한 것이며, 나는 70인을 둘씩 짝지어 보내었듯이 그들을 보낼 것이다."라고 말씀하셨다. 또한 주님은 "내가 그들의 모든 필요를 채울 것이다."라고 말씀하셨다.

그래서 우리는 이발소에서 기도회를 갖기 시작했다. 사람들이 각 곳에서 모여 들기 시작했다. 태프트 시에 있는 다른 교회들, 전혀 이런 능력을 체험하지 못한 그런 교회에서 온 사람들도 있었다. 사실 우리 이발소는 가로 3.3미터, 세로 6.7미터밖에 되지 않는 공간이었다. 접이식 의자를 놓기도 했고, 어떤 때는 38명이 서 있기도 했다. 아주 비좁은 공간이었지만 성령께서는 언제나 역사하셨다. 다섯 살짜리 아이가 성령으로 세례를 받고 예언을 시작하거나 지식의 말씀을 받기도 했다. 사람들이 무엇을 필요로 하든 간에 그것은 모두 이루어졌다.

'조' 라고 하는 사모아 형제 생각이 난다. 그는 15살짜리 조카를 데리고 왔는데 그 아이는 온몸에 암이 퍼져 있어서 종잇장 같아 보였으며, 레몬처럼 완전히 노란 색이었다. 밸리 열병 valley fever 에도 걸려 있었다. 그 조카는 부모 집에 가서 침대에 쓰러져 누워 있었고 3주 동안 아무 것도 먹지 못하였다. 마이클 존슨과 나는 그 아이에게 기름을 바르고 손을 얹고 그를 위해 기도하였다. 모임 중에 나는 그에게 두 번 더 손을 얹고 기도를 해 주어야 할 것 같은 감동이 왔다. 그 때 마침 어떤 사람이 설교를 하고 있었는데 나는 그 조카가 삼촌의 소매 끝을 붙들고 끌어당기고 집에 가자고 하는 것을 보았다. 그들은 곧 일어나서 떠나버렸다. 나는 그 일에 대해 별로 개의치 않았다.

　이틀 후에 마이클 존슨을 보았는데, 그는 주차장을 가로질러 이발소로 오면서 웃음을 띠고 있었다. "조의 조카에게 무슨 일이 일어났는지 들었소?" 나는 "아니, 아무 것도 듣지 못했는데…."라고 대답하였다. 그 다음날 할아버지가 그 조카를 베이커스필드로 데려갔다. 그 아이의 몸에서 암의 흔적을 하나도 찾을 수 없었다! 밸리 열병의 흔적도 찾을 수 없었다. 마이클은 "분명히 하나님께서 하신 일이야!"라고 말했다. 나도 "분명히 그렇지."라고 말했다. 우리는 그런 식의 온갖 종류의 기적을 목격하기 시작했다. 사람들이 무엇을 필요로 하든 상관없었다.

　주일 밤 전화벨이 울렸는데 버니 시빌이었다. 그는 3개월 전에 간호사를 주님께 인도한 적이 있었다. 이 간호사는 새벽 6시 30분에 차를 몰고 출근하고 있었는데 한 부인이 차 앞을 들이받았다. 버니는 나에게 그녀를 위해 기도해 달라고 하였고 그녀가 있는 곳을 가르쳐 주었다. 나는 이미 잠자리에 들었었는데, 전화를 끊고는 기도할 때 주님께서 "가지 않을 거냐?"라고 말씀하셨다. 그래서 일어나서 옷을 입고 그로버 비치의 5번가와 라모나를 향해서 차를 몰고 갔다. 그 집의 부인이 나를 들어오게 하였다. 그 간호사는 목발에 기댄 채 안락의자에 반쯤 누워 있었다. 나는 마치 TV 스크린을 보는 것처럼 그녀를 볼 수 있었다. "부인은 아래쪽 척추에 디스크 다섯 개가 부서졌습니다." 그녀는 열흘 정도 생존하면 식물인간이 되거나 휠체어에 앉게 될 거라는 말을 병원에서 들었다고 하였다. 나는 "주님께서 보여주신 것은 그렇지 않네요. 주님은 그 디스크 다섯 개를 재건하는 외과 수술을 하고 계십니다."

라고 말했다. 성령께서 그녀를 돌보시기 시작한다고 말해 주었을 때 그녀의 척추는 뜨거워지기 시작하였다! "나는 정식 간호사에요. 내가 치유되고 있는 순간을 알아요!" "부인, 또 다른 문제가 있군요. 심장에 문제가 있습니다." 그녀는 "네, 병원에서는 열흘을 못 산다고 하였어요." 라고 말했다. 나는 "주님께서 보여 주시고 있는 것은 그렇지 않습니다."라고 말하고서 성경을 4군데 인용하였다. 시편 73편 26절, 시편 108편 1절, 시편 138편 1절, 예레미야 24장 7절, 에스겔 16절 6절. "부인, 또 문제가 있네요. 뇌 속에 응혈이 있어요." "병원에서는 그게 심장으로 가면 내가 죽을 거라고 했어요."

나는 그녀의 머리에 손을 얹고 에스겔 16장 6절을 선포하였고, 곧 나는 영의 눈으로 뜨거운 난로에 눈덩이가 녹아버리는 것처럼 응혈이 녹는 것을 보았다. 그녀는 "나는 내가 치유되는 순간을 알 수 있어요! 선생님이 모르고 계신 것이 있어요. 차가 부서질 때 모든 치아가 헐거워졌었답니다. 나는 무서워서 혀로 건드려 보지도 못했었지요. 치아 문제를 어떻게 해결해야 할지 알지 못했어요. 그런데 선생님께서 내 머리에 손을 얹으셨을 때 모든 치아가 팽팽하게 조여졌어요."라고 말했다. 그녀는 자기 이를 갈아 보았다. 나는 "부인, 또 문제가 있어요."라고 말했다. 그녀의 오른쪽 무릎은 소시지같이 보였다. 모두 갈아 뭉개져 있었던 것이다. 나는 성령께서 그녀의 무릎을 재건하는 외과 수술을 하는 것을 보았다. 그것은 비스킷 반죽을 섞는 손가락처럼 보였다. 잠시 후 그녀는 무릎을 올려서 움직여 보았다. 완전히 통증이 없었다. 나는 성령께서 그녀의 척추를 들어 올리시는 것을 보았다. 그녀는 목 위쪽에 뼈 세 개가 삐져나와 있었다. 내가 그 말을 했을 때 그 뼈들이 펑 소리가 내면서 제 위치를 찾았다. 그녀는 손을 뻗어 목에서 목 보조기를 확 잡아떼더니 의자에서 일어났다. 그녀와 그녀의 친구는 거실을 돌면서 '여리고 춤'을 추기 시작했다.

나는 일어나서 소파에 앉아 있는 그녀의 딸을 들어 올려 내 무릎위에 앉혔다. 그녀의 가슴을 안고 있던 내 손에서 팔꿈치까지의 부분이 아주 뜨거워졌고 아이는 꿈틀거리기 시작했다. "부인, 이 아이는 치유와 구원을 받고 있는 거예요." 아이의 엄마는 "우리는 이 아이를 몇 번 응급실에 데려 갔던 적이 있어요. 아이는 무서운 통증으로 울어 제치는데 아무도 왜 그런지 알지 못해요."라고 말했다. 나는 "예수님이 해결하십니다."라고 말했다. 이 때 작은 소녀가 말했다. "엄마, 엄마, 저거 보여요?" "뭐가 말이니?" "저 선생님이 여기 들어 올 때부터 커다란 천사 둘이 저 분 뒤에 서 있었어요." 그래서 나는 일어나 집으로 왔다. 이것 또한 하나님이 하신 일이다. 주님께서 영광을 받으소서!

어느 날 오후 이발소에서 일하고 있다가 전화를 받게 되었다. 꽃집을 운영하고 있는 사람의 전화였다. 그는 "허리둘레에 대상포진이 생겨서 너무나 통증이 심합니다. 나를 위해서 무엇을 해 주실 수 있는지요?"라고 말했다. 나는 "저는 아무 것도 할 수 없습니다. 그렇지만 오늘 밤에 집에 오시면 우리는 기도하고 주님이 원하시는 바를 볼 수 있을 겁니다."라고 말했다. 그는 "지금 너무 아파요, 그리고 LA에 가야 해요."라고 말했다. 나는 "네, 오셔서 나를 가게에서 태워 주시면, 우리가 함께 집으로 갈 수 있지요."라고 말했는데, 그 이유는 의심이나 불신이 있다면 가게에서 기도를 하지 않을 것이기 때문이었다.

내 동생은 신자가 아니었다. 나를 놀려대기도 하였고 나를 곤경에 빠뜨리곤 하였다. 그가 술집 같은 데를 가면 사람들은 나를 본 것으로 착각하였다. 동생이었지만 우리는 너무나 닮아서 사람들은 나라고 생각했고 동생은 그런 것을 재밌어 하였다. 내가 이발해 주고 있던 사람은 "선생님이 가셔야 한다면 선생님 동생이 내 머리를 마무리할 수 있어요."라고 말했다. 그래서 대상포진을 앓고 있는 사람이 와서 나를 픽업해서 함께 밴을 타고 집으로 갔다. 가파른 길이었는데, 나는 그가 걸어 올라갈 수 없을 것 같아서 뒷문까지 차로 가자고 하였다. 우리는 그 당시 장모님과 함께 살고 있었다. 나는 그녀가 보고 있던 TV를 껐다. 그는 거실의 의자에 앉았고 나는 그에게 기름을 발랐다. 장모님은 우리를 보면서 앉아 있었다. 기름을 바르자마자 성령께서 나를 통해서 말씀하셨다. "고침을 받고 있다!" 이 말이 터져 나왔을 때 그는 자기 셔츠를 들어 올렸다. 허리둘레에는 넓은 띠 모양으로 대상포진이 있었는데 3.2센디미디 정도의 폭이었고 디 이상 빨갈 수 없을 정도로 빨겠다. 2.5센티미터 정도의 길이를 빼 놓고는 모두 빨갛게 되어 있었다. 병원에서는 그것이 완전히 덮이면, 목숨을 잃게 될 것이라고 말했다고 한다. 나와 장모님은 그대로 앉아 있었고 45초가 지나자 이 모든 것이 사라져버렸다. 그는 "하나님을 찬양합니다. 나는 선생님이 이렇게 성령 충만하신지 몰랐습니다. 내 등을 위해서 기도해 주세요."라고 말했다. 그래서 나는 그의 등을 위해서 기도하였다. 우리는 집을 나왔고 그가 나를 이발소까지 태워다 주었다. 동생은 "무슨 일이 있었어?"라고 물었다. "내가 말해도 믿지 못할 거야."

그 다음날 저녁, 나와 아내는 외출을 하여 어떤 과부를 위해서 기도해 주었다. 집에 오자 장모님은 "레오나드 스미스 씨가 전화하였는데, 자네보고 전화해 달라고 했네."라고 하였다. 그래서 전화기를 들어 그에게 전화를 하였다. 그의 아내가 전화를 받았다. 그녀는 "남편은 침대 끝에 앉아 있어요. 잠자리에 들려고 하고 있지요."라고 말했다. 레오나드 스미스는 "오, 제리 씨, 말씀드릴 게 있어요. 선생님이 기도해 준 다음에 저는 LA로 갔는데 교통 체증에 걸리면 얼마나 아플까 싶어서 진통제를 한 알 먹었어요. 꽃시장에 가느라 새벽 4시에 일어났어요. 타이어에 구멍이 나서 타이어를 바꿔 꼈습니다. 등이 아프고 대상 포진이 있었다면 그런 일을 할 수가 없었을 거예요. 딸의 결혼식이 곧 있을 것이고, 큰 장례식이 있어서 하루 종일 일했어요. 지금 11시가 다 되었는데 등도 안 아프고 대상포진의 증상도 하나도 없었어요. 이 모든 영광을 하나님께 돌리고 싶어요! 그래서 선생님께 전화 드리고 싶었어요."라고 말했다. 나는 그를 여기 피스모에서 가끔 만나고 있는데, 그는 이곳 언덕 위의 나사렛 교회에 출석하고 있다. 그는 골프를 치면서 만나는 사람들에게 간증을 한다. 나는 가끔 그런 사람들을 만나게 된다. 방금 이 순간에도 스미스라는 이름을 가진 다른 사람과 마주쳤는데, 그도 역시 내가 해 준 기도에 대해 간증을 하고 있었다. 주님께서 또 다른 기적을 행하신 것이었다. 오직 주님만 영광을 받으소서!

도시를 향해 기도하도록 하시다

몇 년 전 내가 태프트 시에 살고 있을 때 주님께서 나에게 말씀하셨다. "나는 네가 이 도시를 위해 기도를 시작하기 원한다." 나는 교회에 가서 매일 새벽 4시에서 5시나 5시 30분까지 기도하였다. 나 혼자 기도할 때가 많았고, 가끔 두 세 사람이 올 때도 있었다. 날씨가 쌀쌀하여 난로를 켜고, 주님 앞에 얼굴을 바닥에 묻은 채 기도하였다. 한 달 쯤 지나자 주님은 "왜 거기 있느냐?"고 하셨다. 나는 "주님의 뜻을 찾고자 합니다. 주님이 원하시는 바를 말입니다."라고 대답하였다. 주님은 "나는 네가 이 도시를 위해서 기도하면서 길을 따라 걸었으면 좋겠다."고 말씀하셨다. 나는 "알겠습니다."라고 하였다. 주님은 새벽 4시에 나를 깨우셨다. 나는 매일 새벽 1시간씩 걸었다. 이렇게 매달 계속하였다. 가정 사역을 하고 있을 때는 태프트 시의 각 집의 문을 두드려 복음을 제시하였다. 이 일은 3년 반이나 걸렸다. 나는 주님의 음성을 듣고 순종하기 때문에 이렇게 하는 것이 불편하지 않았다. 순종이 제사보다 낫기 때문이었다. 어느 집 앞에 당도했을 때 목 뒤로 오싹하고 털이 곤두설 때가 있다. 그러면 "주님, 무슨 일입니까?"라고 성령으로 기도하기 시작한다. 사흘 후에 신문에서 마약단속이 있었다는 것을 알았다. 나는 그 문제에 대하여 순종하며 기도하고 있었던 것이다.

  어떤 술집을 지나갈 때 그 주인에게 몇 번 간증을 하였다. 그는 매우 병세가 악화되어 휠체어에 앉아 있었지만 회개하려고 하지 않았고, 마음을 주님께 드리려고 하지 않았다. 그렇지만 나는 언제나 그 술집을 위해서 기도하였고 재정이 말라버리도록 주님께 간구하였다. 나는 주인에게 내가 그를 위해서 기도하고 있다고 말했다. 그는 기도를 원치 않았다. 그렇지만 휠체어를 타고 우리 이발소에 올 수밖에 없었다. 마침내 그 술집은 재정이 말라버렸는데 아마도 많은 사람들이 기도한 것 같았다. 그들은 결국 교회로 오게 되었다.

  나는 교회 옆도 걷곤 하였다. 이런 일을 할 때 성령의 인도하심이 필요하다. 성령께서 재촉하곤 하시기 때문이다. 나는 "이 목사님은 주님의 계획을 갖고 일합니까? 아니면 사람의 계획대로 합니까?"라고 묻는다. "만일 그가 주님의 계획을 갖고 있지 않고 사람의 계획만을 가지고 있다면 그에게 비전을 주지 않으셨겠지요. 그러면 그 목사님을 내보내시고, 주님의 음성을 듣고 주님의 일을 할 수 있는 목사님을 그 자리에 보내 주소서." 나는 이런 일을 3년 반 동안 하였다. 한 번은 어떤 예언자가 와서 나에게 이렇게 말하였다. "선생님, 이 도시를 위해서 하신 기도가 3년 내에 다 이루어질 것입니다. 내가 돌아와 보니 목사님들 중 절반이 옮겨 갔습니다. 선생님이 하나님의 뜻을 따라서, 예수님의 이름으로 기도하고 계시다는 것에 확신을 가지시기 바랍니다."

예언자를 양성하게 하시다

주님께서는 예언자들을 양성하라고 말씀하시기 시작하셨다. 나는 하나님께서 중부 해안 지방에 예언자들을 양성하시도록 4년 정도 기도해 오고 있었다. 사람들에게 이런 이야기를 하면 사람들은 그 말에 고개를 끄덕였으며 주님께서 곧 그 일을 시작하실 것이라는 것을 알고 있었다. 1월 1일이 다가오자 주님은 나에게 "네가 그들을 길러낼 것이다."라고 말씀하시기 시작했다. "뭐라고요?" "바로 네가 말이다! 그들을 너에게 보내겠다." 주님은 젊은이들에게 말씀하셨고, 그들은 우리 집 계단에 모습을 드러냈다. "주님께서 여기 와서 선생님과 함께 시간을 보내라고 하셨어요." 그들은 성경과 노트를 가지고 왔다. 어떤 때는 10분 간격으로 7시까지 오기도 했다. 어떤 때는 그들에게 일대일로 네

시간씩이나 가르침을 쏟아 부었다. 그렇게 그들은 준비가 되어 갔다. 그리고 그들 중의 몇몇은 "이제 떠날 시간이 된 것 같아요."라고 말하기도 했다.

작은 황금빛 구름이 몰려와서 나와 함께 있는 사람 위에 머물면 성령께서 2시간 동안이나 기름부음을 주시곤 했다. 교회에서 말씀을 전할 때 구름이 몰려와서 설교자 주위에 머물면 그 때부터 말씀을 적어 놓은 메모는 아무 소용이 없게 된다. 무슨 일이 일어날지 모른다. 성령에 취하는 것이다. 주님이 다 알아서 하신다. 주님은 내가 말씀을 전하는 곳이면 어디든지 이 젊은 선지자들을 데리고 가서 간증을 함께 나눌 수 있도록 하셨다. 그렇게 훈련을 시킨 후에 주님은 그들을 독립적으로 내보내셨다. 그리고 그 일이 성취된 것을 보았다. 나는 그들을 골짜기 골짜기마다 데리고 다니면서 간증을 하게 하였다. 나는 그들 중 두 사람이 설교하는 것을 최근에 보았는데 입에서 불이 나오는 것처럼 설교를 하고 있었다. 정말 잘 하고 있었다! 나는 하나님께 영광을 돌린다. 그러나 나는 아주 미미한 부분을 담당했을 뿐이다.

스탠 스미스라는 사람은 (자기 목회지를 가지고 있는 사람인데) 전세계를 다녔다. 그가 최근에 다른 두 팀과 함께 이스라엘에 가서 갈멜산 위에서 예언적인 예배를 50시간 동안 드렸다. 그가 그곳으로 떠나기 전에 어느 모임에서 나를 만났는데 "주님께서 선생님과 시간을 보내라고 하셨습니다."라고 말했다. 그래서 우리는 4시간 동안 함께 지냈다. 그는 "선생님은 모르시겠지만, 내가 주님께 여쭈었던 모든 것을 선생님이 대화 속에서 확인시켜 주셨답니다."라고 말했다. 그는 선교여행을 떠날 때마다 내게로 와서 함께 시간을 보내곤 한다.

2003년 3월 3일에 우리 집에서 선지자들의 집회를 갖게 되었다. 성만찬 중에 말씀이 임했다. 나는 성만찬 중에 예언적 메시지를 받아본 적이 없었다. 우리 목사님이 그때 그 메시지를 받아 적은 종이를 가지고 있는데 언젠가 나에게 돌려주겠다고 하셨다.

　　이 신사는 얼마 전에 나에게 전화를 하여 이렇게 말했다. "제리, 나는 전 세계를 다니면서 사역을 하였고 온갖 종류의 치유가 일어나는 것을 보았으나, 선생님이 기름부음을 나에게 전해 주시고 나서야 나의 목회에서 놀라운 치유가 일어나게 되었습니다. 선생님은 내가 여태껏 본 어떤 사람들과도 다르게 치유를 하십니다." 나는 "글쎄요, 하나님이 하시는 일이지요."라고 말했다.

　　주님은 내가 사람들에게 주님의 말씀을 전하면 주님께서 그들을 해방시켜 주시겠다고 하셨다. 그런 일을 하시는 것은 주님이시다. 이사야서 55장 11절에 따르면, 그의 말씀은 헛되이 돌아오는 적이 없다. 나는 성령께서 지시하는 것을 할 뿐이다. 그것은 모두 그 분이 하시는 것이다. 그 분이 나타나지 않으면 아무 일도 일어나지 않을 것이다. 나는 겸손하게 엎드려 "주님, 이 모든 것은 주님에 관한 것입니다! 주님이 점점 더 커지고, 나는 점점 작아지게 하소서!"라고 말씀드린다. 나는 아버지가 하시는 것을 보지 못하면 아무 것도 할 수 없다. 때로는 이런 일이 일어나기 전에 주님이 하시고 있는 것을 보게 해 주신다. 나는 그에게 모든 영광을 돌린다! 그는 그의 영광을 어느 누구와도 나누지 않는다. 나는 얼굴을 주님을 향하고 주님 임재 안에 머물면서 말씀드린다. "주님, 무엇을 원하십니까?" 그분의 영광이 나를 통해 빛나고 수없이 나를 축복해 주셨기 때문이다. 주님은 여전히 그렇게 하고 계시다. 이렇게 길러진 선지자 다섯 명은 주님의 일을 잘 하고 있다.

어느 날 어떤 여자 세 명이 내게 와서 "선생님께서 우리에게 멘토링을 해 주시길 원합니다."라고 말했다. 교사가 수만 명 있어도 아비는 많지 않은 것이다. 내가 "여러분의 목사님께 부탁하는 것이 좋겠는데요."라고 말하자 그들은 "아니에요. 그분들에게는 선생님에게 있는 기름부음이 없어요. 더군다나 그분들은 시간이 없어요."라고 말했다. 나는 이 세 여성을 멘토링해 주었는데, 이들은 성령께서 자기들에게 말씀하셨고 드보라가 받은 것 같은 기름부음이 임하였다고 생각한다. 나도 그렇다고 믿는다.

내가 그들과 기름부음을 나누기 시작하자 그들은 기름부음 속으로 들어갔다. 나는 내가 말씀을 전하러 갈 때마다 그들을 데리고 다니며 가정 사역을 하러 갈 때 한 팀으로 가기도 한다. 그들도 성령의 은사를 가지고 일한다. 하나님께서 그들에게 은사를 내려 주시고 계신다. 이것은 하나님이 하시는 일이다. 나는 사람들이 주님 안에서 성장하며 주님의 일을 하는 것을 보면 참으로 마음이 기쁘다. 그들은 하나님 나라로 힘써 들어가고 있으며 주님은 그들에게 마음껏 부어주신다. 나는 하나님께 모든 영광을 돌린다! 이 여성들의 이름은 셰릴 혼 Cheryl Hohn, 미쉬 미홀 Mish Mehall, 도나 쉐이퍼 Donna Shaffer이다. 이들은 내 아내가 병의 마지막 단계를 지나는 어려운 시기에 큰 도움을 주었다. 하나님께 영광을 돌린다. 이들은 나에게 큰 위로가 되었으며 아내가 주님 품으로 돌아가고 난 후에 슬퍼할 겨를이 없게 해주었다. 주님께서는 나를 사랑해 주는 그리스도인들을 내게 보내주셔서 내가 필요로 할 때 언제나 곁에 있게 해 주셨다. 이 일로 인하여 주님께 영광 돌린다. 우리는 슬퍼할 필요가 없다. 사랑하는 사람이 어느 곳에 있는지를 안다면 슬픔은 순간일 뿐이고 그 슬픔을 극복할 수 있다. 슬픔에게 '저리 가!' 라고 말하고 주님과 동행하라. 주님은 우리에게 더 좋은 것을 예비하고 계시기 때문이다.

나는 이제 내게 임했던 몇 가지 예언을 나누고자 한다. 여러분이 청중 가운데 있으면서 예언의 말씀이 임하면 "주님, 말씀을 받습니다." 라고 말하면 된다. 나에게 임한 예언의 말씀을 받을 사람들이 여기에 있다. "주님, 말씀을 받습니다."라고 말하라. 이런 예언이 임하여 그 중의 몇 가지를 연관시킬 수 있다면 그 말씀은 여러분을 위한 것이다. 그 말씀을 그저 받으면 된다.

척 플린Chuck Flynn은 사도, 복음전도자, 선지자, 교사, 목사인데, 우리는 그에게 기름부음이 임했다는 것을 믿는다. 우리는 성령께 우리 마음을 복종시킨다. "네 이름이 무엇이냐?" "제리 레오나드입니다." "나는 너에게 내 환상의 힘을 주었고 네가 전능하신 하나님의 일에 착수하였으므로, 다른 사람들이 너에게 손해를 끼치고 혹평을 하더라도, 내 아들아, 내 안에서 강해지고 주님의 영광이 너를 해방시켜 건강하게 하셨음을 알라. 소화 기관과 순환 기관 모두 하나님께서 만지셨다. 아멘. 우리 하나님의 띠로 이제 나는 너의 발을 인치겠다. 왜냐하면 지금부터 두 달 반 동안 너의 기름부음의 발걸음을 성령께서 이끄실 것이기 때문이다. 불일치가 있는 곳에 큰 평화를 가져올 것이며, 침식되었던 곳에 큰 번영을 가져올 것이다. 법적인 시달림 속에서 나는 네가 번영하게끔 봉인하였다. 아멘. 주님께서 말씀하셨습니다."

할렐루야! 주님은 이렇게 말씀하신다. "아들아, 너는 이 계곡을 오르내리며 성령의 씨 뿌리는 자로 지내왔고, 영적인 영역에서 많은 씨를 뿌려 왔다." 주님은 내가 기도하며 "주님께 뿌린 것을 거둘 수 있을까요? 나는 씨 뿌리는 자 역할만 하는 건가요? 앞으로 올 세대에 추수에 참여할 수 있는 건가요?"라고 물었던 때가 있었다고 말씀하신다. 주님은 "아들아, 내가 너를 추수 때를 위해 보존하고 있다."고 말씀하신다. 주님은 다음 도래할 시기에 문들이 열릴 것이라고 말씀하신다. 문들이 열릴 것이며, 그것은 마치 호텔 복도에 수많은 문들이 있는 것처럼 생겼는데, 그 문들이 열리기 시작하면 아들아, 그 문을 통과하라. 그 문을 통과하라. 너의 간증을 내놓아라, 내가 네 안에 심어준 것을 내놓아라. 주님의 말씀이 오고 있다. 내 백성을 권고할, 시온을 권고할, 기적과 이사를 동반하는 예언적 명령이 올 것이다. 그들에게 내가 오고 있다고 말하라고 말씀하신다. 주님은 "내가 너에게 메시지를 주겠다. 그것은 내가 머지않아 재림할 것이며 내 힘과 기적과 이사를 동반하며 재림할 것이라고 선포하는 것이다. 어두운 이 시절에 너에게 꿈을 줄 것이다. 너의 간증에는 그 꿈들이 포함될 것이며, 성경이 포함될 것이며, 명백하게 나타나는 하나님의 힘이 포함될 것이다. 나는 너를 일으켜 세웠고 강하게 하였다."라고 말씀하신다. "이 밤에도 나는 너를 강하게 한다. 나는 너의 심장을 강하게 하며 너의 폐를 강하게 하며, 순환계를 향상시키며 젊음을 다시 찾게 해 준다. 너의 하나님이신 주님이 말씀하시길, 너는 나의 일꾼이다. 아들아, 나는 너의 말을 들었다. 너는 '예수님, 당신을 섬길 수 없다면, 당신을 위해 아무 것도 할 수 없다면 저를 본향으로 불러 주소서'라고 말했다. 지금은 그 때가 아니다. 할 일이 많다. 해야 할 일이 많다. 나는 너의 헌신을 높이 산다. 내가 너를 쓰겠다. 내가 너를 쓰겠다. 내가 너를 쓰겠다."

할렐루야, 할렐루야, 주님을 찬양한다! 주님은 말씀하신다. "로즈에 대해서는 걱정하지 마라. 그녀를 고쳤다. 그녀는 주님의 피로 고침을 받았다. 주님이 그녀를 돌보실 것이다. 우리는 하나님의 선하심과 그의 자비를 생각하지 않는 작은 어린 아이들과 같이 행동한다. 제리야, 너는 하나님의 방문을 받게 될 것이다. 전능한 하나님의 두려운 방문이며, 영광과 권능으로 가득 찬 방문이 될 것이다. 주님의 방문, 그와 만나는 것은 너무나 엄청나고 놀라운 일일 것이다. 사람들은 네가 하늘나라에 갔다 왔다고 생각할 것이다. 주님은 너에게 회복 사역을 위해 기름 부으셨다. 사람의 몸을 위해서도 레마의 말씀을 하게 될 것이고 그것이 네 앞에서 바로 이루어지는 것을 볼 것이다. 너는 공동체를 시끄럽게 만들 것이다. 주님은 너를 쓸 것이다. 너는 아주 크고 강력하고 선한 방식으로 소란을 일으킬 것이다. 반역자들을 위해서가 아니라 주님을 갈망하여 간절히 찾는 사람들을 위해서." 아멘. 하나님을 찬양합니다. 할렐루야, 하나님을 찬양합니다! 주님, 예수님.

두 번째 예언은 스캇에게- "아들아, 내가 너에게 엄청난 수준의 치유력을 너에게 주겠다. '제리에게 준 것은 너의 것과 비교할 수 없을 것이다.' 아들아, 나는 너를 시험하고 내 포도주 틀에서 너를 짰으며, 너의 충성을 시험하였고, 무릎 꿇고 기도하는 것을 시험하였고, 구제와 헌금, 그리고 너의 삶을 시험하였다. 나는 이시대의 어떤 사람들보다 더 너를 시험하였다. 그리고 나는 너를 순금처럼 단련하였다. 아들아, 이제 나는 너에게 더 큰 치유력을 맡기겠고, 기름부음을 맡기겠다. 사도의, 예언자의 위대한 옷을 입히겠다. 나는 젊은 시절에 너를 불렀고 오래 전에 너를 만졌다. 그러니 아들아, 너는 너의 뒤를 이을 사도들을 길러낼 것이며 네가 꿈도 꾸지 못했던 위대한 일들을 할 것이다. 나는 네가 아비들에게 아비가 되게 하고 목자들에게 목자가 되게끔 가르칠 것이다. 아들아, 너는 사도적 부르심을 받았고, 네가 작은 일에 충성했으니 이제 나는 이 영역에서 네 이름이 알려지게 만들 것이다. 교만하고 오만하며 목이 곧은 하나님의 백성들을 네게 맡길 것이니, 너는 그들에게 내 말씀을 전할 것이며 깨어짐과 회개와 회복을 보게 될 것이다. 아들아, 그들은 너를 갓 나온 신선한 회복을 가져다 줄 사람으로 알게 될 것이다. 나는 너를 나의 종 다윗과 같은 죄를 지은 사람들에게 보낼 것이다. 너는 내가 포기하지 않은 사람들에게 말씀을 전할 것이다. 세상과 교회가 포기하였을지라도 나는 포기하지 않았다고 하나님이 말씀하신다. 너도 포기하지 않게 될 것이다. 죄짓고 타락하여 부서진 사람들에게 회복과 치유의 예언적 기도를 하라. 너는 결혼에 대해서 예언적 축복을 말하게 될 것이며, 남편의 어리석음 때문에 집에서 쫓겨난 여인들의 마음을 치유할 것이다. 아들아, 내가 너에게 명하는 이것이 결코 쉽거나 가벼운 일은 아니다. 그렇지만 네가 충성을 다하면 네가 받을 상이 클 것이라고 하나님이 말씀하신다."

　　스캇에게 계속되는 예언: "도시에서, 사람들이 그에게 와서 물어볼 것이다. '우리에게 해를 끼치려고 왔습니까?' 그러면 그가 대답할 것이다. '아닙니다. 나와 함께 갑시다. 우리는 하나님께 제사하고 예배해야 합니다.'

　　주님, 주님께서 그의 마음과 그의 손에 성령의 기름부음을 주시니 감사합니다. 그는 기름을 담은 병처럼 될 것입니다. 그는 왕에게 기름 부을 것이며 예언자에게 기름 부을 것입니다. 아버지, 예후에게 기름 부으신 것을 인하여 감사드립니다. 주님의 영의 힘을 통하여 교회 안의 이세벨의 영을 무너뜨리게 할 사람들에게 기름 부을 것입니다. 아버지, 그가 지도자들에게 남자다움의 은사를 나누어줄 것을 인하여 감사드립니다. 그런 남자들은 남자 됨의 거룩한 소유 속으로 들어갈 것입니다. 하나님의 사람이 되는 것, 바로 서서 주님 보시기에 올바른 일을 하는 것 말입니다. 아버지, 아버지께서는 그로 하여금 딴 길로 갈 뻔한 사독(제사장)들에게 기름 붓게 하실 것입니다. 이들은 하나님의 복을 받게 될 것입니다. 이들은 에스겔 44장의 축복 속에 살게 될 것입니다. 이들은 이방인의 예배에 등을 돌릴 것이며, 우상을 섬기는 것으로부터 등을 돌릴 것이며, 이 세상의 일에서 등을 돌릴 것입니다. 이들은 주님께 거룩하게 바친 나사렛 사람으로서 자신을 바칠 것입니다."

아버지, 아버지께서 여실, 크고 효과적인 문을 통하여 그가 오게 됨을 감사드립니다. 아버지께서는 모든 반대와 저항과 박해를 끊어버리실 것입니다. 당신은 그에게 코뿔소 가죽을 씌우실 것입니다. 어느 누가 무슨 말을 하더라도 그는 "나와 함께 가겠습니까? 나의 눈은 고정되었고 내 마음은 확고합니다. 나는 높으신 하나님을 섬길 것입니다. 나와 함께 가시겠습니까 아니면 중도에서 포기하시겠습니까?"라고 말할 것입니다. 아버지, 이제 그에게 역사하심을 인하여 감사드립니다. 그는 예레미야처럼 될 것입니다. 그는 큰 연민과 큰 회복력을 지니고 사역할 것입니다. 예레미야에게 하신 것처럼 주님은 제리를 보호하시고 지탱하시며 아무도 그를 해치지 못하게 하실 것이라는 약속을 주십니다. 아버지, 그의 원수나 적대자들까지도 그를 해치는 것을 두려워하게 될 것입니다. 그들은 당신이 심판의 하나님이요, 엄격하신 분이라는 것을 알며 당신이 기름 부은 자들을 보호하신다는 것을 알기 때문입니다. 주님은 아무도 당신의 선지자들을 해치지 못하게 하십니다. 주님, 당신께서 제리의 삶의 목적을 그의 이마에 인쳐 주심을 인하여 감사드립니다. 앞으로 수년 간 그는 이리 저리 움직일 것입니다. 그는 바울과 아볼로처럼 좋은 짝을 이룰 것입니다. 그는 씨를 뿌리고 물을 줄 것입니다. 그렇지만 하나님, 당신께서 자라게 하실 것입니다. 나는 주님께서 성령의 힘으로 이 모든 것을 안무해 주시길 기도합니다. 주님이 지도해 주시고 안내해 주시며 보호해 주시고 발걸음을 인도해 주실 것입니다.

"너는 이 책을 쓸 때 그리스도의 마음을 가지게 될 것이다. 책의 모든 것이 그분에 관한 이야기이다. 그분이 모든 영광을 받으실 것이다!" 우리는 이것을 지금 성령의 감동으로 예수 그리스도께 봉헌합니다. 우리가 하는 모든 일은 그분에 의해 이루어질 것입니다. 우리는 우리의 계획이 아니라 그분의 계획을 원합니다. 그분은 흥하고 우리는 쇠하기를 기도합니다. 주님, 이 책을 펴내시고 주님께서 원하시는 사람들 손에 들어가게 하실 것을 인하여 감사드립니다. 주님께 모든 영광을 돌립니다. 예수 이름으로 기도합니다.

복음 전도와 함께 치유를

더스티라는 남자가 있었다. 그는 그리스도를 자신의 구세주로 영접할 때 99세 반이었다. 나는 그가 올 때마다 6년간 예수를 증거하였다. 그는 조건부 운전 면허증을 가지고 있었기 때문에 집에서 몇 블록 떨어진 쇼핑센터까지만 갈 수 있었는데, 그 쇼핑센터에 우리 이발소가 있었다. 나는 이렇게 말하곤 했다. "더스티, 오늘이 구원의 날입니다. 예수님을 구세주로 영접하셔야 합니다." 99년 6개월인 그는 "알겠습니다. 구원받기 위해서 어떻게 해야 하지요?"라고 말했다. 나는 그에게 죄인의 기도를 하게 인도해 주었다. 3주 후에 그의 두 딸이 그와 아내를 모시고 왔다. 그 노부부는 너무 안 좋은 상태였다. 아내는 그에게 완전히 기대 있었기 때문에 딸 하나는 아버지를, 다른 딸 하나는 어머니를 모시고 왔다. 6주 내지 8주가 지나자 그의 사위가 말하길 그가 주님께로 갔다고 했다. 그들을 불구덩이에서 구해낸 것이다. 주님은 내게 불구덩이에서 몇 사람을 잡아 끌어낼 것이라고 말씀하셨다.

또 다른 신사가 있었는데 92세였고 척추교정 지압전문가였다. 그가 이발소에 올 때마다 나는 계속해서 복음을 전했다. 그는 "선생님 말씀을 들으면 기분이 좋아져요."라고 말하곤 했다. 그렇지만 주님을 영접하게 만들지는 못했다. 어느 날 내 아내가 그에게 우연히 말을 걸게 되었다. 그는 "내가 이발소에 갈 때마다 당신 남편이 주님에 대해서 말을 하는데 기분이 참 좋아져요."라고 말했다. 아내는 "박사님, 제가 기도를 해 드릴까요? 죄인의 기도를 말이에요."라고 말했다. 내 아내는 주님께 다음과 같이 구하고 있었다. "내 남편은 늘 누군가를 주님께 인도하고 있어요. 저도 당신을 위해 한 영혼을 얻고 싶어요." 그날 내가 집에 오자 아내는 기쁨으로 빛나고 있었다. "내가 존슨 박사님을 주님께 인도했어요!" 그는 92세였다. 나는 그가 하나님 나라에 있는 것을 인하여 하나님을 찬양한다.

내가 주님께로 인도한 사람들 중에는 80대나 90대도 많다. 회복기 환자 요양소에 가서 이발을 해 주었는데, 그들을 위해 기도해 주면서 그들을 주님께 인도하게 되었다. 이렇게 할 수 있게 해 주신 하나님을 찬양한다. 나는 베이커스필드에 있는 노숙자 쉼터에 가서 사역을 하곤 했다. 그곳에서는 사람들에게 배식하기 전에 우리에게 간증을 하거나 말씀을 나누게 허락하였다. 나는 갈 때마다 꼭 한 두 영혼씩은 얻을 수 있었던 것 같다. 하나님께 영광을 돌린다.

우리 이발소에서 두 블록 떨어진 곳에 남부침례교회가 있었다. 목사를 초빙해 세울 때마다 나는 매번 목사에게 성령 세례에 대해서 말하였다. 그들은 새 목사가 올 때마다 하곤 하던 얘기를 마침내 하고 만다. "저기 이발소와 상종하지 마시오." 성령과 아무 관계를 맺고 싶지 않기 때문이었다. 그렇지만 버디라는 한 목사가 있었는데, 그는 아주 주목할 만한 체험을 하게 되었다. 그는 이발소에 찾아와서 주님의 일에 관해서 나와 이야기를 나누게 되었다. 그는 7년 간 멕시코에서 선교사로 일했었다.

그는 척추에 관절염이 있었고 주님은 그를 치유해 주시겠다고 약속하셨다. 어느 날 그는 주님께 말씀드리길, "주님, 주님은 저를 고쳐 주신다고 하셨습니다. 이따위 진통제에 중독되고 싶지 않습니다."라고 하였다. 주님은 그에게 "너는 일어나 제리 형제와 1시간씩 세 번을 함께 지내라."고 말씀하셨다. 그래서 어느 시간이 좋겠느냐고 나에게 물어왔다. 나는 "내 시간이 목사님 시간이지요."라고 말했다. 나는 그가 오럴 로버츠의 교회에서 한 과목을 가르치고 있다는 것을 알고 있었고 많은 사람들이 그곳에 가고 있었다. 나는 "6시에 시간이 있어요. 6시까지는 저녁 식사를 마치니까요. 그 때 오세요."라고 말했다. 그는 들어와서 내 맞은편에 앉았고 나는 그에게 가서 손을 얹고 기도하기 시작했는데, 되도록이면 방언으로 하지 않으려고 했다. 왜냐하면 그가 성령 충만하다고 생각하지 않았기 때문이다. 내가 그에게 예언을 하기 시작했다. "목사님, 거대한 비행기가 보입니다. 네 개의 엔진이 있는 비행기인데, 격납고에서 나오고 있습니다. 목사님이 그 비행기에 타고 있고 외국으로 가는 것이 보입니다. 인도라고 생각됩니다. 목사님이 여태까지 설교했던 사람들보다 훨씬 더 많은 사람들에게 설교하고 있는 것이 보입니다." 그는, "네, 나도 그 환상이 보입니다. 보입니다."라고 말했다. 내가 기도할 때에 그의 척추는 치유되었고 그날 밤 그는 떠났다.

　　그는 두 번 더 왔다. 2주쯤 후에 그는 지나다가 이발소에 들렀다. "선생님이 아셨으면 해서요. 우리 교회의 한 여자 성도가 21일 간 인도에 갈 수 있는 티켓을 주었어요. 또 집사 한 사람이 선생님이 하신 것과 똑같은 예언을 하였어요. 나는 내 일생 설교한 것보다 더 많은 사람들에게 설교할 것이라고 믿어요." 그는 21일 간 인도에 갔다. 이들은 많은 카세트 플레이어와 테이프를 가져갔다. 이들은 그토록 먼 땅에 있는 사람들에게 복음을 들려주려고 그것을 가져간 것이다. 그는 감격하여 돌아왔다. "제리 선생님, 우리는 내년에 다시 갈 것인데, 선생님도 함께 가셔야 합니다. 치유 사역을 하실 분이 필요합니다." 나는 이렇게 말했다. "말씀을 계속 전하세요. 하나님의 말씀에 '주님의 말씀을 전하면 기사와 이적이 따를 것이다.'라고 되어 있어요. 목사님이 전하실 것은 오직 구원의 메시지뿐입니다. 예수님이 구원, 치유, 해방을 순서대로 가져오십니다. 목사님이 한 가지를 얻으면 이 모든 것을 한꺼번에 얻으시는 것입니다." 그는 "그런 식으로 한 번도 생각해 보지 못했어요."라고 말했다.

　　오래 지나지 않아 그는 내가 롬폭시의 순복음실업인회 만찬에서 강연한다는 소식을 들었다. 그는 "선생님과 같이 가고 싶어요. 선생님이 말씀하신 이런 이야기들을 들었거든요. 주님께서 선생님을 차로 모시고 회합에 가라고 말씀하셨어요."라고 말했다. 우리는 차를 타고 롬폭시로 가서 연설자 앞 테이블에 앉았다. 사람들은 식사를 하고 있었으나 나는 음식을 받지 못했다. "선생님은 식사를 못 받으셨네요." 웨이터는 "선생님 시중을 드는 것을 깜빡했네요. 선생님은 제일 먼저 시중을 받으셔야 하는 분인데…."라고 말했다. 나는 "아닙니다. 나중 된 자가 먼저 되지요."라고 말했다. 우리는 식사를 하고 있었고, 성령께서 버디 목사에게 역사하기 시작하였다.

　　그는 "제리 선생님, 저기 저 사람은 뭐 하는 사람이지요? 주님이 저 사람을 어떻게 하실까요?"라고 말했다. "아, 네, 하나님은 그에게 새로운 심장을 주실 거예요. 심장에 문제가 있거든요. 하나님이 그를 치유하실 거예요." 그는 "그게 바로 하나님이 저에게 하신 말씀이에요!"라고 말했다. "목사님은 지식의 말씀을 받기 시작하시는 겁니다." 그는 "나는 선생님이 선생님 댁 거실에서 나에게 손을 얹으신 이래로 말씀을 받기 시작했어요. 그것들이 나에게 왔지만 그것이 무엇인지 몰랐어요."라고 말했다. 나는 "그것이 바로 지식의 말씀이에요. 목사님이 성령에 관한 일을 가르치기 시작하시면 지금 계신 교회와의 관계가 단절될 가능성이 많을 것 같아요." 라고 말했다. 그는 "내가 그렇게 하면 주님께서 더 나은 것을 저에게 주시겠지요."라면서 "저기 있는 저 부인은 어떤가요?"라고 말했다. "그녀는 귀에 문제가 있는데 주님께서 귀를 열어 주실 거예요. 목사님이 저 부인을 위해서 기도하시면 주님께서 그 귀를 열어주실 거라고 생각합니다." 그녀의 아들은 어머니가 원하니까 마지 못해 어머니를 모시고 왔다. 나는 "그가 어머니의 청각 장애가 치유되는 것을 볼 때, 하나님께서 간증을 통해 그의 마음을 만지실 겁니다."라고 말했다. 그는 "정말요?"라고 말했다. "저기 있는 젊은 부인은 어떤가요?" "글쎄요. 주님께서 저 부인이 아기 갖기를 원한다고 하시면서 1년 안에 아기를 가질 것이라고 하시네요."

회합이 끝난 후에 우리는 레스토랑으로 가서 거의 한밤중까지 있었다. 내쫓기기 직전까지 말이다. 우리는 커피를 마시면서 이야기를 나누었다. 한 사람이 말했다. "저도 선생님이 가지신 것을 갖고 싶어요. 어떻게 하면 가질 수 있지요?" 나는 "주님의 일에 전념하세요."라고 말했다. 3주가 지나서 그가 교회를 사임했다는 소식을 들었다. 나는 "어쩐 일이에요?"라고 물었다. 대답이 돌아왔다. "성령 세례에 관하여 가르치기 시작했어요. 그것이 바로 교회가 필요로 하는 것이었죠. 교인들은 큰 법석을 떨었고, 더 이상 내가 필요 없다고 하기에 사임하였어요." 최근 소식은 그가 텍사스에 살면서 멕시코 선교 사역을 하고 있다는 것이었다. 그는 스페인어를 유창하게 하였다. 그는 하나님의 뜻의 완벽한 중심에 서 있으며 하나님이 하라고 부르신 명령을 수행하고 있기 때문에 행복하리라는 것을 나는 안다. 하나님은 여러분 중 몇몇 사람도 동일한 일을 하라고 부르셨다. 단지 여러분들이 그 부르심에 응답하지 않았을 뿐이다.

03. 체휼적 sympathetic 분별

체휼적 분별이란 다른 사람의 아픔이 우리에게 그대로 전해져서 그 사람이 어디가 아픈지 알게 하는 분별이다. 가끔 우리들은 다른 사람이 아픈 곳이 함께 아프면서 치유기도하는 사람들을 보아왔다 – 역자 주

나는 어느 날 오후 태프트 고등학교 뒤의 트랙을 따라 걷고 있었다. 그 동네 치과의사도 걷고 있었는데 발을 질질 끌고 있었다. 그는 과체중이었는데, 체중을 줄이려고 애쓰고 있었다. "박사님, 다리에 무슨 문제라도 있나요?" "아, 네, 다음 화요일에 무릎 수술을 받을 거예요." "정말요? 그것을 놓고 기도해 보신 적 있으세요?" "아니요." "주님이 그것을 다루실 수 있다는 것을 믿으세요?" "아, 네, 기도를 믿어요." "저기 벤치에 좀 앉아보시겠어요?" 우리는 5미터쯤 걸어 내려가서 벤치에 앉았다. "박사님께 손을 얹고 기도해도 되겠습니까?" "물론이죠." 나는 주님께서 주신 성경 말씀을 가지고 기도하기 시작했다. 욥기 4장 4절 "무릎이 약한 자를 강하게 하였거늘", 이사야서 35장 3절도 같은 말씀이며 히브리서 12장 12절도 동일한 말씀이다. 나는 "하나님께서 창조적인 기적을 일으키시는 줄 믿습니다. 나는 이 부은 것이 무릎에서 빠져나갈 것을 명령한다."라고 말했다. 우리가 기도할 때 한쪽 무릎이

다른 쪽 무릎의 2배나 되었다. 기도를 다 끝내기 전에 부은 것이 가라앉았고, 그는 뛰어 일어났다! "주님을 찬양합니다. 저에게 기적이 일어났어요!" 나는 "하나님이 박사님을 위해서 해 주신 일을 사람들에게 말해야 합니다."라고 말했다. 다음 월요일 오전에 내 치아를 닦아내기 위해서 그의 치과에 들렀을 때 그는 모든 직원들에게 이야기하였다. "이분이 나를 위해 기도해 주셔서 무릎 수술을 받지 않아도 되게 되었어요." 여러분은 하나님이 여러분에게 해 주신 일을 말해야 한다. 그렇게 함으로써 여러분의 증거를 지켜 나가는 것이다. 계시록에는 사람들이 증거의 말씀으로 이겼으며 생명 잃는 것도 마다하지 않았다고 나와 있다. 그것은 모두 예수에 관한 것이다!

　　나는 큐야마 밸리에 있는 샘 화이트 형제의 교회에서 말씀을 전하고 있었다. 그는 아칸소 주로 돌아갔는데, 나에게 예배 세 번을 맡아 달라고 하였다. 그곳에는 오토바이 사고를 당한 젊은이가 있었다. 나는 말씀을 나눈 후에, 그 젊은이를 보고 "주님께서 자네를 만져주시길 원하네."라고 말했다. "네, 저는 오토바이 사고가 나서 몇 개월 동안이나 직장에 나가지 못했어요. 유전에서 일하고 있는데, 사고가 난 후에는 제대로 걸을 수도 없어요." 나는 그에게 손을 얹고 기도하였다. 예배가 끝나기도 전에 그는 정상적으로 걸어 다녔고 통증이 사라졌다고 했다. 그는 그 다음날 직장에 나갈 수 있을 것 같다고 말했다. 그는 나를 보면서 "우리 아버지를 위해서 기도해 주셔야 해요. 아버지는 선생님을 꼭 만나야 해요. 제가 아버지를 여기에 모시고 와야겠어요."라고 말했다. "바로 여기에서도 아버지를 위해서 기도할 수 있어요." "아닙니다. 아닙니다. 아버지는 선생님을 꼭 만나야 해요."

몇 개월 후, 아마 설날 바로 전날이었던 것 같다. 그 즈음엔 나의 남동생이 하늘나라에 가서 나 혼자 일하고 있었기 때문에 하루 종일 바빴다. 나는 대개 설날 전날에는 2시쯤에 문을 닫는다. 그 이후에는 별로 사람이 없기 때문이다. 2시 15분 전 쯤에 안내 표지를 바꾸어 놓자마자 그들이 들어왔다. 나는 두 세 사람 머리를 더 이발해야 했다. 그와 그의 아버지는 이발소 뒤쪽에 앉아 있었는데, 사실 나는 그를 알아보지 못했다.

세 사람의 이발이 끝났을 때, 그가 다가왔다. "이발하시겠어요?" 라고 물으니 그는 "아니요, 아버지를 오리건 주에서 모시고 왔어요. 저는 큐야마에서 기도 받았던 사람이에요. 오토바이 사고를 당했던…." 이라고 말했다. "아, 정말요?" "네, 나는 그 다음날 바로 출근했답니다. 여기 이 분이 우리 아버지입니다. 기도가 필요한 분이에요."

나는 그 분에게 다가가 악수했다. "선생님, 주님께서 선생님을 고쳐 주실 것을 믿습니까?" "아, 네, 주님은 내 아들을 고쳐 주셨고, 저도 고쳐 주실 것입니다." 나는 그를 보면서 주님께 무엇을 하길 원하시는지 여쭈었다. "선생님은 편두통이 있으시군요." "네, 수년 동안 편두통이 있었어요. 그래서 강한 약을 먹고 있지요. 나는 건물 철거 작업을 하고 있고 일을 하나 더 하고 있어요. 직업 두 개를 뛰고 있지요." "어깨도 아프시죠." "네." "목 뒤에 경추가 나와 있군요." 경추에 손을 얹었더니 곧바로 펴졌다. 그는 "통증이 사라졌어요."라고 말했다. "척추 교정 지압 전문가가 알지 못하던가요?" "그런 사람한테 가 본 일이 없어요." "어깨는요?" 나는 그의 어깨에 손을 얹고 기도하였다. "배에는 무슨 문제가 없나요?" "글쎄요, 모르겠어요. 몇 년 동안이나 배에 문제가 있었어요. 음식을 소화시키기가 어려워요. 소화가 안 되니까 온갖 문제가 생겼지요." "일어나 보세요." 나는 그의 배에 손을 얹고 기도하였다. 그의 몸은 달아오르기 시작했다.

　　　　10분이나 15분 쯤 그를 위해 기도한 후에, 나는 "선생님, 선생님에게 이제 아무 문제도 없는 것 같습니다."라고 말했다. "네, 이제 아무 문제도 없습니다. 선생님, 저의 아내를 위해서 기도해 주실 수 있으세요?" "물론이죠, 사모님은 어떤 것이 필요하신가요?" "지금 저에게 수술해 주신 것과 동일한 수술을 받으면 좋겠네요." "정말요? 어디에 계세요?" "아내는 오리건 주에 있습니다. 선생님께 전화를 할 거예요." "알겠습니다." 몇 주 후에 그들은 오리건 주로 돌아갔다. 한 주가 지나자 한 부인이 전화를 하였다. 아마 한 시간 반이나 전화로 이야기 나누었던 것 같다. "나는 선생님이 우리 아들과 남편에게 하신 것을 알고 있어요. 그들에게 해 주신 것과 똑같은 것을 원해요. 주님께서 나에게도 해 주실까요?" 나는 "물론이죠. 주님은 물이 흘러갈 수로를 찾고 계세요. 그분은 쓰실 그릇을 원하시죠. 그분이 영광을 받는 한 말이죠."라고 말했다. 그녀는 "어떻게 그것을 받을 수 있지요?"라고 물었다. "내가 기름부음을 전화를 통해 사모님께 전해 줄 겁니다." "정말요?" "물론이죠." 우리는 함께 기도하였다.

　　　　그녀는 3, 4일 후에 전화를 다시 하였다. "여기서 12마일 떨어진 병원에서 한 여자가 있는 것이 보였어요. 그녀는 몸 전체에 온갖 종류의 튜브를 매달고 있지요. 주님은 계속해서 내가 그녀에게 손을 얹으면 그녀가 퇴원하여 걸어 나오게 될 것이라고 하세요." 나는 "주님이 말씀하신 것을 언제 하실 건가요?"라고 물었다. 그녀는 "오늘이요. 선생님께 전화 드려 여쭈어 보아야겠다고 생각했어요."라고 말했다. 그 때 시간이 벌써 저녁 8시였다. 그녀는 "내일 오전에 하겠어요."라고 말했다.

　　이틀 후에 그녀가 전화를 하여 이렇게 말했다. "병원에 가서 그 부인에게 손을 얹고 위해서 기도했어요. 그녀는 그 다음날 나에게 전화를 했어요. 11시에 퇴원을 했다고요. 주님이 또 다시 그런 일을 하실까요?" "물론이죠. 그렇게 하실 겁니다. 주님께 신성한 사명을 주실 것을 구하시고 새로운 기술을 구하세요. 주님은 저를 사용하시는 것과 똑같은 방식으로 우리 모두를 사용하시기 원하세요. 주님은 사람을 차별하시지 않습니다. 오로지 구하시는 대로 받게 될 것을 믿으시면 됩니다." "알겠습니다. 감사합니다." 나는 그녀가 주님께서 하라고 부르신 일들을 여전히 하고 있을 것이라고 확신한다. 그는 여러분 각 사람을 같은 일로 부르시고 계신다.

04. 임파테이션-꿈-환상

우리 이발소에서 기도 모임을 할 때, 각기 다른 교회를 다니는 많은 사람들이 와서 치유를 받고 돌아갔다. 또 다른 교회들은 우리를 선전해 주는 셈이 되었다. 사실 그들과는 아무런 관련이 없었지만 그들은 우리를 괴롭혔기 때문에, 우리는 밤에 나에게 오는 전화를 감시해야 했다. 아내는 무릎 수술을 두 번 받고 엉덩이 수술을 두 번 받았는데 세 번째 엉덩이 수술을 받을 예정이었다. 나는 이발소에서 여섯 블록 떨어진 곳에서 살았기 때문에, 집에 가서 아내에게 먹을 것을 마련해 주고 나서 다시 와서 기도모임을 열었다. 아내가 급하게 날 찾을 경우에 대비해서 나는 늘 전화를 받을 태세로 있었다.

주님이 거실로 걸어들어오시다

이런 상황이 지속되는 가운데, 어느 날 새벽 2시에 거실에서 기도하고 있었다. 나는 의자에 얼굴을 묻고 있었는데, 밝은 빛이 거실로 들어왔다. 다메섹 도상의 바울과 같은 경험이었다. 바울이 겪은 경험을 한 것은 아니지만, 빛이 거실 안으로 들어온 것이다. 골짜기의 백합화의 향기를 맡을 수 있었다. 그런 향기를 사람들에게 기도해 줄 때 몇 번 맡았던 적은 있다. 샤론의 장미 같은 향기도 맡았다. 나는 곁눈질로 옆을 보았는데 주님이 내 곁에 서 계셨다. 나는 올려다 볼 수 없었으며, 내 몸이 녹아서 바닥에 납작하게 엎드리고 싶은 심정이었지만 움직일 수 없었다. 주님의 얼굴을 보고 싶었지만 그럴 수가 없었다. 그렇지만 곁눈질로 주님의 다리부터 발까지 볼 수 있었다. 주님의 겉옷이 내려오는 바로 아래쪽에서 못 자국을 볼 수 있었다. 나는 주님의 음성을 들었다. "가장 작은 자에게도 이 일을 하여라. 그것이 내게 하는 것이니라."

　　　그리고 그 밖의 많은 말씀을 하셨으나 기억이 나지 않는다. 주님이 얼마나 오랫동안 계셨는지 모르겠다. 2시에 일어났던 것은 분명하다. 나는 늘 새벽 2시부터 4시까지 기도하곤 했는데, 그 때 성령께서 날 깨우시기 때문이었다. 얼마나 시간이 지났는지 알 수 없지만 다시 잠자리에 든 것이 거의 5시였다. 1시간 정도 잤는데, 주님께 한 시간 동안 2주간만큼의 신성한 안식을 달라고 아뢰었더니 주님께서는 그렇게 해 주셨다. 6시에 일어나서 이발소로 가서 한 남자와 기도를 하고, 30분 간 돌아왔다가 다시 이발소로 가서 오전 8시에 이발소 문을 열었다. 그렇지만 주님의 임재보다 더 귀한 것은 세상에 없다. 주님이 나타나시고, 그 분의 임재 속으로 들어가는 것, 그것을 능가할 것은 아무 것도 없다. 그분의 임재 안에 1분 거하는 것이 세상에서 일생 지내는 것과 맞먹을 만큼 가치 있다.

환상도 보여주시다

몇 개월 전에 남가주의 한 선지자에게서 전화를 받았는데, 그는 전에 내가 알고 있던 사람이었다. 그는 주님이 내가 모임에 나오기를 요구하신다고 말했다. 우리는 빅베어의 오두막에서 금식하고 기도하고 있었다. 주님은 우리 중 한 여성에게 몇 년 전에 환상을 보여주셨고 그녀에게 삽화로 그린 열 처녀의 이야기를 펴내기를 원하신다고 하셨다. 그 이야기는 미국 전역으로 퍼져 나갈 것이며 책 판매가 7백7십7만7천부까지 이를 것이라고 하셨다. 주님은 다양한 사람들을 보내기 시작하였다. 뉴욕의 브로드웨이 극장에서부터 할리우드까지, 그 이야기를 듣고 무대 스타일로 꾸미길 원하는 사람들을 보내셨는데, 이 이야기는 극장이나 축구 경기장, 원형 경기장, 공원, 교회에서 상연될 것이기 때문이었다. 이것은 어리석은 다섯 처녀와 지혜로운 다섯 처녀의 삽화 이야기가 될 것이었다. 나는 내가 맡을 부분이 무엇인지 궁금해 하고 있었다. 그런데 우리가 금식하며 기도하고 있을 때 청년 두 사람이 들어와 나를 보더니 눈물을 주르륵 흘리는 것이 아닌가. "이게 무슨 일인가?" 하고 어리둥절한 내게 그들은 "선생님이 바로 그 분입니다. 바로 그 분입니다."라고 말했다. 나는 내 뒤에 누가 서 있는 것이 아닌가 하고 뒤돌아보았다. 그들은 "우리는 스미스 위글스워쓰 Smith Wigglesworth에 관해 입수할 수 있는 모든 자료를 다 읽었습니다. 그리고 '주님, 스미스 위글스워쓰의 기름부음을 받은 살아있는 사람이 있습니까?' 라고 물었습니다. 우리가 여기에 들어올 때 주님께서 동시에 우리에게 말씀하셨습니다. '이 사람이 위글스워쓰의 기름부음을 받은 살아 있는 사람이다'"

이 일은 나를 겸손케 하는 일이었다. 이 두 청년은 주말 내내 내가 어디로 사라지지 못하도록 계속 지켰다. 한 사람은 내 왼쪽에, 또 한 사람은 내 오른쪽에서 나에게 착 달라붙어 있었다. 나는 커피도 제대로 마실 수 없었고, 그들이 시중들어 주는 것 외에는 아무 음식도 제대로 먹을 수 없었다. 그들은 내가 그들의 머리 위에 기름을 부으면서 기름부음을 시행해 주길 요청했다. 나는 혈우병 걸린 여인에 대한 이야기가 무슨 의미인지 알 것 같았다. 예수님은 자신에게서 능력이 빠져나가는 것을 느꼈다고 하셨다. 나도 그들이 내 곁에 있는 동안 내내 주님의 영이 나에게서 빠져나와 그들에게 가는 것을 느낄 수 있었다. 이런 일은 내가 잘 느끼지 못하는 경험이었는데, 주말 내내 이들은 될 수 있는 대로 바짝 나에게 붙어 있었다. 이것은 나를 겸손케 하는 경험이었다.

임파테이션

사람들이 와서 "선생님은 임파테이션을 하십니다."라고 말할 때, 그것은 대개 주님이 나에게 주신 것을 그들에게 전달하는 것을 말한다. 나는 다니엘과 요셉의 기름부음을 살아나게 할 것이라는 예언을 받았었다. 꿈이나 환상을 해석하는 것이다. 또한 여호수아와 이사야의 기름부음도 살아나게 한다는 예언을 받았었다. 매우 부담스러운 명칭이긴 하지만 그것은 주님의 일이지, 결코 내가 한 일이 아니다. 그렇지만 이 예언자들은 계속 나에게 와서 내가 이 일을 할 것이다, 저 일을 할 것이라고 말한다. 그것은 주님의 뜻이지 나의 뜻이 아니다. 나는 아버지가 하시는 것을 본 것 외에는 아무 것도 할 수 없다.

태프트 시에서 밤 10시에 병원으로 불려갔던 일이 생각난다. 마리라는 암환자가 있었는데 몸 안에서 일어나는 출혈을 병원에서 지혈시키지 못하고 있었다. 간호사 중 한 사람이 나에게 전화하여, "선생님이 오실 수 있을 것 같아서요. 다른 사람들에게 전화하였는데 아무도 못 오신다고 해요."라고 말했다. 병원으로 가서 그녀를 위해서 기도하면서 에스겔 16장 6절, 요엘 3장 21절, 레위기 17장 11절, 마가복음 5장 29절 등 피에 관한 성경 말씀을 주장하기 시작했다. 내가 집에 돌아오자마자 병원에서 전화가 왔다. "제리 선생님, 어떤 성경 구절을 사용하셨나요? 그 부인은 선생님이 병원 현관문을 나가실 때쯤에 지혈이 되었어요. 내일 오전에 귀가할 수 있을 것 같아요. 선생님이 가진 것이 무엇인지 모르겠지만 저도 갖고 싶어요."

북가주 순복음실업인회의 정찬에서 연설을 하고 있을 때 하나님의성회의 목사가 눈이 먼 한 여성을 데리고 나왔다. 그녀는 3년 전에 차가 부서지는 사고를 당했었다. "부인, 주님께 원하는 것이 뭔가요?" "성경을 읽을 수 있으면 좋겠어요. 나는 주님을 사랑해요. 차 사고가 난 이후에 나는 그분의 말씀을 읽을 수가 없어요." "네, 주님께는 불가능한 것이 없습니다." 나는 그녀에게 손을 얹고 기도하였다. 그녀를 위해 기도한 후에, 나는 회전근개 rotator-cuff 가 파열된 어느 지압사를 위해 기도하고 있었는데, 그녀가 와서 내 코트 소매를 끌어당기면서 말했다. "선생님, 보세요. 선생님, 보세요." 그녀는 작은 성경을 가지고 있었는데 그 성경에서 이사야서를 읽어 내려갔다. 그녀의 남편도 거기에 있었는데 그는 등이 몹시 아픈 사람이었다. 이 모든 일을 다 보면서 앉아 있던 그는 이게 무슨 영문인지 알지 못한 채 너무 놀라서 돌같이 굳어져 앉아 있었다. 나는 그를 불러내어 기도해 주고 싶었지만 성령께서는 "그가 오지 않는 한은…"이라고 말씀하셨다. 왜 그렇게 하시는지 모르겠지만 성령은 "앞으로 나오면 그의 등은 나을 것이다."라고 말씀하셨다. 그는 나오지 않았다. 그렇지만 그 일로 나는 큰 깨달음을 얻었다. 성령은 "그들이 요청하면, 그들이 나오면…"이라고 말씀하셨다. 성령은 속삭이는 기도나 숨 쉬는 공기만큼이나 가까이 계신다.

이 곳 해안에서 만난 친구가 하나 있는데, 주님은 그에게 노래를 주셨다. 내 아내가 하늘나라로 가기 몇 주 전부터 그는 자기 키보드를 가지고 와서 내 아내를 위해 기도해 주기 시작했다. 나는 갑자기 그를 보며 "폴, 주님이 지금 당신을 만지고 계십니다."라고 말했다. 그는 거실 바닥에 쓰러졌다. 나는 "주님이 당신 왼쪽 다리를 고치십니다."라고 말했다. 그러자 그는 자기 다리를 앞뒤로 움직이기 시작했다. 그는 "난 이렇게 할 수 없는 사람인데, 이렇게 할 수 없는 사람인데!"라고 말했다. "이 왼쪽 다리는 세 군데에 골절이 있었는데 지금은 앞뒤로 움직여져요. 그 전에는 이렇게 할 수 없었거든요." 나는 "그렇지만 지금 움직이네요. 그런데 이렇게 할 수 없는 사람이라니 무슨 말이에요?"라고 말했다. "난 그렇게 할 수 없었어요, 그게 바로 내가 이해할 수 없는 일이에요!" 이것은 하나님이 하신 일이다.

최근에 캘리포니아 주 핸포드 시에서 두 여자가 나의 집으로 찾아왔다. 나는 그 중 한 여자를 섬겨 주었는데, 그녀는 자기 남동생 둘을 데리고 왔고, 주님은 그녀뿐만 아니라 그 두 사람도 해방시켜 주셨다. 그녀는 다발성경화증을 가지고 있는 친구를 데리고 왔다. 나는 그녀의 친구를 보고 앉아 있으면서 성령께 무엇을 하길 원하시는지 여쭈었다.

그 여자는 나와 방 반대쪽에 앉아 있었다. 나는 그녀에게 손을 얹지 않았다. 그리고 성령께서 그녀 위에 내려오는 것을 보기만 하였다. 나는 "부인, 허리 아래부터 혈액 순환이 잘 되기 시작합니다."라고 말했다. "부인의 다리가 따뜻해질 것입니다. 부인은 몇 년 동안 다리에 아무 감각도 못 느끼셨지요." 5분쯤 지나자 그녀의 얼굴이 홍조를 띄었다. 그녀는 일어나 거실을 이리 저리 걸었다. "몇 년 동안이나 하지에 감각이 없었어요. 이제는 감각이 느껴집니다." 나는 "그것은 주님이 하신 일입니다."라고 말했다. 우리는 점심식사를 하러 갔고 그들은 떠났다. 나는 몇 개월 후에 툴레어에서 그녀를 보았다. 그녀는 빛나고 있었다! 나는 주님이 그녀를 완전히 해방시켜 주셨음을 믿으며, 주님이 모든 영광을 받으셔야 한다.

나는 내가 처음으로 구원받았던 케터린 쿨만의 모임에 가는 버스 안에 있었다. 그 때가 처음 가는 길이었다. 아내는 내가 가도록 나를 이끌었다. 당시 버스 뒤에 어떤 부인이 앉아 있었다. 그녀는 등이 아프다고 했다. 나는 뒤로 가서 그녀를 위해서 기도하였다. 그녀를 위해 기도하고 있는데 또 다른 부인이 내 손을 잡아서 자기 몸에 올려놓았다. 그녀는 "난 담낭에 병이 있어요. 주님께 치유해 달라고 기도해 주세요."라고 말했다. 그래서 기도해 주었다. 거기에는 두 여자가 있었는데, 그들에게는 캘리포니아 주 포터빌 출신인 친구가 있었다. "우리 친구를 위해서 기도해 주실래요?" 나는 몸을 돌려 그녀의 이마와 머리 뒷쪽에 손을 얹었다. "예수의 이름으로 고침을 받을지어다."

05. 사역 속의 은사들

최근에 나는 7년 전에 알게 되었던 목사로부터 전화를 받았다. 캘리포니아 주 베이커스필드 시의 레이크뷰 교회 목사였다. 주님이 그에게 "제리 형제에게 전화하라. 그는 너에게 줄 임파테이션이 있다."고 말씀하셨다. 그는 나에게 전화하여 "우리 교회에 와서 말씀 좀 전해 주시겠어요?"라고 말했다. "물론이죠." 나와 몇몇 친구들이 주일날 오후에 그 교회에 가서 말씀을 전했다. 나는 내가 받은 기름부음을 그들에게 전달했고 가난의 영이 그들에게서 떨어져 나왔다. 나중에 그가 말하길, 우리가 온 것이 얼마나 큰 축복이었으며 어떤 영향을 주었는지 알지 못할 것이라고 하였다. 그 교회는 전무후무하게 구제하기 시작했다는 것이다. 하나님께 모든 영광을 돌린다!

물질이 30배 100배 열매 맺는 길은?

산타 마리아에서 치유 센터를 운영하는 릭 테일러가 말했다. "돈을 좀 불러들일 수 있겠어요. 선생님은 그런 일에 기름부음을 받으셨다고 들어서요." 그래서 나는 헌금 접시에 그 씨앗을 뿌렸고 백배로 돌아오기를 기도했다. 이틀 후에 한 부인이 우리 거실로 걸어 들어와서 이렇게 말했다. "선생님께 수표를 써드려야겠어요. 선생님은 그것을 씨 뿌릴 것이라는 사실을 알지요. 수표를 어떻게 써드릴까요?" "치료의 방 Healing Rooms 앞으로 해 주세요." 릭이 아프리카에 갈 경비를 구해달라고 요청했었기 때문에 그렇게 말했던 것이다. 이렇게 하면서 "아프리카를 위해 씨를 뿌립니다. 100배로 돌아오게 기도합니다."라고 말했다. 나는 그것을 그에게 주었고 그의 눈은 둥그래졌다. 2주일 후에 그는 내게 돈을 좀 더 불러들여 달라고 했다. 내가 동일한 기도를 하자마자, 주님께서 내가 심는 것의 천 배를 불러들일 수 있다고 말씀하셨다. "얼마나 빨리 돈이 필요한가요?" "지금 당장이요." 그래서 나는 기도했다. 우리가 기도하고 있는 동안에 사람들은 기도대기실에서 기다리고 있었다. 그런데 잠시 후 그는 이렇게 말했다. "선생님이 5분 전에 기도하셨지요. 그런데 한 부인이 걸어 들어와서 '천 달러 수표를 선생님께 드리겠어요.'라고 했답니다. 이렇게 빨리 이루어지다니!" 이사야서 65장 24절에는 "그들이 부르기 전에 내가 응답하겠고 그들이 말을 마치기 전에 내가 들을 것이며"라고 나와 있다.

하나님은 우리의 작은 숨소리와 같은 기도도 들으신다. 그분은 모든 것에 관심을 가지신다. 성경은 "주께서 심지가 견고한 자를 평강에 평강으로 지키시리니 이는 그가 주를 의뢰함이니이다."라고 말한다. 이사야 26:3 하나님은 사람들에게 "내가 그들이 가지고 있는 문제보다 훨씬 크신 분이라는 것을 알려주어라. 나를 신뢰하라!"고 말씀하셨다. 그것이 바로 열쇠이다. 주님은 "사람들에게 그들이 가지고 있는 모든 문제에 대해 내 말씀 안에 해답이 있다는 것을 말해 주어라. 내 말씀 안에 들어오면 모든 문제에 대한 해답을 찾게 될 것이다. 사람들에게 나를 내 말씀 속에서 기억하라고 말하라."고 하셨다. 이사야 43:26 그래서 나는 기도할 때 그렇게 주님을 기억한다. 주님은 우리가 그분 안에 거하고 그의 말씀이 우리 안에 거하면 주님께 구하는 것을 시행하시겠다고 하셨다. 아버지께 무엇을 구하든 하나님은 해 주실 것이다. 그것은 하나님의 문제가 아니고, 우리의 문제다. 우리가 해야 할 일은 오직 그분을 신뢰하는 것이다. 문제의 해결은 우리가 주님을 신뢰하는 데 있다. 하나님은 "네가 누구의 죄든 사하면 사하여질 것이다."라고 말씀하셨다. 마가복음 11장 23절에는 "누구든지 이 산더러 들리어 바다에 던지우라 하며 그 말하는 것이 이룰 줄 믿고 마음에 의심치 아니하면 그대로 되리라."고 나와 있다. '너는 네가 말하는 것을 가질 수 있다. 나의 백성은 자기들이 말하는 대로 가질 수 있을 텐데, 오히려 그들은 자기가 가지고 있는 것을 말하고 있다.' 마가복음 11장 24절에는 "무엇이든지 기도하고 구하는 것은 받은 줄로 믿고 마음에 의심치 아니하면 그대로 되리라."고 나와 있다. 의심하면 안 된다. 마가복음 11장 25절에는 "서서 기도할 때에 아무에게나 혐의가 있거든 용서하라."고 나와 있다. 용서하지 않으면 하늘에 계신 아버지도 용서하지 않으실 것이다. 여러분에게 상처를 준 친척이나 사랑하는 사람이나 그 누군가를 용서하지 않으면 천국에 들어갈 수 없을 것이다. 그러니 순종하라! 하나님의 말씀이 지시하는 대로 순종하라. 하나님의 말씀에 거하고 그 말씀이 여러분 속에 거하면 여러분이 무슨 말을 하든지 그것을 이룰 수 있을 것이다.

이 책을 읽을 독자들은 지혜와 분별, 하나님의 말씀의 계시 등을 구하여 왔을 것이다. 여기 몇 개의 성경 구절을 알려주고 싶다. 그 말씀들이 여러분의 영혼에 영향을 주길 기도한다면, 여러분은 주님의 영이 여러분에게 하시는 말씀을 분별하게 되면서 여러분이 읽은 것을 가지게 될 것이다.

일곱 곱절의 성령 (탁월함의 영)

17개의 성경 구절

1) **지혜의 영** 출 28:3, 신 34:9, 사 11:2
2) **심판의 영** 사 4:4, 28:6, 마 12:18, 요 16:7,11
3) **불타는 영** 사 4:4
4) **명철의 영** 사 11:2
5) **계시의 영** 엡 1:17
6) **모략의 영** 사 11:2
7) **능력의 영** 사 11:2, 막 6:2, 롬 15:18, 골 1:29
8) **지식의 영** 사 11:2, 롬 15:14
9) **주님을 경외하는 영** 사 11:2, 행 5:11,13
10) **은혜의 영** 슥 12:10, 히 10:29
11) **기도와 탄원의 영** 슥 12:10, 엡 6:18
12) **영광의 영** 벧전 4:14, 고후 3:18

13) 거룩의 영   롬 1:4
14) 생명의 영   계 11:11, 롬 8:2
15) 양자의 영   롬 8:15
16) 진리의 영   요 14:17, 15:2, 16:13, 요일 4:6
17) 예언의 영   계 19:10

위의 성경 구절들을 공부할 때에 성령님께 지혜와 계시, 이해, 말씀의 분별을 달라고 기도하라. 그리하면 주실 것이다. 말씀에 대한 그분의 생각을 달라고 요청하라. 기도하고 이 성경말씀들을 묵상하면 그렇게 되리라고 보증할 수 있다. "주님, 이 말씀들에 대한 주님의 생각을 알려 주세요."라고 기도하면 주님께서 말씀해 주실 것이다. 주님이 풍성하게 복 내리시길 빈다.

하나님의 말씀을 읽으면서 이해하기가 어렵다면 잠언 2:6, 눅 21:15. 딤후 2:7, 약 1:5, 눅 24:45 등을 읽으라. 그리고 나서 하나님께 위의 성경 구절들에 대한 하나님의 생각을 달라고 간구하라.

지식의 말씀의 은사로 치유하다

몇 년 전에 짐 세풀베다는 내게 모데스토에 와서 TV 간증을 해달라고 했다. 그는 네 곳의 순복음총회와 한 교회에서 말씀을 전하게 했다. 북쪽으로 올라갈 때, 차를 얻어 타고자 하는 어떤 사람을 태우고 가면서 그에게 간증을 하고는 프레스노에 내려 주었는데 모데스토에 도착했을 때 그의 친구가 나를 마중 나와서 간증을 위해 TV 방송국으로 데려갔다. 그 이후에, 다른 모임에서 지압사 세 명을 만났다고 기억한다. 하나는 회전근개 rotator-cuff 가 파열된 사람이었고, 둘은 발꿈치가 돌출되었었다. 이들을 각기 다른 모임에서 하나님이 해방시켜 주었던 것으로 기억한다.

어느 부인은 남편이 실명하게 될 위기에 있었다. 나는 지식의 말씀을 받는데, 주님이 그들의 눈을 고쳐 주지 않으면 2주일 내에 수술을 받아야 한다는 것이었다. 그녀는 "지난 3주 동안 모임에 줄곧 참석했어요. 바로 이 일에 관한 지식의 말씀을 받길 바라면서요. 그렇지만 아무 말씀도 받지 못했어요."라고 말했다. 그녀는 내가 주일 오전에 사역을 하는 레이크 아마돌에 있는 이 작은 교회에 남편을 데리고 왔다. 몸집이 크고 키가 크며 빼빼 마른 신사로, 아름다운 회색 양복을 입고 광대뼈가 나왔고 인디언 같은 모습이었다. 나는 "주님이 고쳐주시지 않으면 2주일 이내에 안과 수술을 받아야 할 것이고 곧 실명하게 될 것입니다."라고 말했다. 그는 "맞습니다."라며 동의했다. 나는 "주님은 이것을 계시해 주셨어요. 주님이 돌보실 것입니다."라고 말했다. 그의 아내는 "오늘 아침에 말씀하신 모든 것을 나의 영이 증언하였습니다. 목사님은 고관절에 문제 있는 사람을 불러내셨지요. 나는 목사님이 불러낼 때마다 알았어요. 목사님은 그가 어디에 있는지도 모르셨지요. 그는 저기 있는 드럼 연주자인데 예배가 시작된 후에 들어왔어요. 지식의 말씀이 자유롭게 흐르고 있었지요. 내 영은 목사님이 말씀하신 것을 모두 증언하였어요."라고 말했다. 나는 "그것은 하나님의 일이지요. 내 것이 아닙니다. 하나님이 아무 말씀도 안 하시면 나도 아무 것도 말할 수 없어요. 하나님께 영광을 돌립니다!"라고 말했다.

내가 그 곳에 있을 때 어느 모임에서 한 부인이 기도 받으러 나왔다. 그녀는 "어깨가 무척 아파요. 나는 식당 종업원인데 주님께서 고쳐 주셨으면 좋겠어요. 쟁반을 날라야 하거든요."라고 말했다. 또한 "브래지어 끈이 내려오는 견갑골어깨뼈 사이에 큰 사마귀가 있어요. 그것에 대해서도 기도해 주실래요?"라고 말했다. 내 엄지손가락을 거기에 꽉 붙이자 엄지손가락이 더할 나위 없이 뜨거워졌다. 나는 그것의 뿌리를 저주하기 시작했으며 영으로 그것이 녹는 것을 보고 느꼈다. 내 영은 머릿속에서 터질 듯 했다. "멜라노마 흑색종 피부암, 멜라노마!"라는 소리 때문이었다. 그러나 감히 그 말을 그녀에게 할 수가 없었다. 그녀가 병원을 찾아가면 병원에서는 즉시 수술을 하려고 할 것이라는 것을 뻔히 알기 때문이었다. 나는 그것의 뿌리를 저주하였으며 다 말라버리라고 명령하였다. 내 엄지손가락이 너무나 뜨거워졌다. 마치 뜨거운 난로에 엄지손가락을 붙이고 있는 것 같았다. 이전에는 그런 느낌을 가진 적이 없었다. 그런데 그녀는 걸어갔다가 다시 오더니 자기 엄지손가락을 거기에 대고, "아직 그대로 있어요!"라고 말했다. 나는 "부인, 거기에 손대지 마세요. 집에 돌아가서 72시간 동안 손대지 마세요. 지금부터 72시간 후에 샤워를 하고 검사해 보세요. 완전히 사라졌을 겁니다!"라고 말해 주었다. 나는 살아계신 하나님의 영으로써 알았다. 그것이 녹아서 더 이상 존재하지 않을 것을 말이다. 모든 영광을 하나님께 돌린다!

창조적 치유들이 일어나다

내가 TV에서 간증을 하고 난 후에 친구 하나가 그 비디오를 입수하여 오자이에 살고 있는 자기 딸에게 주었다. 그 딸은 그 비디오를 자기 목사님에게 주었고, 목사님은 이 사람을 초빙할 수 있을지 물어보았다고 한다. 목사님은 결혼을 하는 손녀를 방문하기 위하여 아리조나에 가려고 하던 참이었다. 그분은 "그가 와서 우리에게 사역해 주시면 좋겠어요. 그는 성령의 은사로 행하니까요."라고 말했고 사모님이 나에게 전화를 해왔다. "우리 교회 11시 예배에 오셔서 말씀 전해주실 수 있으세요? 우리 목사님이 선생님의 간증을 들으셨고, 교인들이 선생님이 오시길 원합니다." "물론이죠. 교인들이 간증을 원하나요? 아니면 말씀을 듣기를 원하나요? 아니면 가르침을 원하나요?" "아, 교인들은 말씀을 듣기 원해요." 그래서 나는 "알겠습니다."라고 말한 뒤 그 날 잠자리에 들기 전에 무릎을 꿇고, "주님, 오자이의 주일 오전 예배에서 주님이 원하시는 것은 무엇입니까?"라고 여쭈었다. 그리고 잠이 들었는데, 새벽 2시에 주님이 깨우셨다. 주님은 누가복음에서 말씀을 주시기 시작했다. 나는 일어나서 누가복음에서 11개의 구절을 읽었다. 주님은 장과 절을 제시해 주시고 계시도 주셨다. 나는 38분간 설교할 개요를 머릿속에 그렸는데 마치 TV 스크린에 있는 것처럼 영상으로 생생하게 떠올릴 수 있었다. 나는 11개의 구절을 적어놓고 매일 한 번씩 읽었다. 마치 이전부터 알고 있었던 것 같은 느낌이었다. 나는 이전에 그런 것을 본 적이 없었다. 하나님이 주실 때는 이미 확실히 결정이 된 것이다.

  토요일에는 이발소를 쉬기 때문에 토요일에 그곳으로 가기 전, 금요일에 사모님은 다시 점심때쯤 전화를 하여, "오자이의 한 잡지에서 선생님 약력을 보았어요. 복음교회 foursquare 가 감리교회빌딩에서 2시에 모입니다. 그 때 예배에 오셔서 말씀을 전해 주실 수 있으세요?"라고 말했다. 나는 "물론이죠."라고 대답하고는 바닥을 쓸고 한 손님의 이발을 끝냈다. 이발소 의자 등 위에 팔꿈치를 올려놓고 "주님, 오전 예배를 위해서 누가복음에서 메시지를 주셨는데, 오자이의 오후 예배에서는 무엇을 원하십니까?"라고 여쭈었다. 주님은 너무나 또렷하게 말씀하셨다. 나는 뛰어 일어나 주님이 내 뒤에 서 계신 것이 아닌가 살펴보았다. 주님은 "전화하여 오후 2시에 기적 예배를 드린다고 알려라."고 말씀하셨다.

      그 때쯤에 아내가 이발소에 차를 몰고 왔다. 내 남동생이 하늘나라에 갔기 때문에 나 혼자서 이발소를 운영하고 있었다. 둘이 하던 것을 혼자 하려니 무척 바빴다. "방금 주님께서 뭐라고 하셨는지 아오? 케이티가 전화해서 내가 오후 2시 예배에 올 수 있는지 알고 싶다고 했소. 그래서 주님께 무엇을 원하시냐고 여쭈었더니 2시에 기적 예배를 예고하라고 하셨다오." "하나님을 찬양합니다. 그것이 바로 우리가 원했던 것이에요. 그녀에게 전화해서 우리가 간다고 말해요." 우리는 그곳에 토요일 저녁에 도착했고 주일날 오전에 그 교회에 가서 예배를 드렸다. 그 곳은 사모님이 찬양과 예배를 인도하는 곳이었다. 목사님은 안 계셨기 때문에 그녀가 말했다. "이 분은 말씀하실 때 성령의 은사로 행하십니다. 지식의 말씀을 하실 때 여러분들은 앞으로 나오시기 바랍니다." 교인들은 이전에는 한 번도 성령의 은사로 행하는 것을 본 일이 없었다고 한다. 나는 22분 동안 말씀을 전했다. 사실 38분짜리 설교를 준비했으나 주님께서는 "22분에 끝내라."고 하셨다. "나는 네가 성령의 은사로 사역하길 원한다." 나는 지식의 말씀을 외치기 시작했고 백내장에 걸린 82세 여인이 나왔다. 그녀는 "화요일에 수술을 받을 예정입니다."라고 말했다. 나는 "주님이 어떻게 해 주셨으면 좋겠습니까?"라고 물었다. 그녀는 "주님이 그것을 다 녹여 버리시길 원합니다."라고 하였다. 그래서 나는 내 엄지손가락에 기름을 바르고 그녀의 눈꺼풀 위에도 바르고는 그녀를 위해 기도하기 시작했다. 그녀 옆에는 또 다른 부인이 서 있었다. 그녀가 말했다. "선생님, 이곳에 기름부음이 있다는 걸 느낄 수 있어요. 내게도 임하고 있어요."

나는 궤양이 있는 한 젊은이를 위해서도 기도했다. "주님께는 문제될 것이 아무 것도 없습니다." 나는 그에게 손을 얹었다. 지식의 말씀이 왔다. 그에게 손을 얹어 기도할 때 그는 "제가 멕시코 음식을 먹어도 될까요?"라고 물었다. 나는 "물론이죠. 주님께는 문제될 것이 없어요."라고 말했다. 식당 종업원 한 사람이 앞으로 나왔다. 그녀는 "내 딸은 실의에 빠져 있어요. 그리고 나는 어깨가 아파요. 너무 아파서 쟁반을 나를 수가 없어요."라고 말했다. 나는 "네, 주님께서 돌보아 주실 겁니다. 집에 돌아갔을 때 딸의 상한 마음도 주님께서 돌보실 겁니다. 하나님께서 그녀를 도우실 겁니다."라고 말했다. 나는 그럴 줄 알고 있었다. 퍼코에서 점심을 먹고 숙소로 돌아와 양복을 갈아입었다. 케이티는 아이들을 위해서 베이비시터를 두고 있었다. 또한 다른 모임에서도 찬양과 예배를 인도하였다. 우리는 그 곳으로 갔다. 찬양과 예배 동안에 주님은 나에게 아무 것도 주시지 않으셨다. 그래서 간증으로 시작하였다. 사람들이 자녀들을 주일학교로 내보내고 나니 주님이 말씀하셨다. "저 바깥에 날 때부터 귀가 먹은 아이가 있다. 그 애의 귀를 열어줌으로써 이 모임을 시작할 것이다." 나에게 예배 진행이 넘겨졌을 때 나는 이 말을 알렸다. "주님께서 말씀하시길 나면서부터 귀가 먹은 6살 난 아이의 귀를 열어주시겠다고 하셨습니다." 교인들이 나가서 그 아이를 찾았지만 못 찾았다. 곧이어 나는 말씀을 전하기 시작했다. 그때 오른쪽 줄에 앉아 있던 아주 매력적인 20대 중반의 부인이 뛰어나가더니 6살 난 남자 아이를 데리고 돌아왔다. 그녀는 "이전에는 주님의 음성을 들어 본 일이 없습니다."라고 말했다.

주님은 나면서부터 귀가 먹은 아이가 바로 이 아이라고 말씀해 주셨다. 나는 "하나님이 말씀하셨습니다. 내가 아는 한 그렇게 될 것입니다. 내가 이 아이를 위해서 기도할 것이 아니라 담임 목사님이 이 아이를 위해서 기도하시게 할 것입니다." 담임 목사는 하얗게 질렸다. 그는 복음교회foursquare 교단에서는 사중복음을 믿는데 가장 중요한 것이 치유이고 이 교단은 교인들이 병원에 가기 전에 목사의 치유기도를 꼭 받아야 하는 교단이다- 역자 주 의 목사이지만 이런 일에 대해서 기도해 본 일이 없었다. 나는 "목사님, 무릎을 꿇고 목사님 손가락을 아이의 귀 속에 넣고 예수의 이름으로 열리라고 명령하세요. 귀가 펑하고 뚫릴 것입니다."라고 말했다. 목사는 그렇게 하였고 그가 손가락을 빼자마자 누군가가 음향 장비의 트라이앵글을 쳤는데, 이 소년은 급히 자기 귀를 막았다! 방 안에 있는 모든 사람들은 그 아이가 청력을 회복했음을 알아챘다! 교인들은 그 아이를 다시 내보냈고 나는 간증을 시작했다. 그리고 내가 말씀을 전하기 시작하자 기적이 일어나기 시작했다. 2시간 반 동안 온갖 종류의 기적이 일어났다. 그것은 하나님이 하신 일이었다.

우리는 집회를 끝내고 나와 산으로 돌아갔는데 폭풍우 구름이 모이는 것을 보았다. 나는 "주님, 우리가 집으로 돌아가기 전에는 눈이 안 왔으면 좋겠습니다."라고 말했다. 우리는 쇼핑센터에 들러서 커피도 마셨다. 내가 나올 때 그 날 오전에 기도해 주었던 종업원이 나를 불러 세우더니, "선생님, 말씀드릴 게 있어요. 오늘 오전에 기도해 주셨지요. 집에 가보니 딸의 마음이 치유되어 있었어요. 딸은 아주 즐거워 보였어요. 어떻게 그렇게 되었는지 모르겠더라고요. 딸은 '주님께서 나에게 내려 오셔서 기분이 좋아졌어요, 기분이 좋아졌어요!' 라고 말하는 게 아니겠어요. 내 어깨도 더 이상 아프지 않아요. 빛나는 여성 Women's Aglow 모임에 오셔서 말씀을 전해 주시겠어요?"라고 말했다. 나는 "글쎄요, 주님께서 문을 열어 주신다면요. 그 모임에서 말씀을 전한 적이 있지만 주님께서 문을 여실 때 그렇게 하였죠. 내가 연 것이 아니고요."라고 말했다. 하나님 영광 받으소서! 하나님이 주실 것이라고 믿는 것마다 받게 될 것이다. 예수의 이름으로.

    2년 전에 툴레어에서 순복음실업인회의 총회에서 말씀을 전하고 있었다. 휠체어에 탄 어느 부인이 들어왔는데 나는 들어오는 모습은 보지 못했었다. 나는 간증을 하고 있었는데, 갑자기 오른쪽으로 내려가야 할 것 같은 생각이 들었다. 내려가 보니 그녀가 앉아 있는 휠체어가 보였다. 내가 그녀를 잡아 끌 때 주님께서 나에게 이렇게 말씀하시는 것 같았다. "은과 금은 내게 없거니와 내게 있는 것으로 네게 주노니." 나는 부인의 손을 그냥 잡았고 그녀는 휠체어에서 일어나서 방 저쪽 끝까지 걸어갔다. 거기 있는 모든 사람들이 나만큼이나 놀랐다. 그녀는 몸을 돌려 다시 걸어왔다. 그녀의 남편이 나중에 나에게 말해 주길, 주님께서 그녀에게 그 모임에 가면 치유될 것이라고 말씀하셨다고 한다. 그것은 바로 하나님이 하신 일이다. 나는 주님이 그와 같은 일을 하시는 것을 많이 보았다. 하나님께는 불가능한 일이란 없다. 받기 위해서 우리가 해야 할 일은 오직 믿는 것이다.

　우리 이발소 옆에서 기독교 서점을 운영하는 부인이 있었다. 그녀는 어린 딸을 위해서 기도해 달라는 부탁을 하였다. 그 아이는 5살이었고 이름은 에이미 이스켄더리안이었다. 이 어린아이는 암으로 인해 콩팥 하나를 떼어냈지만 암이 재발했다. 폐에는 종양이 두 개 있었다. 그리고 그 아이가 나을 것이라고 생각하는 사람은 아무도 없었다. 사정을 딱하게 여긴 이웃집 사람이 그녀에게 말했다. "이발사에게 가서 딸을 위해 기도해 달라고 하세요." 그녀는 순복음세계대회에 갔었던 적이 있었는데 오럴 로버츠는 그녀 바로 옆을 지나갔지만 딸을 위해 기도해 주지는 않았다. 이웃 사람이 끈질기게 그녀를 졸라서 할 수 없이, "알았어요, 그에게 전화하지요."라고 말한 그녀는 목요일에 전화하였다.
　나와 아내는 그녀의 집에서 골목 반대편에 살고 있는 이웃집으로 내려가 현관문을 두드렸다. 창문에는 창살이 있었다. 그 집에 들어가 보니 집 전체가 우울한 분위기였다. 그녀는 "우리 딸을 위해서 기도해 주시고 곧 떠나주셨으면 해요."라고 말했다. 나는 "그렇게 할 수 없습니다. 부인에게는 사역이 필요합니다."라고 말했다. 그러고 나서 나는 45분 동안 그녀에게 복음을 전했다. 마침내 그녀는 죄인의 기도를 하였다. 나는 "이제 따님을 위해서 기도할 수 있겠어요."라고 말했다. 그녀가 죄인의 기도를 하자마자 주님이 지식의 말씀을 주셨다. "부인은 3년 반 전에 차 사고를 당했고 그 이후 계속 편두통이 있었고, 강도가 센 약을 먹어 왔지요." "네, 맞아요." 나는 그녀의 목 뒤에 손을 얹었다. 척추 뼈가 제자리를 찾았다. 마치 팝콘 터지듯 했다. 그녀는 눈이 둥그래지면서 입이 크게 벌어졌다. "3년 반 만에 처음으로 통증이 하나도 없네요. 이제 제 딸을 위해서 기도해 주실래요?" 그녀의 조그만 딸은 5살밖에 되지 않았는데도 몹시 지쳐보였다. 그들은 이 아이를 UCLA로 보낼 준비가 다 되어 있었다. 그들은 내게 말하길 아이가 크리스마스 때까지도 살지 못할 것 같다고 했다(그 때가 크리스마스 열흘 전이었다). 나는 "주님께서 보여주신 것은 그렇지 않아요."라고 말했다.

나는 아이를 안아 올리고는 "네 책 좀 보자꾸나."라고 하였다. 아이를 내 무릎에 앉히고 책을 읽어 주었는데 그 책은 작은 동물들이 소풍을 가는 이야기였다. 아이의 머리카락은 몇 가닥 남지 않았다. 나는 주머니에서 기름을 꺼냈다. "에이미, 너를 위해 기도해도 되겠니?" "물론이죠." "예수님이 어디 계시니?" 아이는 자기 가슴을 가리키고 커다란 흑갈색 눈을 깜박이며, "엄마, 다 나을 것 같아요."라고 말했다. 나도 다 나을 것이라는 것을 알았다! 나는 아이에게 손을 얹고 암을 꾸짖기 시작했다. 나는 "우리는 하나님이 창조적인 기적을 일으키실 줄 믿습니다."라고 말했다. 그 때가 목요일 저녁이었다. 부인은 화요일에 아이를 UCLA 의료원에 다시 데리고 갔다. 크리스마스가 며칠 밖에 남지 않았을 때였다. 나는 오후 2시에 패트릭 박사의 머리를 자르고 있었는데 그 부인이 의료원에서 전화를 했다. "제리 선생님, 하나님을 찬양합니다. 폐에 있던 종양 두 개가 원래 골프공 반만한 크기였는데 콩알 만 해졌다는군요. 하나님께서 그렇게 하셨어요!" 그 후 아이의 머리카락도 다시 자라났다. 마지막으로 소식을 듣기로는 공군에 종사하는 청년과 결혼을 했고 딸도 낳았다고 한다. 하나님이 하신 일이다! 하나님이 그 아이에게 하셨다면 여러분에게도 하실 것이다. 예수님의 귀하신 이름으로.

잡지에 실린 간증으로 많은 사람들이 찾아오다

보이스 잡지에 내 간증이 실린 직후에 오리건 주의 유진 시에 사는 어떤 부인으로부터 전화가 걸려왔다. 그녀는 유진 시에 있는 어떤 호텔의 대기실에서 보이스 잡지를 보게 되었다고 한다. "선생님의 간증을 읽고 나서 비행기 타고 유진 시로 오셔서 우리 딸을 위해 기도해 주실 수 있는지 전화해야 하겠다는 생각이 강하게 들었어요. 우리 딸은 23살이고 암에 걸렸는데, 병원에서는 살 가망이 없다고 해요." 나는 "부인께서 고집하시면 비행기 타고 갈 수 있어요. 그렇지만 주님께 거리는 아무 상관이 없습니다. 딸을 위해서 전화로 기도하면 어떨까요?" 라고 말하고는 그 부인에게 성경 구절 몇 개를 알려 주었다.

그녀는 사흘 뒤에 다시 전화를 걸어왔다. "집으로 가서 선반에서 오빠의 성경을 꺼내 먼지를 털었습니다. 그는 제2차 세계대전 때 그 성경을 갖게 되었죠. 선생님이 주신 모든 성경 구절마다 줄이 쳐 있더군요. 나는 병원으로 출발했습니다(이런 간증을 하고 있는 지금 주님의 영이 나를 압도하고 있습니다. 그냥 하늘에서 떨어져 내리신 것 같습니다). 병원에 있는 딸에게 그 성경 구절들을 읽어 주었더니 침대 한쪽 편에 일어나 앉았습니다. 딸은 '엄마, 집에 가고 싶어요.' 라고 말하더라고요. 또 딸은 '주님이 나에게 말하길 생명 유지 장치를 떼지 않으면 너는 죽을 것이다. 그것을 떼고 침대 가에 앉으면 너는 치유될 것이라고 말씀하셨어요. 병원 측에 내가 집에 갈 거라고 이야기하세요.' 라고 말했어요. 병원에서는 믿을 수 없어 하지요." 하나님이 하신 일이다!

어느 날 오후 이발소에서 일하고 있는데 어떤 사람이 픽업 트럭에서 내리는 것을 보았다. 그는 알래스카 주의 앵커리지 시에서 왔는데 그곳의 쇼핑몰에서 내 간증 글을 보게 되었다고 한다. 그리고 오클라호마의 케네스 헤긴 사역 학교에 갈 것이라고 말했다. 왜냐하면 2주간 동안 그 사역 훈련을 받고 충분한 하나님의 말씀을 받게 되면 치유될 것이라는 말씀을 들었기 때문이었다. 그는 이렇게 말했다. "선생님의 간증을 읽고서 베이커스필드로 가는 비행기를 타고 태프트로 가는 버스를 탔어요. 태프트에 버스가 없어서 당구장에 있는 사람에게 물어보았죠. '혹시 디럭스 이발소가 어딘지 아십니까?' 그는 '네, 거기까지 모셔다 드리죠.' 라고 했습니다." 그래서 그 사람이 그를 차에 태우고 와서 주차장에 내려 주면서 나에게 손을 흔들었다. 오버 코트를 입은 그가 걸어들어왔다. "선생님 간증을 읽었어요. 저는 뼈에 희귀한 병이 걸렸습니다. 수많은 의사를 찾아갔었지만 그들은 저에게 해 줄 게 아무것도 없다고 하더군요." 나는 "하나님은 당신에게 무엇인가 해 주실 수 있습니다."라고 했다. 그는 "하나님이 그렇게 해 주실 줄 믿습니다!"라고 말했다. 나는 옆에 있는 기독교 서점으로 그를 데리고 가서 테이프를 건네주면서 "이 테이프를 여러 번 들으세요. 그러고 나서 기도합시다."라고 말했다. 그것은 조 조던의 "하나님의 말씀을 약으로 복용하기" Taking God's Word as a Medicine 였다. 그는 그것을 들었고 나는 가게 문을 닫고 그를 집으로 데려가 음식을 대접했다. 그는 베이커스필드로 돌아갈 수 없었다. 밤새도록 테이프를 들었는지 아침에 일어나보니 그 때까지 테이프 소리가 났다. 나는 아침에 그를 순복음실업인회 조찬기도회가 열리는 베이커스필드로 데려갈 예정이었다. 그곳으로 가는 길에 그는 나를 보면서 "선생님, 테이프를 세 번 들었는데 통증이 사라졌어요."라고 말했다. "잠들지 않고 그 치유의 성경 말씀을 계속해서 되풀이 읽었어요. 고문 받는 듯한 지독한 통증이 있었는데 싹 사라졌어요." 그는 이렇게 말하며 환하게 웃었다. 그 모임에 그를 데려가서 짧게 간증을 시켰는데, 이것 또한 주님이 하신 일이다. 모두 예수님에 관한 것이다! 주님께는 불가능한 일이 아무것도 없다. 받기 위해 우리가 해야 할 일은 오직 믿는 것이다.

    베이커스필드의 조찬 기도회에서 밥 밀러를 만났다. 우리는 바깥으로 나가서 이야기를 나누었다. "나는 몸이 허약해요. 보세요, 제가 다른 사람들을 위해 기도해 주면 병이 나아요. 그런데 왜 나는 낫질 않죠?" 로마서 14장 23절에는 '의심하고 먹는 자는 정죄되었나니 이는 믿음으로 좇아 하지 아니한 연고라 믿음으로 좇아 하지 아니하는 모든 것이 죄니라.' 로 나와 있다. 그는 레마성경대학을 나왔기 때문에 이 성경 구절을 알고 있었어야 했다. 그런데 그는 "그런 말씀이 성경에 있는지 몰랐어요."라고 했다. 나는 "그것이 바로 성령께서 주신 말씀이에요. 다른 사람들에 대해서는 믿음이 있으면서 하나님이 당신을 치유해 주시리라는 믿음은 없네요."라고 말했다. 나는 그에게 손을 얹고 기도하였고 그는 이제 더 이상의 다른 문제는 없다고 말했다. 그것이 하나님이 하신 일이다. 하나님이 모든 영광을 받으소서.

    나는 사람들에게 기도해 줄 때 사람들에게 금가루 조각들이 나타나는 것을 본 적이 있다. 어떤 경우는 금빛 치아로 가득 차기도 한다. 내가 말씀을 전하던 곳에서(최근에 툴레어에서 두 번 말씀을 전했다.) 최근에 이런 일이 일어났다. 말씀을 전하기 시작하자 카메라도 없었는데 플래시가 터지듯 여기 저기 작은 빛이 번쩍였다. 함께 사역하러 온 선지자 중의 한 사람이 일어나 말씀을 시작하자 주님께서 에스겔 1장 14절의 말씀을 그에게 계시해 주셨다. "그 생물의 왕래가 번개같이 빠르더라." 나는 그런 일이 일어나는 것을 본 적이 있다. 최근에 몇 달 전, 하틀랜드에서 열린 남성 수련회에서 말씀을 전했던 적이 있다. 프레스노에서 온 변호사 한 사람이 나하고 하루 종일 여섯 시간이나 함께 지냈다. "선생님이 저 산에서 사역을 하실 때 빛이 번개처럼 번쩍이는 것을 보았어요. 내 바로 옆에 앉은 사람도 보았지요. 우리는 선생님 뒤에 거대한 천사 둘이 서있는 것도 보았어요. 허리에 띠를 두르고 있었고, 칼집에서 빼낸 큰 칼 두 자루를 가지고 있었어요." 거기에는 60명쯤 있었는데 이들 외에는 아무도 보지 못한 것 같다.

기름부음을 전이하다

나는 주님이 최근에 나와 함께 미국 전역을 다니면서 어떻게 행하셨는지를 간증하고 있었다. 그 때 성령께서는 "사람들에게 네가 받은 기름부음과 똑같은 기름부음을 받기를 원하는지 물어보았으면 좋겠구나. 나는 내가 너에게 준 것을 그들에게 나눠주길 원한다."고 말씀하셨다. 나는 "주님께서 막 저에게 말씀하셨습니다. 내가 받은 기름부음을 여러분도 받기 원하십니까?"라고 말했다. 그러자 60명이 뛰어나와 나를 둘러쌌다. 그것은 마치 예수님이 호숫가에 서 계실 때 사람들이 몰려와 물에 떠밀려 빠지기 전에 베드로의 배를 탈 수 밖에 없었던 상황 같았다. 나는 "줄을 서서 손바닥을 펴서 내미세요. 저의 엄지손가락으로 여러분 손바닥을 누르면서 기름부음을 전달할 것입니다. 이것은 나의 기름부음이 아니라 하나님의 기름부음입니다. 주님은 교회 울타리 밖에서 이런 일이 일어나기를 원하십니다. 주님은 여러분이 어디든 세상 삶의 현장으로 나가 복음을 나누기를 원하십니다. 마가복음 16장 17, 18절에는 '믿는 자들에게는 이런 표적이 따르리니… 병든 사람에게 손을 얹은즉 나으리라.' 고 나와 있습니다. 예수님이 제자들에게 가라고 명하실 때 병든 자를 위해 기도하라고 하시지 않고 '병든 자를 치유하라.' 고 하셨습니다."라고 말했다.

이것이 바로 이 책을 읽는 모든 사람들에게 명하시는 것이다. 내가 사람들의 손바닥에 엄지손가락을 댈 때 사람들은 하나님의 권능 아래 쓰러졌다. 기도 후 돌아보니 60명의 사람들이 바닥에 누워 있었다. 내가 그런 일을 할 수 없다는 것이 확실하기 때문에 그 일은 하나님이 하신 일일 수밖에 없다. 그리고 하나님은 여러분에게도 똑같은 일이 일어나길 원하신다. 사람들이 우리 집에 사역을 위해서 올 때마다 하나님은 내가 받은 기름부음을 그들에게 전달하고 그들의 길을 가게 하라고 말씀하신다. 우리는 하나님과 친밀한 관계를 가져야 한다. 하나님과 시간을 보내라. 하나님을 알라. "주님, 당신의 임재 안에 거하고 싶습니다. 예수님의 이름을 높입니다."라고 말하라. 하나님을 찬양하고 예배하라. 주님 앞에 얼굴을 들라. "주님, 낯선 사람의 음성이 아니라 당신의 음성을 듣기 원합니다."라고 말하라. 주님과 함께 걷는 것은 내 일생에 있었던 어떤 일보다도 가장 소중한 일이며 하나님께 모든 영광을 돌리고 싶다. 그분의 임재 안에 거하는 것, 그것이 가장 중요한 것이다. 쇼핑 목록을 가지고 올 필요가 없다. 그냥 "주님, 당신의 임재 안에 거하고 싶습니다."라고 말하라. 하나님을 예배하고 그분 앞에서 고요히 있게 되면 말을 할 필요가 없게 된다. 때때로 나는 그분을 찬양하기 시작할 때 거실로 구름이 밀려들어오는 것을 볼 때가 있다. 하루 종일 구름 속에서 지내는 경우도 있는데, 이런 것이 바로 주님과 친밀한 상태인 것이다. 주님께 마음속에 들어와 삶의 주인이 되어 달라고 간구하라. 여러분을 통해서 그분이 그분의 삶을 사시게 간구하며, 여러분을 위해 신성한 약속을 하시게 하라. 하나님이 그리스도 예수 안에서 원하시는 곳에 여러분을 인도하시게 하라. 하나님은 여러분이 온전함과 의로움 가운데에 행하게 해 주실 것이며 꿈과 비전으로 여러분을 이끄실 것이다. 여러분을 통해 그분의 영광이 빛날 것이다.

중보기도자를 많이 키우라

주님은 어느 날 새벽에 나에게 말씀하셨다. "나는 네가 중보자들을 불러들이길 원한다. 내가 중보자와 파수꾼으로 부른 사람들이 많이 있다." 에스겔 3장 21절은 그러한 것에 대해 말하고 있다. "그렇지만 그들에게 잠자게 하는 영이 드리워져 있으니, 네가 그들에게서 그 영을 깨어 부수고 그들을 동서남북에서 불러들이라. 나는 그들이 필요하다. 기도 없이는 아무 일도 일어나지 못한다. 나는 기도의 용사들이 필요하다." 그래서 나는 성령께서 이끄시는 대로 행하였다. 주님은 다음과 같이 말씀하실 때도 있었다. "나를 신뢰하지 못하여 강단을 떠난 목사들을 불러 모으라. 그들은 자기들의 필요를 채워줄 사람들에게 시선을 고정하고 있었다. 그들은 내가 필요를 공급하도록 하도록 해야 한다." 주님은 "그들 중 몇몇은 세상 속으로 돌아갔다. 그 모든 목사들을 다시 불러 모으라. 나는 그들이 하나님 나라로 들어가길, 처음 사랑을 회복하길 원한다."고 말씀하셨다. 이렇게 주님은 나에게 중보 기도를 하게 하셨다.

주님은 어느 날 새벽에 나를 깨우셨다. 나는 태프트 시에 살면서 새벽 2시와 4시 사이에 일어나서 기도하곤 했다. 그때 비행기 한 대가 아프리카 어딘가에 있는 정글 간척지에 내려앉는 것을 보았다. 비행사는 호주 사투리로 팔을 들고 서서 외치고 있었다. "가솔린을 보내 달라, 가솔린을 보내 달라." 그는 연료가 다 떨어진 상태였다. 나는 약 45분간 그 남자를 위해서 기도하였고, 그러자 마음이 평안해졌다. 성령께서 누군가를 그에게 보내어 그가 그곳에서 비행하여 나올 수 있도록 해 주실 것이라는 것을 알았고 언젠가 그를 만나면 그에게 이런 이야기를 해 줄 수 있으리라 생각했다. 그를 만나게 되면 알아볼 수 있을 것 같았다. 주님은 내 가슴 속에 사람들을 보내 주어 기도하게 하신다. 이 세상에는 많은 사람들이 외치고 있으며 성령께 민감한 중보자들이 있다. 주님은 당신을 깨워서 누군가를 위해 중보기도하게 하실 것이다. 부르심에 응답하라.

어느 날 브리티쉬 콜롬비아에서 전화가 왔다. 그 사람은 내 간증을 읽었다고 했다. "선생님, 하나님은 선생님의 기도에 응답하시던데, 제 기도도 응답하실까요?" "어떤 것을 원하시는데요?" "나는 트럭 운수 회사를 경영하고 있어요. 그런데 이제 거의 망하게 되었어요. 내 아내는 이혼하려고 하고 있고요. 제 잘못이 크지만 이혼은 하고 싶지 않아요. 저를 위해서 기도해 주시겠어요?" 그래서 나는 "우리는 판사의 호의를 사게 해달라고 주님께 기도할 수 있어요."라고 말하고는 함께 기도하며 잠언 16장 1절, 3절, 7절과 9절을 그에게 주었다. 3절은 "너의 행사를 여호와께 맡기라 그리하면 너의 경영하는 것이 이루리라", 7절은 "사람의 행위가 여호와를 기쁘시게 하면 그 사람의 원수라도 그로 더불어 화목하게 하시느니라", 9절은 "사람이 마음으로 자기의 길을 계획할지라도 그 걸음을 인도하는 자는 여호와시니라"라고 되어 있다. 나는 그러한 성경 구절과 몇 가지 다른 성경 구절을 주장하기 시작했다. 그는 며칠 후에 나에게 전화하였다. "저는 법정에 들어설 때, 선생님과 제가 합심하여 기도하였던 대로, 마태복음 18장 19절에 의거해서 나는 이혼하길 원치 않는다는 것을 주님께 다짐하여 말씀드렸습니다. 판사는 이혼 청구마다 다 허가하고 있었습니다. 3분에 한 번씩 "허가합니다, 허가합니다."라고 말하면서 이의 제기가 있는지 묻지도 않더군요. 그런데 우리 사건에 이르러서는 "이 이혼을 허가하지 않을 것입니다. 화해의 기회가 필요하다는 인상을 받았습니다."라고 말하는 게 아닙니까? 나는 기뻐서 어쩔 줄 몰랐습니다! 그리고 아내에게 이혼을 원치 않는다고 말했습니다. 아내는 "글쎄요, 어쨌든 이혼은 하게 될 거예요."라고 말했어요. 그렇지만 나는 선생님께 전화 드려 기도해 주신 것에 감사하고 싶었어요. 하나님께서 내 기도에 응답해 주셨어요! 언제 한 번 그곳으로 가서 선생님을 뵙고 감사드리고 싶어요." 나는 "그럴 필요 없어요. 주님께서 이미 그렇게 하셨어요. 하나님이 당신의 소송건에 함께 하십니다. 계속해서 하나님께 기도하며 화해하게 해 달라고 간구하세요. 당신은 결혼 생활이 회복되길 원하고 있잖아요. 하나님은 당신의 마음의 소원을 이루어주실 것입니다."라고 말했다.

나는 한 달에 한 번씩 회복기 환자 요양소에 가서 이발을 해 주곤 하였는데 사람들을 주님께 이끌 수 있는 좋은 기회를 얻을 수 있었다. 그 곳에서 내가 여러 번 간증을 들려주었던 남자가 있었다. 나는 한 번 가면 10명에서 12명 정도 이발을 해 주곤 하였다. 그 중에 단 한 사람이 거절한 적이 있었다. 그는 "복음에 대해서는 아무 말도 하지 마세요. 듣고 싶지 않아요."라고 했다. 나는 그가 지금 어디 있는지 알지 못한다. 왜냐하면 그는 한 번도 예수님을 주라고 고백한 적이 없었기 때문이다. 내 고객 중에 노만 플로어라는 신사가 한 사람 있었다. 그의 사촌은 윌버 플로어이고, 시골 경찰이었다. 그는 리오 비스타에 있는 치과에 갔는데, 벤 다이크라는 내 친구가 그 곳에서 치과의사로 일하고 있었다. 그는 벤에게 "내 사촌이 태프트 시의 요양소에 있어요. 나는 그가 구원을 받았으면 좋겠어요."라고 말했다. 벤은 "그에게 복음을 증거해 줄 수 있는 사람을 알고 있어요."라고 말하고는 나에게 전화하였다. "나는 그에게 오랫동안 복음 증거를 하였다네. 오늘이 월요일인데, 수요일에 거기 가서 이발을 할 걸세. 주님께서 그의 마음을 준비시켜 달라고 함께 기도하세." 요양소에 가보니 그는 침대에 누워 있었다. 나는 다른 사람들 이발을 다 하고 마지막으로 그의 머리를 이발했다. "노만, 이제는 예수 그리스도를 당신의 구세주로 영접할 때가 되었다고 생각지 않으세요?" "네, 제가 뭘 해야 하지요? 나는 두 번 말해야 할 것 같아요. 확실히 하고 싶거든요." 그래서 나는 그가 죄인의 기도를 하게 이끌었다. 그곳을 나와서 나는 내 친구이자 목사인 샘 화이트에게 전화하였다. 그는 그 마을에서 결혼식과 장례식을 거의 도맡아 집전하는 사람이었다. "샘, 노만이 하나님 나라에 들어갔네. 지금 가서 그와 이야기 나누면 좋겠네." "그러지." 샘이 그곳에 갔을 때 노만은 "그 이발사가 여기 왔었어요. 목사님이 오실 줄 알았어요."라고 했다. 그의 장례식은 웅장했다. 사람들의 사랑을 많이 받은 사람이었다. 샘 화이트는 "우리는 노만이 하나님 나라에 있는 것을 압니다. 왜냐하면 기도하는 이발사가 가서 그에게 증거하였기 때문이지요."라고 말했다. 나는 관 뒤에 숨고 싶었다. 사람들은 누굴 말하는지 다 알고 있었다. 그렇지만 그렇게 하신 이는 하나님이시다. 하나님은 멋진 일을 많이 하셨는데, 내가 그 일의 한 부분을 담당하게 해 주신 것을 인하여 하나님을 찬양한다. 주님께 모든 영광을 돌린다.

나는 이 간증들이 여러분에게 증거가 되길 기도하며 여러분에게 소망을 주길 기도한다. 나는 내가 이런 간증을 이야기 할 때 주님의 영이 나에게 내려온다는 것을 알며 그 간증들이 사람들의 마음을 감동시킨다는 것을 안다. 하나님께 모든 영광을 돌린다.

주님에게 길이 있고 치유가 있다

크레인 기사인 한 젊은 남자가 있었는데, 뇌종양이 있었다. 그는 이발소에 와서 머리를 짧게 깎아달라고 했다. "병원에서는 뇌종양이 있다고 해요. 다음 주 화요일에 수술을 합니다. 잘 되길 바라요." 나는 "예수 그리스도와 함께라면 언제나 소망이 있지요. 그분을 구세주로 영접하길 원하세요?"라고 물었다. 그가 대답했다. "그분에 대해서 말씀해 주세요." 나는 그리스도의 사랑에 대해서 이야기를 해 주었다. 이발을 끝내기 전에 나는 그에게 죄인의 기도를 하게 하였다. 그는 이발 의자에서 일어나서 내 말에 주의를 기울였다. "한 발자국 멀리 가길 원하세요? 우리는 하나님이 창조적인 기적을 일으키실 것을 믿을 수 있습니다. 악성 종양은 없을 것이며, 종양은 아주 작은 액체 덩어리가 될 것입니다. 의사들이 당신의 두개골을 열어 뒤쪽으로 기울여 보아도 아무 것도 발견할 수 없게 될 것이며 하나님이 영광을 받으실 것입니다. 이 말에 동의하세요?" "네, 동의해요!" 그래서 나는 그에게 손을 얹고 그를 위해서 기도하였다. 그가 말했다. "다음 주 화요일 아침에 샌디에이고로부터 전문의가 비행기 타고 올 거예요. 수술은 오전 7시에 시작됩니다. 기도해 주실 거죠?" 나는 "네, 물론이죠."라고 대답했다.

화요일 오전에 나는 그를 주님 앞에 내어 놓고 7시부터 11시까지 기도하였다. 11시 30분쯤 되어 베이커스필드로부터 전화를 한 통 받았다. 그가 수술을 받고 난 후, 자기 아들 스콧에게 "제리에게 전화하여 주님이 나를 고쳐 주셨다고 말씀드려라."고 했다는 것이다. 악성 종양은 없었다. 그는 안드레 형제처럼 마을을 돌며 만나는 사람들 모두에게 예수님이 자기에게 해 주신 일을 말했다. 그리고 늘 누군가를 이발소에 데려와 주님께 인도해 달라거나 치유를 위해 기도해 달라는 부탁을 하곤 했다. 그의 아버지는 동맥류로 입원해 계셨는데 병원에서는 그것이 움직이면 죽게 될 것이며 수술도 할 수 없는 상태라고 했다. "아버지를 위해 기도해 주시겠어요?" "하나님은 아버지에게 영적인 외과 수술을 하실 수 있어요. 통증이 없는 수술이요. 오늘 그분을 위해서 기도할게요." 나는 그의 집으로 갔다. 그의 의붓딸과 아내가 거기에 있었다. 그들은 막 떠날 참이었다. 그의 아들이 내 뒤로 걸어들어왔다. "진, 이제 주님께 헌신해야 할 때라고 생각지 않으세요?" "나는 주님을 알고 있었어요." "그분을 다시 알고 싶지 않으세요?" "네, 그래야겠어요." 나는 그가 죄인의 기도를 하게 인도하였고 그에게 손을 얹고 기도하였으며 주님께 그가 가지고 있는 증상을 다 없애달라고 간구하였다. "당신 몸의 모든 쇠약함은 모든 이름 위에 뛰어난 이름, 곧 교회의 머리되신 그분 앞에 무릎을 꿇어야 합니다." 나는 그에게 성경 구절 몇 개를 주었다. "나는 하나님이 당신을 지금 만지셔서 퇴원하게 될 것을 믿습니다." 열흘 후에 그는 우리 이발소에 걸어들어왔다. 마침 앉아 있던 화이트 목사님이 "우리는 당신을 위해서 기도해 왔습니다."라고 말했다. "네, 많은 사람들이 기도하였지만 나는 이 분의 기도로 하나님께서 저를 일으키셨다고 믿습니다."(그는 6개월 내지 8개월 정도 더 살다가 심각한 심장발작을 일으켰다. 지금 그는 하나님 나라에 있다.) 이 일은 하나님께서 내가 참여하도록 해 주신 멋진 일들 중 하나이다. 주님은 내게 몇몇 사람을 지옥의 불꽃에서 꺼낼 것이라고 말씀하신 적이 있다. 주님은 새벽 기도회에서 말씀하시길, "사랑하는 사람을 위해서 기도하는 것을 멈추지 마라. 불꽃을 보고 내 이름을 부르지 않는 한은 그들 중 아무도 하나님 나라에 들어올 수 없을 것이다. 그들이 내 이름을 부르면 구원해 주겠다."고 하셨다.

  어느 날 터프만에서 한 젊은 부인이 7살 정도 된 자기 아들을 데리고 왔다. 아이의 머리를 자르기 시작하자 아이에게서 갑자기 코피가 흘렀다. 나는 아이에게 휴지를 주고 내 성경을 가져다가 에스겔 16장 6절을 읽기 시작했다. "내가 네 곁으로 지나갈 때에 네가 피투성이가 되어 발짓하는 것을 보고 네게 이르기를 너는 피투성이라도 살라 다시 이르기를 너는 피투성이라도 살라. 내가 네 곁으로 지나갈 때에 네가 피투성이가 되어 발짓하는 것을 보고 네게 이르기를 너는 피투성이라도 살라 다시 이르기를 너는 피투성이라도 살라." 그 구절을 세 번 읽고 나는 "휴지를 치워보렴, 피가 그쳤어."라고 말했다. 아이 어머니는 눈이 둥그래졌다. "나는 이런 일을 내 일생 본 적이 없어요." 6개월 후에 그녀가 다시 찾아왔다. "그 날 선생님께서 우리 아이를 치유해 주신 후에 저는 교회에 나가기 시작했고, 친정어머니와 시어머니도 교회에 나가기 시작했어요. 남편은 마약을 하고 있어요. 선생님, 우리 남편이 마약을 그만두게끔 아니면 체포되게끔 기도해 주실 수 있으세요? 하지만 나 때문에 체포되었다는 것을 알게 하고 싶지는 않아요." "예수님은 남편을 구원하시길 원하십니다. 동의하시죠?" 나는 성령께서 그 여인을 돌보시도록 성경 구절을 읽어주었고 그녀는 교회로 되돌아갔다. 예수 그리스도의 소문이 여러분을 통하여 나타나게 되기를 원하는가? 나는 거기서 내가 체포가 되는 한이 있더라도 내가 그리스도인이며 예수 그리스도를 따르는 자임을 증거하였을 것이라고 믿는다.

어느 날 요양소에서 이발을 해 주고 있었는데 주님께서 "오늘은 벤슨 부인의 구원의 날이다. 그녀에게 가서 증거하라."고 말씀하셨다. 그래서 그녀에게 다가가서 "주님께서 부인이 영원을 어디서 보낼지에 대해서 말하라고 하셨습니다. 예수님을 당신의 구세주로 영접하시겠습니까?"라고 말했다. 그녀가 그렇게 하겠다고 대답하기에 죄인의 기도를 하게 하였다. 그녀 양 옆에는 부인 두 사람이 앉아 있었는데 그들은 내 말이 들리지 않는다는 듯이 꼼짝하지 않고 있었다. 그렇지만 벤슨 부인은 예수 그리스도를 구세주로 영접하였기 때문에 지금 하나님 나라에 있다. 나는 성령께서 나에게 말씀하실 때 즉시 순종하고 실행한다. 순종이 제사보다 낫다. 여러분은 주님의 음성을 들을 때에 순종해야 한다. 만일 주님의 음성을 듣고서도 계속 무시하면 주님께서는 말씀하시지 않을 것이다. 여러분이 주님의 명령하신 바를 행하지 않는다면 주님은 결코 여러분에게 다시 말씀하시지 않을 것이다.

06. 어두움에서 빛으로

죄인들을 주님 앞으로 인도하다

　주일 저녁 이웃에게서 전화가 왔던 일이 기억난다. 내 아내는 이 신사에게 복음을 증거해왔다. 그는 알코올 중독자였고 건강이 좋지 않았다. 발에 문제가 많았고, 다리에는 정맥류가 있었다. 사실 그는 복음 증거하는 것을 듣기 싫어했다. 그랬던 그가 주일 저녁 7시 30분쯤에 전화를 한 것이다. 그는 "선생님 사모님께 사과하고 싶어요."라고 말하고는 사과를 하였다. 아내가 전화를 끊었을 때 나는 "이반이지?"라고 물었다. "네." "자, 갑시다. 이제 때가 되었어!" 아내는 당황해했다. "그렇지만 사과하고 싶어 할 뿐이었는데요." "아니. 지금 가봐야 해요." 우리는 집 뒤 골목을 지나서 코너에 있는 그들의 집으로 난 길을 갔다. 문을 두드리니, 개리슨 부인이 "들어오세요."라고 하였다. "차가운 홍차를 내올게요."

그녀가 부엌에 있는 동안, 나는 이반 앞에 앉아서 "이제는 예수 그리스도를 구세주로 영접할 때가 되었다고 생각하지 않나요?"라고 말했다. 그는 "아, 네, 그런 것 같습니다."라고 했다. "주님은 당신을 언젠가 데려가실 겁니다. 당신 아내와 두 아들은 하나님 나라에 속해 있습니다. 당신도 결단을 내려야 합니다."

나는 죄인의 기도를 하게 인도하였으며, "주님께서 뭘 해 주셨으면 좋겠어요?"라고 물었다. 그의 다리는 붕대로 감겨져 있었다. 그의 발과 다리는 두 개의 거대한 빵 덩어리만한 크기였다. 그의 아내는 차가운 홍차를 쟁반에 받쳐 들고 들어왔다. 큰 유리잔 네 개가 있었다. 나는 "남편께서 지금 막 예수님을 구주로 영접했어요."라고 말했다. 그녀는 하마터면 쟁반을 떨어뜨릴 뻔하더니 "하나님을 찬양합니다!"라고 했다. 이 일을 위해 수년 간 기도해 오고 있었던 것이다. 나는 그의 다리와 발에 손을 얹고 붓기가 사라지도록 명령하였다. 신명기 8장 4절에는 "네 발이 부릍지 아니하였느니라."고 나와 있다. 나는 하나님의 말씀을 주장하기 시작했고 하나님께 그 말씀을 기억해 달라고 하였다. 내가 그에게 손을 얹고 있는 동안에 붓기가 내리는 것을 볼 수 있었다. 그녀의 눈은 둥그래졌다! 그는 걷지 못했는데, 자기가 병원에 걸어가 통증 치료를 받을 수 있게 기도해 주길 원했다. 그는 병원에 갔으며 7일 후에 본향으로 돌아가 주님과 함께 있게 되었다. 그의 아내는 장례식에서 침례교 목사에게 어떤 일이 있었는지를 이야기하였다. 나는 운구하는 (관을 옮기는) 사람들 중에 하나였다. 그녀는 "사업가 한 사람이 시간을 내서 남편에게 복음을 증거하였고, 이제 그는 하나님 나라에 갔어요."라고 말했다. 우리 이발소 가까이에서 주류 판매점을 하던 사람도 운구하는 사람들 중 하나였는데, 이반은 술을 전부 그 가게에서 샀다. 운구하는 사람들 중 구원받은 사람은 나 혼자였다. 얼마 지나지 않아서 이반의 남동생이 찾아왔는데, 그는 우리 이발소에서 반 마일 떨어진 곳에서 주유소를 경영하는 알코올 중독자였다. 그는 "형이 정말로 예수님을 구세주로 영접하였나요?"라고 물었다. 나는 "네, 그랬어요."라고 했다. "당신도 영접할 수 있어요." 그래서 그를 주님께로 인도하였다. 그 이후 몇 달 지나지 않아서 나는 그의 장례식에서 운구를 맡게 되었다.

언젠가 어떤 여자분이 몹시 아팠던 적이 있었다. 한 젊은이가 이발소에 찾아와서는 그녀를 위해서 기도해 달라고 했다. 그녀의 아버지는 그녀의 뒤뜰 계단을 고치고 있었다. 그녀는 내가 본 것 중 가장 심한 독감에 걸려 누워 있었다. 나는 그녀에게 기름을 바르고 마태복음에서 말씀을 조금 읽어 주고는 그녀에게 손을 얹고 기도한 뒤 "이제 일어날 수 있어요. 괜찮아질 거예요."라고 말했다. 그녀는 "아빠, 수프 좀 만들어주실래요?"라고 말하고는 사흘 뒤에 자리를 털고 일어났다. 그는 나중에 이발소에 와서는 "도대체 무슨 일을 하신 거예요? 난 그렇게 아픈 경우는 처음 보았었는데…."라고 말했다. "그건 하나님이 하신 일이에요. 나는 그녀에게 손을 얹고 기도했을 뿐이에요. 하나님의 말씀에 따르면 믿는 자에게는 기사와 이적이 따를 것이라고 했고, 믿는 자는 병든 자에게 손을 얹은 즉 나으리라고 되어 있어요. 야고보서 5장 14절에 따르면 교회의 장로를 불러서 기름을 바르라고 되어 있지요. 나는 하나님의 말씀의 효력을 믿어요." "나는 그토록 빨리 기도가 이루어지는 것을 본 적이 없어요." 나는 그를 죄인의 기도를 하게 인도하였다. 그리고 몇 개월 후 나는 그의 장례식에서 운구를 맡았다.

자주 장례식 운구와 집례를 맡게 되다

그건 별로 즐겁지 않은 일이었다. 나는 주님께로 인도한 사람들을 위해 운구를 해달라는 부탁을 너무 많이 받았다. 마침내 다음과 같이 말해야 했다. "주님 일 하랴 장례식 가랴 일을 제대로 할 수 없습니다." 그렇게 생각은 하였지만 실제로 말하지는 못했다. 죽은 자로 죽은 자를 장사케 하라. 그렇지만 일주일에 두세 번을 할 정도로 장례식이 많아지자 거절하기 시작했다. 이발소 일도 바빴기 때문이었다. 겨울이 시작되자 노인들이 '본향으로 갈' 준비를 하는 듯이 보였다.

전화 회사에서 일하던 한 사람이 입원해 있었다. 누군가가 나에게 그를 위해 기도해 달라고 하였다. 그는 살 날이 2주일밖에 남지 않았다고 했다. 나는 그에게 가서 면도를 해 주고 그리스도의 사랑을 전하기 시작했다. 내가 증거하고 있는 동안, 그의 아들과 딸이 들어왔다. 그가 예수를 구세주로 영접할 때 자녀들이 곁에 있었다. 그들은 아버지가 퇴원을 하리라고 생각하지 못했다. 그렇지만 나는 그에게 손을 얹고 기도하였으며 "괜찮아질 것입니다."라고 말했다. 그는 퇴원하여 베이커스필드에 있는 일종의 요양 보호원으로 보내졌다. 나는 그곳으로 가서 그를 만났다. 그는 8개월 정도 더 살았다. 나는 가끔 그를 찾아가 이야기를 나누었다. 그가 소천한 후에 그의 딸과 아들이 "선생님이 장례식을 집전해 주시면 좋겠어요."라고 말했다. 나는 장례식을 집전해 본 적이 없었지만 "물론이죠."라고 대답했다. 복음을 증거할 기회가 될 수도 있었기 때문이다. 그래서 장례식 날 주기도문을 암송할 때에 조금 말씀을 전한 다음에 복음 증거를 하였다. 나는 그가 어떻게 예수를 구세주로 영접했는지를 말했다. "그는 친척들이 모두 하나님 나라에 가길 원했어요. 원하시는 분을 위해서 기도해 드리겠습니다." 나는 그런 생각을 기반으로 장례식을 세 번 정도 인도하였다. 그렇지만 그것은 주님께서 해 주신 일을 증거할 수 있기 위함이었다.

  소천한 이웃이 있었는데, 내가 늘 이발을 해 주었던 사람이다. 그의 처제가 전화를 해서는 "빌이 하늘나라에 갔어요. 장례식을 집전해 주실 수 있으세요?"라고 말했다. 그리고 또 "그런데 아주 짧게 했으면 좋겠어요. 긴 예배는 싫습니다."라고 말했다. 나는 "OK"라고 대답하였다. 그리고 장례식장에서 그가 몇 년 간 이웃에 살았다는 이야기를 하였다. 그는 언어 장애가 좀 있었지만 나와는 아주 친한 사이였다. 그에게 몇 번 주님에 관해서 이야기한 적이 있다. 그는 주님을 알았고 그가 주님을 영접했는지는 모르겠다. 그렇지만 나는 장례식을 집전하였고 그와 나, 그리고 내 동생 사이에 있었던 일들을 이야기하였다. 장례식을 맡는 것은 별로 내키는 일이 아니지만, 필요하다고 생각해서 몇 건은 하였다.

  어머니에게는 베이커스필드에 살고 있는 남동생이 있었는데, 어머니는 "네 외삼촌에게 가서 증거를 해 주었으면 좋겠구나."라고 말씀하곤 하셨다. 나는 "외삼촌은 날 싫어하세요. 외삼촌은 내가 늘 자기에게 전도하려고 하기 때문에 나 빼고는 누구나 와도 된다고 하셨어요."라고 말했다. 그러나 어머니가 원하시는 일이기에 어머니가 소천하기 전에 나와 내 아내는 어느 날 오후 베이커스필드로 갔다. 그는 의자에 앉아있었고, 그 곁에는 목발이 있었다. 그는 알콜 중독자였다. 나는 "외삼촌, 이제는 예수를 구세주로 영접할 때가 되었어요."라고 말했다. 그는 옆에서 함께 맥주를 마시고 있던 친구들을 쳐다보더니 "내가 뭘 해야 하지?"라고 말했다. 나는 "저 친구들은 외삼촌을 도울 수 없어요. 이것은 외삼촌이 해야 하는 결심이죠." "OK." 아마도 내가 빨리 사라지길 바라면서 그렇게 말한 것 같다. 그래도 나는 죄인의 기도를 하게끔 인도하였는데 눈물이 그의 뺨에 흘러내렸다. 그는 "너를 차 있는 데까지 배웅하고 싶은데 일어날 수가 없구나."라고 말했다. "주님께는 아무 것도 문제될 것이 없어요." 나는 그의 무릎에 손을 얹고 주님께 이 무릎들을 튼튼하게 해 달라고 간구하였고 그를 모든 죄와 질병에서 구해 달라고 기도하였다. 그는 일어나서 목발을 짚고 바깥으로 걸어 나왔다. 그는 "이게 필요 없을 것 같구나." 하고는 일주일 후에 전화를 하였다. "너에게 감사하고 싶구나." 그렇지만 그는 여전히 고집이 셌다. 나는 장례식 날 가서 장례식 집전관과 목사에게 말했다. "고인이 하나님 나라에 있다는 것을 알면 장례식을 하기가 더 쉽겠지요. 고인이 다른 사람에게 말씀하지 않으셨을 테지만, 1년 반 전에 제가 고인을 주님께 인도했었습니다. 고인은 예수를 구세주로 고백했습니다." 그의 친척들이나 딸조차도 그 사실을 몰랐던 것 같다. 이것은 하나님이 하신 일이다.

씨를 뿌리고 거두다

나는 많은 사람들로부터 예배를 인도해 달라고 부탁받았다. 태프트 시에 사는 친구의 교회는 우리 이발소에서 시작되었다. 한쪽 눈의 실명을 법적으로 승인받은 한 소녀가 있었는데, 그녀의 어머니가 우리 집에 왔고 그녀는 불치의 방광 병에서 치유되었었다. 그 딸은 안과 수술을 받을 예정이었다. 두꺼운 안경을 낀 다섯 살짜리 아이는 "엄마, 병원에 가고 싶지 않아요."라고 말했다. "엄마를 위해 기도해 주셨던 분에게 연락해서 나를 위해 기도해 달라고 하세요." 아침에 나와 아내는 떠날 채비를 하면서 이제 막 신기 편해진 새 부츠를 신었다. "주님, 이 부츠가 정말 마음에 듭니다." 주님은 "그 부츠가 정말 좋으냐?"라고 말씀하셨다. "그럼요!"라고 대답하는 내게 주님은 "그것을 심었으면(씨 뿌렸으면) 좋겠구나."라고 말씀하셨다. "씨 뿌리다니요, 무슨 뜻인가요?" "헌물로 드려라." 그래서 나는 "알겠습니다."라고 대답했다. 트렁크에는 다른 부츠가 또 있었다(나는 부츠를 좋아한다). 헌물을 다 받고 보니 두 바구니 가득하였다. 그들이 나에게 모임을 인도하도록 하기 전에 나는 그 부츠를 통 옆에 놓았다. 멋진 체리 색의 부츠였다. 마이클은 "이게 뭔가요?"라고 말했다. 나는 "나도 모릅니다. 주님께서 그냥 헌물로 드리라고 하셔서요."라고 말했다.

그렇게 말할 때 한 부인이 교회 뒤쪽에서 걸어 나왔다. 그녀의 이름은 오로라였고 큐야마 밸리에서 왔다. 그녀가 마이클에게 하는 이야기를 나도 들었다. "음, 우리는 아들에게서 편지 한 통을 받았어요. 그는 멕시코에 아주 외지고 가난한 마을에 살고 있는데, 우리가 거기에 갈 때 부츠 좀 가져다 달라고 했어요. 그곳은 매우 춥고 신발이 없기 때문이죠." 부츠는 그의 발 사이즈와 같았다. 당시 우리는 태프트에서 그로버 비치로 이사를 하였는데 남는 물건들이 많았다. 그래서 옷가지나 부엌세간들을 그녀에게 보내서 멕시코에 가져가게 했다.

일년쯤 후의 일이다. 길 맞은편에 살고 있는 미용사가 우리 집에 와서 아내의 머리를 해 주곤 하였다. 나는 그녀의 남편을 주님께로 인도하였다. 그는 암이 있었는데 지금은 하나님 나라에 가 있다. 그녀의 남편이 소천한 지 거의 1년쯤 된 어느 날 그녀가 전화를 하여 심방을 해 달라고 부탁하였다. 집에 갔더니 그녀는 벽장에서 부츠를 꺼내어 나보고 신어보라고 했다. 비싼 부츠가 네 켤레 있었는데 신지 않은 것들이었고 신어 봤자 한 두 번이었을 것이다. "이 부츠를 야드 세일개인이 집 뜰 앞에서 사용하지 않은 물건들을 헐값에 파는 세일: 역자 주에 내놓으려고 했었는데 아무래도 선생님이 신으셔야 할 것 같은 생각이 강하게 들었어요." 나는 그 부츠를 신어 보았다. 내 발 사이즈였다. 장갑처럼 잘 맞았다. "음, 돈을 좀 지불해도 될까요?" "아니에요. 그건 선생님 것이에요." 1년 전에 부츠 한 켤레를 씨 뿌렸었는데 한 켤레를 씨 뿌려서 네 켤레를 거둔 셈이다.

한편, 태프트의 모임에 갔을 때 나는 작은 소녀를 안아서 내 머리 위로 들어올렸다. 그리고는 "어린 아이들을 용납하고 당신께 오는 것을 금하지 말라고 하셨습니다, 주님. 이것은 모두 주님께 관한 것입니다. 이 아이를 치료하실 분은 내가 아니라 바로 주님이십니다."라고 말했다. "여기 아이가 있습니다, 주님." 그 아이를 내려놓았을 때 아이는 뛰어갔고 자기 안경을 벗어버렸다. 완벽하게 볼 수 있었던 것이다! 그 다음 날 그 아이는 병원에 갔고 의사는 크게 놀랐다. 나는 불치의 방광 병을 앓았던 여자(앞에서 이야기하였던)가 바로 그 아이의 어머니라는 사실을 나중에 알게 되었다. 그녀는 이제 아이를 둘 더 낳았는데, 더 이상 낳으려고 하지는 않았다. 이것은 하나님이 하신 일이다!

07. 기적들

사시 눈과 좌반신 마비를 고치다

　나는 캘리포니아의 중심 계곡을 오르내리고 주 전체와 중앙 해안지대를 오르내리며 선교 여행을 하곤 하였다. 주님께서 나와 함께 여행하라고 하셨다면서 내게 오던 세 사람이 있었다. 그들은 주님의 임재를 모셔올 수 있는 사람들이었다. 그들이 찬양하고 예배할 때 그들의 음악으로 많은 총회가 축복을 받았다. 그 중 9살 정도인 한 사람의 딸이 오클라호마에서 그를 방문하였다. 어느 날 주일 아침에 아이의 눈이 사시가 되어버렸다. 아이의 아버지는 "우리 딸을 위해 기도해 주시겠어요?"라고 말했다. 나는 "물론이죠."라고 대답했다. 나는 내가 기도하는 것을 허락지 않는 교회에 다니고 있었다. 사람들은 성령의 일에 관심이 없었다. 그렇지만 내가 그 아이를 위해 기도하였을 때, 아이의 눈은 정상이 되었다. 사람들은 사건을 목격하고 놀라워했다. 당사자인 아이는 욕실로 달려가서 거울을 보고는 호기심에 그전처럼 되게 해 보려 했더니 눈이 그전처럼 되돌아갔다. 아이는 울면서 와서는 무슨 일이 일어났는지를 아빠에게 말하였다. 그는 "다시 한 번 기도해 주시겠어요?"라고 말했다. 나는 "아이가 다시 그전처럼 하려고 하지 않는다면요."라고 말했다. 내가 다시 기도하였을 때 아이의 눈은 정상적으로 되었다. 아이는 너무나 흥분하였다! 나는 그 이후 그녀가 결혼하기 직전에 만났던 것이 기억난다. 그녀는 "내 눈은 여전히 정상이에요!"라고 말했다. 그 이후 사시가 된 적이 없었다고 한다. 이것도 하나님이 하신 일이다.

모니카라고 하는 젊은 여인이 있었다. 그녀는 전화를 하여 뉴멕시코에 있는 자기 삼촌과 외숙모를 잠시 모셔 와도 되겠느냐고 물었다. "그분들을 모시고 선생님 댁으로 가서 기도를 좀 받아도 될까요?" "물론이죠." 그들이 차를 몰고 왔을 때 나는 아내에게 "좌반신 마비로부터 풀려나게 될 사람이 왔소."라고 말했다. 그러니 내가 한 말은 아니었으며 나는 무슨 일이 일어날지 알지 못했다. 곧 70대 노부부가 들어와서 앉았다. 그녀의 삼촌은 내 맞은편에 앉아 이야기를 시작하였는데 몇 분간 듣고 나서 성령께 무엇을 하시길 원하시는지를 여쭙기 시작했다. 그를 보자 나는 성령이 그 위에 내려오는 것을 볼 수 있었다. 나는 "선생님, 주님이 선생님 위에 지금 내려오고 계세요. 주님은 선생님의 심장 상태를 치유하고 계십니다. 선생님의 심장은 너무 나빠서 아무 일도 할 수가 없었지요."라고 말했다. 그는 "네, 맞아요."라고 했다. "주님께서는 또한 당뇨병도 고치고 계십니다." "네, 당뇨병도 있어요." 이 때 나는 "아니요, 선생님. 당신은 예전에 당뇨병환자였지만 지금은 아닙니다."라고 말했다.주님이 이미 고치셨기 때문이라는 뜻: 역자 주.

갑자기 내 관심은 내 왼쪽에 앉아 있는 그의 아내에게 쏠렸다. 나는 그녀가 좌반신이 마비되었는지를 알지 못했다. 나는 그들이 들어와서 자기소개를 할 때 자세히 보질 않았었다. 나는 그 부인을 보면서 "성령께서 부인의 좌반신을 치유하고 계십니다." 그녀는 의자 옆에 왼손을 내려뜨리고 있었는데 갑자기 그 손을 들어 올리고 손바닥을 약간 펴서 자기 뺨에 대더니 머리 위까지 올리는 것이 아닌가! "정말 믿을 수가 없어요! 나는 3년 반 동안이나 좌반신이 마비되어 있어서 커피 한 잔도 집을 수가 없었어요. 보세요, 보세요, 믿을 수가 없어요! 저 여기에 당분간 있어도 될까요?" 나는 "원하시는 만큼 머무셔도 됩니다."라고 말했다. 그녀는 "나는 완전히 자유로워졌어요! 나는 좌반신이 3년 반이나 마비되었었는데, 이제는 아니에요!"라고 말했다.

나는 갑자기 소파에 앉아 있는 그녀의 조카에 관심이 갔다. 그리고 "모니카, 성령께서 너의 위장에 작업을 하시고 계시다!"라고 말했다. "제리, 말씀드릴 것이 있어요. 지난 두 주간 동안 나는 14파운드나 체중이 늘었어요. 내 옷이 다 맞지 않을 정도가 되었죠." 나는 "주님, 이렇게 체중이 느는 근본적인 원인이 무엇인지 보여 주세요."라고 기도하였다. 그러자 성령께서는 "위 비대증이다."라고 말씀하셨다. "위 비대증이요? 어떻게 해야 하지요?" "그것을 결박하라!" 결국 나는 "알겠습니다. 위 비대증의 영을 결박하고, 나사렛 예수 그리스도의 강력한 이름으로 명하노니 떠나갈지어다."라고 했다. 그들은 그 다음 날 오전 7시 30분에 떠났다. 그리고 모니카는 전화를 해서 "제리, 좋은 소식 듣고 싶으세요? 밤사이에 14파운드가 빠졌어요."라고 말했다. 하나님이 하신 일이다! 열흘쯤 후에 그녀가 전화하여 삼촌과 외숙모가 병원에 갔는데 삼촌의 심장에서 아무런 이상도 발견하지 못했다고 하였고, 당뇨병이 사라졌다는 말을 들었다고 말했다. 그리고 외숙모도 완전히 자유로워졌다고 했다. 하나님께 영광을 돌린다!

    나는 최근에 마리포사에 갔다. 거기에 사람들이 치료센터를 세우고 있었기 때문이다. 릭이 나에게 오겠느냐고 해서 나 혼자 차를 몰고 갔는데, 그로버 비치에서 다섯 시간 반이나 걸리는 곳이었다. 도착했을 때 기온은 41도나 되었다. 나는 곧장 교회로 갔다. 4시 30분쯤 도착했는데 모임은 6시에 예정되어 있었다. 사모님은 선풍기를 틀고 있었다. 나는 그녀에게 들어가서 교회 앞 쪽 바닥에서 기도해도 되겠느냐고 묻고는 기도하기 시작했다. 주님께 오늘 이 밤에 무슨 일을 하실 것인지를 여쭈었을 때 그분은 나에게 말씀하시기 시작했다. 잠시 후 예배가 어느 정도 진행이 된 후에, 릭이 나에게 몸을 돌리더니 말씀 받은 것이 있느냐고 물었다. 나는 "네, 여기에 암에 걸린 사람이 세 명 있는데 하나님께서 모두 치유해 주시겠다고 하셨습니다. 그리고 왼쪽 무릎이 몹시 아픈 사람이 세 명 있는데, 두 사람은 깁스를 하고 있고 하나님이 그것을 벗기시겠다고 하셨는데, 이미 그렇게 하셨습니다." 지금도 생생하게 기억이 난다. 암환자 세 사람이 고침을 받았고 무릎이 아픈 세 사람도 고침을 받았다. 그 날 저녁 왜 그렇게 많은 기적들이 일어났는지를 말하려는 것이 아니다.

당뇨도 고치고 임파테이션도 해 주다

    나와 한 청년은 찬양과 예배를 인도하는 부인의 초대를 받았다.

"저를 따라오세요. 10마일쯤 가면 돼요. 잠깐 들러서 손녀딸을 나오게 할게요. 하지만 거기는 내 집에서 좀 멀어요." 바깥은 어두웠다. 한밤중에 그곳에 도착했기 때문이었다. 다음 날 아침에 나는 일어나서 샤워를 하였다. 6시쯤 되었을 때 나는 그녀의 거실에서 기도하며 앉아 있었다. 나는 주님께 그 날의 신성한 안무 choreograph를 부탁드렸다. 그녀와 그녀의 남편은 와서 아침을 준비하기 시작했다. 남편은 그릴 위에 베이컨을 구웠고 나는 커피 한 잔을 마시며 그냥 앉아 있었다. 그녀가 식탁을 차릴 때 우리는 바깥 베란다에 앉아있었고 곧 이어 아침 식사를 하기 시작했다. 나는 그녀의 남편을 보면서 "선생님, 주님께서 선생님의 당뇨병을 치유하고 계십니다. 또한 선생님이 일터에서 얻은 등의 병도 치료하시고 계십니다."라고 했다. 나는 그가 3년 반 동안 교회에 나가지 않았다는 사실을 알지 못했다. 그의 아내는 나중에 내게, 그가 교회에서 상처를 입어서 가지 않게 되었다고 하였다. 나는 "자, 주님께서 선생님의 몸에 회복을 가져오십니다."라고 했다. 그리고 나서 그녀를 보면서 "안경을 벗으세요. 주님께서 나에게 부인의 눈을 조절하라고 하십니다. 시력이 완전해질 것입니다."라고 말했다. 그녀는 안경을 벗고 일어섰다. 나는 그녀에게 일어서라고 했고 나와 함께 간 친구 밥은 그녀 뒤에 섰다. 나는 내가 행하고 있는 기름부음을 그녀에게 전하여야겠다는 강한 인상을 받았다. 나는 기름부음을 전하고 나서, "하나님이 당신을 사용하실 것입니다."라고 말했다. 그녀는 흥분해서, 안경을 쓰지 않은 채 총알 같은 속도로 10마일을 운전하여 교회로 돌아갔다. 밥과 나는 그녀를 따라가기도 버거웠다. 그날 아침 주님께서 "나는 너를 통해 보낸 목적을 이루었다. 이제 여기 일은 끝났다."고 하셨다. 그래서 거기를 떠나서 그로버 비치로 돌아왔다. 후에 나는 그녀가 주님께서 남편의 몸과 자신의 눈에 해 주신 것에 대해 간증을 하였다는 말을 들었다.

나는 프레스노 근처로 내려갔는데 주님께서 "네가 집에 가면 신성한 약속을 받게 될 것이다."라고 하시는 말씀을 들었다. "정말요?" 나는 그 날 저녁 집으로 갔고 주일날 아침에는 교회에 갔다. 때는 오후 1시 30분쯤, 파소 로블스에게서 전화가 한 통 걸려 왔다. 내가 섬기던 젊은 남자였다. 그는 "남아프리카에서 한 형제가 왔는데 주님께서, 그에게 임파테이션을 해 주어 남아프리카로 돌아가게 해 줄 사람이 있다고 자꾸 말씀하신다고 합니다. 그리고 그 사람이 누구일지 저는 알아요. 우리가 갈게요."라고 말했다. 그는 차 두 대에 탈 정도의 젊은 사람들을 데리고 집에 왔다. 젊은이는 들어와서 내 앞에서 무릎을 꿇고는 "선생님은 나에게 남아프리카로 가져갈 임파테이션을 줄 수 있는 분이십니다."라고 말했다. 그래시 니는 그에게 기름부음을 전달했다. 그리고 나서 젊은 사람들에게 사역하기 위해서 몸을 돌렸다. 각 사람에게 손을 얹을 때 그들은 바닥에 쓰러졌다. 내가 "주님, 이게 무슨 일입니까?" 하고 있을 때 주님은 "이들도 네가 행하는 것을 필요로 한다. 나는 그들이 그것을 갖기를 원하며, 그 이유로 그들을 여기에 보낸 것이다."라고 하셨다. 주님은 "내가 그들을 보낼 것이다. 너는 그들을 찾을 필요가 없다."라고 하셨다. 사람들이 우리 집 대문까지 걸어 내려갈 때, 주님은 가끔 그들이 주의 길을 행하기 전에 무엇이 잘못되었는지를 말씀해 주시는 경우가 있다. 아니면 나는 앉아서 주님께 왜 그들에게 그런 일을 행하시는지 여쭌다. 그러면 성령께서 말씀을 시작하신다. 이 모든 것이 주님이 하시는 것이고, 내가 하는 것이 아니다.

08. 치유와 축사를 위한 처방

고양이와 개도 고치다

어느 날 오후 퇴근을 해서 집에 오니, 아내가 말하길 "애니가 자기 고양이를 데리고 기도 받으러 올 거예요."라고 했다. 나는 "고양이라고! 나는 고양이한테는 기도하지 않는데!"라고 했다. 그녀는 "어쨌든 올 거예요."라고 말했다. 그래서 우리는 저녁을 먹고 현관 앞에 앉아 있었다. 곧이어 애니가 왔다. 그녀는 집집마다 다니며 시간당 8달러 정도의 임금을 받고 청소를 하는 사람으로, 관절염이 있었다. 혼자 사는 그녀에게 고양이는 절친한 친구였다. 그녀는 고양이를 로스 박사에게 데려갔더니 그가 고양이를 죽여야 한다고 했다고 전했다. 고양이는 큰 종양이 있었는데 크고 흰 눈이 큰 공깃돌처럼 튀어나와 있었다. 그녀는 상자에서 고양이를 꺼내어 무릎 위에 놓았다. 그래서 나는 다가가서 고양이에게 기름을 바르고 손을 얹고 기도하였다. 우리는 이야기하면서 앉아 있었는데 5분쯤 지나자 고양이가 그녀의 무릎에서 뛰어 나왔다. 고양이는 TV가 있는 거실 끝으로 달려갔다가 돌아서서 우리 쪽을 보았는데 눈이 완전히 정상이 되어 있었다. 고양이 주인은 너무나 흥분하였다! 그녀는 "나는 '주님, 이 고양이는 내가 정말로 사랑하는 유일한 애완동물이에요! 나는 이 고양이가 꼭 필요해요.' 라고 기도했어요."라고 말했다. 주님은 "고양이를 제리의 집에 데리고 가라."고 하셨다고 한다. 그래서 내 아내에게 전화하여 우리 집에 왔고 하나님이 그녀의 기도를 들어주었던 것이다.

언젠가 내가 주님께로 인도했던 남자가 하나 있었다. 내가 점심을 막 먹으려고 하던 참에 그가 우리 집 문을 두드렸다. 그는 "나와 함께 가서 내 친구의 개를 위해서 기도해 주셔야 해요."라고 말했다. 나는 "뭐라고요?"라고 되물었지만 결국 그의 차를 타고 우리 집에서 여섯 블록 떨어진 곳으로 갔다. 그에게서 복음을 전혀 듣던 그 부인의 작은 닥스훈트 사냥용 개: 역자 주 는 배를 깔고 누워 신음하고 있었다. 부인은 이 개가 사흘 동안 아무 것도 먹지 않았다고 말했다. 내가 보기엔 등을 다친 것 같았다. 누군가가 개에게 무엇인가 떨어뜨렸거나 무엇인가가 떨어졌던 것 같다. 나는 몸을 구부려 개의 등에 손을 얹고 기도하였다. 기도한 지 1분도 되지 않았는데, 개는 몸을 돌려 일어나 가서 물도 마시고 밥도 먹기 시작했다. 그녀는 눈이 둥그래졌다! 그녀는 "정말 믿을 수가 없네요. 사흘 동안 아무 것도 먹지 못했었는데요. 우리는 이 개를 처분해야 하나 생각하고 있었어요."라고 말했다. 집을 나서려고 현관에 이르렀을 때 주님이 "페이에게 왼쪽 눈이 왜 그러냐고 물어보아라."고 하셨다. 나는 "당신 왼쪽 눈이 왜 그렇죠?"라고 물었다. 그녀는 "선생님이 어떻게 아시는지 알 수 없지만 내가 열여섯 살 때 자전거 사고가 났어요. 그 때 눈을 다쳤고 그 이후 정상적으로 기능을 하지 못해요."라고 말했다. 나는 "지금 기능하게 될 것입니다!"라고 말했다. 그녀는 "네, 맞아요. 이제 똑바로 보이네요! 선생님이 나에게 말씀하시는 순간부터 정상적으로 작용하기 시작했어요!"라고 말했다. 나는 "왼쪽 무릎은 어떠세요?"라고 물었다. 그녀는 "자전거 사고 때, 자전거 핸들 일부가 무릎에 박혔어요. 그 때부터 늘 통증을 갖고 살았어요."라고 말했다. 나는 "이제는 그렇지 않을 거예요."라고 말했다. 그녀는 개를 위해서 기도해 달라고 나를 불렀지만 그녀 개인이 질병으로부터 자유를 얻는 것으로 끝을 맺었다. 그 간증을 통해서 그녀의 남편은 교회에 그녀와 함께 나가기 시작했다. 주님은 신비로운 방식으로 일하신다는 말이 있다. 주님은 어리석은 것을 사용하여 지혜로운 사람을 당황케 하신다. 나는 주님이 그런 멋진 일을 하시는 것을 많이 보았다.

예수 그리스도의 이름으로 선포할 때

우리는 몇몇 사람들을 빼고는 성령 충만하지 못한 교회에 다녔다. 어느 젊은 부부가 우리를 보고 자기들 집에 와서 성령에 관한 성경 공부를 하자고 요청하였다. 그 집에 가보니 아수라장이었다. 길가에는 오토바이들이 여기 저기 정신없이 다니고 있었고 개들이 짖어대고 아이들은 소리 지르고 있었다. 나는 "주님, 나는 이런 것을 참을 수가 없습니다!"라고 말하고 나서 그들의 거실 한 가운데 서서, "이 동네의 이 시끄러운 소리를 모두 결박한다. 나는 이것을 무력하게 만든다."라고 말했다. 그리고는 "주님, 이제 앞으로는 여기에 평화가 있길 원합니다."라고 말했다. 1분 이내에 소리는 멈추었고, 그들의 눈은 둥그래졌으며 우리가 그런 일에 대해 권위를 가지고 있는 사실을 믿지 못했다. 나는 그들에게 말씀을 나누었는데 곧이어 젊은 부부 중 부인이 우리 집에 왔다. 그녀는 어느 날 오후에 성령으로 세례를 받았다. 그녀는 우리 집 소파에 누워 있었는데 새들이 "예수"라고 노래하는 소리를 들을 수 있다고 했다. 당시 나는 병원으로 오라는 전화를 받고 그곳으로 가서 사역을 하였다. 45분 후에 돌아와 보니 그녀가 아직도 내 소파에 누워서 웃고 있었다. "이제 집에 가서 남편 저녁을 차려주어야겠어요." 결국 그녀는 한 시간 쯤 후에 일어나서 집에 갔다. 그로부터 한 시간 정도 지난 후 그녀는 남편을 우리 집에 보냈고 그도 성령 세례를 받게 되었다. 이 일로 인하여 그들의 삶이 바뀌었다.

어느 날 오후 내가 앉아 있는데 그녀의 얼굴이 내 앞에 자꾸 나타났다. "그녀에게 전화해야겠다."고 생각했다. 그래서 전화를 해 보니 그녀는 이제 막 샤워를 끝내고 나오는 참이었다. 그녀는 울면서 샤워를 했다고 한다. 그녀는 무릎 문제가 있어서 너무 아프기 때문에 아무 일도 할 수 없었다. 나는 "주님께서 당신에게 전화하여 기도해 주라고 하셨어요. 무엇이 필요하든지 간에, 하나님은 당신을 해방시켜 주실 거예요!"라고 말했다. 이후에 그녀는 나에게 짧은 편지를 보내 왔는데 한밤중까지 무릎을 꿇고 6개월이나 닦지 못했던 부엌바닥을 닦았다고 했다. 그녀는 "나는 정상적으로 걷고 있고 아무 문제도 없답니다."라고 말했다.

몇 년 전, 태프트에 살고 있을 때, 아데쓰 웨이드라는 부인이 있었다. 그녀와 그녀의 남편은 태프트에서 미주리 주 휴스톤으로 이사를 갔다. 그녀는 아들이 둘 있었는데 하나는 태프트에 살고 있었고 또 하나는 베이커스필드에 살고 있었다. 그녀는 아들들을 방문하러 왔다. 주일 아침 7시 30분쯤이었는데, 그녀는 일찍 나에게 전화를 하여 "오늘 아침 선생님 가족들과 교회에 가고 싶어요."라고 말했다. "그런데 선생님 댁에 가서 기도를 좀 받고 싶군요." 그녀는 8시 20분전에 왔는데 발뒤꿈치를 높이 든 채 발끝으로 걷고 있었다. "3주일 동안 주님께 기도하기를 태프트에 가서 제리 선생님의 기도를 받으면 나을 것이라고 했답니다." 그녀는 발꿈치에 뼈가 튀어나와 발을 디딜 수가 없어서 3주일 동안 발끝으로 걸었다고 했다. "나는 멀리 미주리 주에서 왔어요. 선생님을 만나기만 하면 나으리라는 걸 알았어요. 외과수술을 받고 싶지는 않아요. 수술 받으면 너무 아프고 회복 기간도 너무 오래 걸릴 테니까요." 그녀는 의자에 앉았고 나는 내 손으로 그녀의 발꿈치를 감싸고 몇 분간 그녀를 위해서 기도하였으며 하나님의 말씀을 그녀에게 전하였다. 그리고는 그녀의 발을 바닥에 놓았다. 그녀는 일어나서 바닥을 발로 세게 쾅쾅 내리 밟았다. "다 나았어요." 나는 하나님이 이런 일을 하시는 것을 수없이 보았다. 하나님께는 불가능한 일이란 없다.

트럭 운전수인 빈스는 아주 잠깐 태프트에 살았던 적이 있었고, 수요일마다 요세미티 밸리에 있는 한 호텔에 물품을 배달하고 있었다. 그는 오른쪽 발의 인대가 늘어났는데 아주 통증이 심했다. 실업인회에 참석했던 어떤 사람이 "태프트에 이발사가 하나 있는데 자네를 위해 기도해 주면 자네는 자유를 얻게 될 것이네."라고 그에게 말해 주었다. 그래서 방향을 돌려 요세미티 밸리에서 4시간 반이 걸려 태프트로 온 것이다. 그는 내가 문을 막 닫으려는 직전에 도착했다. 그는 트럭을 주차하고는 주차장을 한 발로 깡충깡충 뛰어왔다. 한 쪽 발만 양말을 신고 있었는데, 한 발은 다른 한 발보다 두 배나 부어있었으며, 극심한 통증에 시달리고 있었다. "저는 멀리 요세미티에서 운전하고 왔습니다. 저를 위해 기도해 주셔야 합니다." 그래서 나는 그에게 기름을 바르고 그를 위해 기도한 뒤 "이제 집에 가서 실내화를 신을 수 있어요. 내일 아침이면 다 나을 거예요."라고 말했다. 그는 그날 저녁 기도회에 나타나서는 간증을 하였다. "저 분은 하늘과 통하는 긴급 직통 전화선을 갖고 계십니다. 나는 극심한 통증을 겪고 있었는데 저 분이 나보고 집에 가서 실내화를 신으면 다 나으리라고 하셨습니다. 정말 그렇게 되었고, 내일 아침이면 일터로 복귀할 수 있을 것 같아요." 하나님은 이와 같은 멋진 일을 수없이 하신다. 하나님은 "네가 간구하기 전에 응답할 것이며 네가 말할 때에 들을 것이라"고 하신다. 예레미야 33장 3절에는 "너는 내게 부르짖으라 내가 네게 응답하겠고 네가 알지 못하는 크고 은밀한 일을 네게 보이리라."고 나와 있다. 6절에는 "나는 너를 치료하는 주라."라는 말씀이 나와 있다.

치유를 위한 처방

나는 어떻게 치유를 받는지에 대해서, 또한 어떻게 그 안에서 행하는지에 대해서 말하곤 한다. 여기에 치유를 위한 처방의 말씀 몇 개를 제시하겠다. 이 말씀을 간격을 두고 반복해서 읽으면 비타민을 먹는 것처럼 약으로 작용할 것이다.

시 103:1	〈다윗의 시〉 내 영혼아 여호와를 송축하라 내속에 있는 것들아 그의 거룩한 이름을 송축하라
시 103:2	내 영혼아 여호와를 송축하며 그 모든 은택을 잊지 말지어다
시 103:3	저가 내 모든 죄악을 사하시며 네 모든 병을 고치시며
시 103:4	네 생명을 파멸에서 속량하시고 인자와 긍휼로 관을 씌우시며
시 103:5	좋은 것으로 네 소원을 만족하게 하사 네 청춘을 독수리 같이 새롭게 하시는도다
사 40:31	오직 여호와를 앙망하는 자는 새 힘을 얻으리니 독수리의 날개 치며 올라감 같을 것이요 달음박질하여도 곤비치 아니하겠고 걸어가도 피곤치 아니하리로다
시 107:20	그가 그의 말씀을 보내어 저희를 고치사 위험한 지경에서 건지시는도다
시 119:50	이 말씀은 나의 고난 중의 위로라 주의 말씀이 나를 살리셨기 때문이니이다
잠 4:20	내 아들아 내 말에 주의하며 내가 말하는 것에 네 귀를 기울이라
잠 4:21	그것을 네 눈에서 떠나게 하지 말며 네 마음속에 지키라
잠 4:22	그것은 얻는 자에게 생명이 되며 그 온 육체의 건강이 됨이니라
사 53:5	그가 찔림은 우리의 허물을 인함이요 그가 상함은 우리의 죄악 때문이라 그가 징계를 받음으로 우리가 평화를 누리고 그가 채찍에 맞음으로 우리가 나음을 입었도다
렘 33:6	그러나 보라 내가 이 성읍을 치료하며 고쳐 낫게 하고 평안과 진실이 풍성함을 그들에게 나타낼 것이며
마 8:17	이는 선지자 이사야를 통하여 하신 말씀에 우리 연약한 것을 친히 담당하시고 병을 짊어지셨도다 함을 이루려 하심이더라
벧전 2:24	친히 나무에 달려 그 몸으로 우리 죄를 담당하셨으니 이는 우리로 죄에 대하여 죽고 의에 대하여 살게 하려 하심이라 그가 채찍에 맞음으로 너희는 나음을 얻었나니

위장 문제와 궤양을 위해
출 23:25 너의 하나님 여호와를 섬기라 그리하면 여호와가 너희의 양식과 물에 복을 내리고 너희 중에서 병을 제하리니

유산을 방지함
출 23:26 네 나라에 낙태하는 자가 없고 임신하지 못하는 자가 없을 것이라 내가 너의 날 수를 채우리라

골절을 위해
시 34:20 그 모든 뼈를 보호하심이여 그 중에 하나도 꺾이지 아니하도다

심장을 위해
시 73:26 내 육체와 마음은 쇠잔하나 하나님은 내 마음의 반석이시요 영원한 분깃이시라

시 147:3 상심한 자를 고치시며 저희 상처를 싸매시는도다

어둠과 범죄 지역에서의 보호, 해충, 바퀴벌레, 개미 등의 퇴치
시 91:5,6 너는 밤에 찾아오는 공포와 낮에 날아드는 화살과 어두울 때 퍼지는 전염병과 밝을 때 닥쳐오는 재앙을 두려워하지 아니하리로다

전쟁터의 병사의 보호
시 91:7 천명이 네 왼쪽에서, 만명이 네 오른쪽에서 엎드러지나 이 재앙이 네게 가까이 하지 못하리로다

악과 전염병으로부터 보호
시 91:9 네가 말하기를 여호와는 나의 피난처시라 하고 지존자로 너의 거처를 삼았으므로

시 91:10 화가 네게 미치지 못하며 재앙이 네 장막에 가까이 오지 못하리니

시 91:11 그가 너를 위하여 그의 천사들을 명령하사 네 모든 길에서 너를 지키게 하심이라

강풍, 토네이도, 폭풍우로부터의 보호
사 32:2 또 그 사람은 광풍을 피하는 곳, 폭우를 가리는 곳 같을 것이며 마른 땅에 냇물 같을 것이며 곤비한 땅에 큰 바위 그늘 같으리니

시력과 청력을 위해

사 32:3　보는 자의 눈이 감기지 아니할 것이요 듣는 자의 귀가 기울어질 것이며

언어장애를 위해

사 32:4　조급한 자의 마음이 지식을 깨닫고 어눌한 자의 혀가 민첩하여 말을 분명히 할 것이라

관절염과 뼈의 질병을 위해

사 66:14　너희가 이를 보고 마음이 기뻐서 너의 뼈가 연한 풀의 무성함 같으리라 여호와의 손은 그 종들에게 나타나겠고 그의 진노는 그 원수에게 더하리라

사 58:11　여호와가 너를 항상 인도하여 마른 곳에서도 네 영혼을 만족케 하며 네 뼈를 견고하게 하리니 너는 물 댄 동산 같겠고 물이 끊어지지 아니하는 샘 같을 것이라

화상, 불, 홍수

사 43:2　네가 물 가운데로 지날 때에 내가 함께할 것이라 강을 건널 때에 물이 너를 침몰치 못할 것이며 네가 불 가운데로 행할 때에 타지도 아니할 것이요 불꽃이 너를 사르지도 못하리니

출혈 혹은 모든 종류의 혈액 문제를 위해

겔 16:6　내가 네 곁으로 지나갈 때에 네가 피투성이가 되어 발짓하는 것을 보고 네게 이르기를 너는 피투성이라도 살라 다시 이르기를 너는 피투성이라도 살아 있으라 하고

결혼생활의 치유

렘 32:39　내가 그들에게 한 마음과 한 도를 주어 자기들과 자기 후손의 복을 위하여 항상 나를 경외하게 하고

암을 위해

막 11:13　멀리서 잎사귀 있는 한 무화과나무를 보시고 혹 그 나무에 무엇이 있을까 하여 가셨더니 가서 보신즉 잎사귀 외에 아무 것도 없더라 이는 무화과의 때가 아님이라

막 11:14　예수께서 나무에게 일러 가라사대 이제부터 영원토록 사람이 네게서 열매를 따 먹지 못하리라 하시니 제자들이 이를 듣더라

막 11:20   저희가 아침에 지나갈 때에 무화과나무가 뿌리째 마른 것을 보고

막 11:21   베드로가 생각이 나서 여짜오되 랍비여 보소서 저주하신 무화과 나무가 말랐나이다

우발적인 독소 감염 혹은 알려지를 위해

막 16:18   뱀을 집으며 무슨 독을 마실지라도 해를 받지 아니하며 병든 사람에게 손을 얹은즉 나으리라 하시더라

하나님에게는 불가능한 것이 없다

아내와 나는 이곳으로 이사하기 전에 해안가의 요양소에 있는 아내의 사촌을 방문한 적이 있었다. 나는 그녀에게 언제 예수 그리스도를 개인의 구세주로 영접했느냐고 물어보았다. 그녀는 "나는 30년 동안 루터교회에 다녔어요."라고 대답했다. 아내가 옆에서 끼어들었다. "그건 질문이 아닌데?" 그녀가 다시 말했다. "그렇지만 나는 루디교회에 30년이나 다녔어." "아니 그 말이 아니라, 언제 예수 그리스도를 개인적인 구세주로 영접했냐고 묻고 있는 거야." "…그렇게 해 본 적이 없는 것 같아." 그래서 우리는 그 문제를 다루었고, 그녀는 하늘나라 주님 곁으로 가기 전에 예수 그리스도를 자신의 개인적 구세주로 영접하였다. 사실 큰 교단의 교회에 수년 간 다녔어도 그저 교회에 다니는 것에만 치중하는 사람들이 꽤 있다. 그래서 우리는 그러한 사람들을 주님께로 인도하곤 한다. 목사들 가운데도 그러한 질문에 대답해야 할 사람들이 있다. 왜냐하면 그런 목사들은 구원의 메시지를 전하지도 않고 사람들을 강단 앞으로 불러내어 성령 세례를 주는 제단 초청도 하는 일이 없기 때문이다. 나는 교회 의자에 앉아만 있는 사람들, 몇 년이 가도록

의자를 데우고만 있는 사람들을 데리고 있는 목사들처럼 되고 싶지 않다. 그리고 그들이 소명에 응답하도록 성령께서 확신을 주시기를, 또 그들이 예수의 이름으로 그들에게 말씀하시며 명하신 것에 대하여 순종할 수 있도록 기도한다.

나는 사람들에게 그들의 태도는 자기 자신에게 달려 있다고 늘 말하곤 하는데, 내가 보기로는 대부분의 사람들에게 태도의 변화가 필요한 것 같다. 우리 모두 주님을 알기 전에 태도의 변화가 필요하다. 우리는 죄 가운데서 태어났고 비판적인 영을 갖고 있기 때문이다. 그렇지만 주님이 우리를 해방시켜줄 때 세상의 그러한 모든 일로부터 우리를 구원하셨다. 그분께 시선을 고정시키면 일생 중 가장 위대한 경험을 하게 될 것이다.

어느 날 아침 우리 이발소에 두 남자가 들어왔다. 그들은 자신들이 오리건 주의 유진에서 왔다고 했다. 그 중 한 사람은 커버에 내 사진이 나 있는 보이스 잡지를 들고 있었다. 나이가 많은 사람이 "나는 여기서 반 블록 떨어진 곳에서 식품점을 했었어요. 지금 킹덤 홀이 있는 자리이지요. 우리는 보이스 잡지에서 선생님의 간증을 읽었습니다. 내 아들도 이발소를 하는데 그 이발소에서 이 잡지를 보게 되었죠. 선생님을 만나서 이야기 나누고 싶었어요."라고 말했다. 그들은 한 시간 반 정도 나와 함께 시간을 보냈다. 아주 즐거웠다. 간증이 그렇게 멀리 퍼져나간다는 것은 참 멋진 일이다.

언젠가 베이커스필드에서 내가 한 부인에게 기도해 주는 것을 보았던 남자가 있었다. 이름은 R. A. 파이크였는데, 그는 그녀의 다리가 자라나고 주님이 그녀의 척추를 바로 잡아 주시는 것을 보았다.

그가 어느 날 나에게 요청해왔다. "선생님, 명함 좀 주시겠어요? 선생님을 뵙고 싶군요. 월요일에 이발소에 나오시나요?" 나는 "네, 월요일부터 금요일까지 일합니다."라고 했다. 그는 "문 닫기 전에 가겠습니다."라고 했고 그 말대로 월요일 오후 5시쯤 차를 몰고 우리 이발소에 왔다. 나는 그를 의자에 앉혔고 이발을 하기 시작했다. 그가 말문을 열었다. "저는 베이커스필드에 카프리 홈을 세웠고 캐서린 쿨만 모임과 오럴 로버츠 모임에 수년간 다녔어요. 내 몸이 치유되기를 무척 애썼지요. 나는 허리 아래에 아무런 감각이 없어요." 나는 "선생님, 마음에 용서 못하는 일이 있습니까?"라고 물었다. "네, 그래요. 내 사업 파트너가 나한테 5천만 원이나 사기를 쳤습니다." "그를 용서할 수 있겠습니까?" "어떻게 해야 할지 모르겠어요." "손을 올리고 '주님, 내 사업 파트너와 이 일에 관련된 모든 사람을 용서합니다. 용서합니다.'라고 말하세요." 그가 "그 사람들을 용서합니다."라고 말할 때 나는 그의 무릎에 손을 얹었는데 주님의 영이 그에게 임했다. "세상에!" 그는 일어나서 방 안을 걸어 다니기 시작했다. "믿으실 수 없을 거예요! 핀과 바늘 위로 걷는 것 같은 느낌이에요! 몇 년 만에 처음으로 내 몸에 감각이 느껴져요. 이 일로 인해서 결혼 생활이 희생되었어요." 나는 "주님께서 그것도 회복시키실 수 있으세요."라고 말했다. 일년 쯤 뒤에 그가 전화를 하였다. 나는 멀린 케로더스가 쓴 『옥중에서의 찬양 Prison to Praise』과 캐서린 쿨만이 쓴 『기적을 믿습니다』라는 책을 그와 나누었다. 아내는 내가 등을 깔고 쉴 때나 좌골 신경통이 있을 때 읽으라고 이 책 두 권을 주었었다. 이 책들을 읽을 때 주님께서는 내 마음을 바꾸어 놓으셨고 "주님, 당신께서 무엇을 원하든지 제가 하겠습니다."라는 고백을 이끌어 내셨다.

그것이 주님께서 원하는 전부였다. 그 사람이 1년 뒤에 나에게 전화를 하였다. "선생님, 아시다시피 내 일생 이만큼 큰 평화와 기쁨을 누려 본 적이 없습니다! 나는 여전도자를 돕는 팀과 함께 일하고 있습니다. 우리는 전 지역을 돌고 있어요. 선생님이 해 주신 일에 대해 감사를 드립니다." 내가 "제가 한 일은 아무 것도 없습니다."라고 말하자 그는 "그렇지만 하나님께서 선생님을 사용하셨지요."라며 웃었다. 하나님을 찬양한다! 이것은 하나님이 하신 일이다! 우리가 주님께 구하기만 하면 하나님께서는 매일 새로운 일들을 허락하신다.

젊은 커플이 있었다. 제프는 태프트 대학에서 축구를 하였고 그의 여자 친구 티나는 우리 친구들 몇 명과 함께 살고 있었다. 우리는 집집마다 문을 두드리며 주님에 대해 사람들에게 전하곤 하였다. 나중에 그들은 결혼을 하여 가정을 꾸리게 되었다. 어느 날 아침 내 아내는 펠로우즈에서 열리는 기도회에 갔다가 제프와 함께 집에 와서 하루 종일 성경공부를 하였다. 내가 그날 저녁 퇴근하여 집에 왔을 때 그는 막 떠날 참이었다. 나는 "티나를 여기 데리고 오게."라고 말했다. 내 아내가 물었다. "왜 그러세요?" "음, 주님께서 그렇게 하라고 하셨소." 티나는 우리의 또 다른 친구들인 로텐스 가족들과 함께 머물고 있었다. 그는 가서 그녀를 데리고 왔다. 티나는 내 맞은편에 앉았다. 나는 그녀에게 다가가서 그녀의 발을 들어 올렸다. 나는 그녀가 발이 안으로 굽어서 잘 걷지 못한다는 사실을 눈치 채지 못했었다. 내가 그녀의 발을 들어 올렸을 때 주님께서는 성령만이 하실 수 있는 방식으로 그녀의 발을 흔들기 시작했다. 내 손으로 그녀의 발꿈치를 받치고 있는 동안에 주님은 온갖 치유를 그녀의 발에 행하셨던 것이다. 그녀의 발을 내려놓았을 때

발은 완벽하게 치유되었다. 그녀가 신을 벗었는데 발가락들은 가지런하게 놓여 있었다. 다음 주일 아침에 우리가 들어갔을 때 그녀는 주님께서 자기에게 해 주신 일에 대해 간증하고 있었다. 나는 주님이 이런 기적들을 행하시는 것을 수없이 보아왔다. 주님은 당신을 위해서도 기적을 일으키실 수 있다. 당신이 해야 할 일은 오직 믿는 일 뿐이다.

　　나는 캘리포니아 주 코얼링가에서 순복음실업인회의 국제 대회의 공식 만찬회에서 연설을 하고 있었다. 친구 몇 사람이 나와 함께 왔었다. 나는 모든 형태의 혈액문제에 관해서 기도할 때 주님께서 어떻게 말씀 주시는가를 이야기하였다. 거기에 총회장 부인이 있었는데 그 이야기를 할 때 그녀가 일어섰다. "나는 혈당이 300정도인데, 의사들은 아무런 대책이 없다고 합니다." 나는 "의사이신 예수는 하실 수 있습니다!"라고 말하고 주님께서 나에게 혈액에 관해 주신 말씀을 주장하기 시작했다. 그 말씀은 에스겔 16:6, 요엘 3:21, 레위기 17:11, 마가 5:29 등이다. 모두 혈액 문제를 다루고 있는 구절이다. 나는 "주님께서 부인을 고치십니다."라고 말했다. 그 때는 주일날 저녁이었다.

　　한 달 후에 나는 캘리포니아 주의 핸포드에서 말씀을 전하고 있었는데 그녀가 남편과 함께 나타나서는 만찬에서 간증을 하였다. "이 분이 지난 달 코얼링가에서 나를 위해 기도해 주셨습니다. 내 혈당은 300이었습니다. 월요일 아침에 병원에 갔더니 정상이라고 하였습니다. 병원에서는 자기네 기계가 잘못되었다고 생각했는지 세 가지 다른 기계를 사용하였는데, 다 정상으로 나와서 기계가 다 잘못되었다고 생각했습니다. 그들은 이웃에 있는 다른 병원으로 가서 다른 기계를 가져왔습니다. 결국엔 '아, 우리는 이해할 수 없지만 부인의 혈당은 정상입니다.'라고 하더군요. 하나님이 저를 고치셨어요." 그녀는 햄포드의 회합에서 그런 것을 나누었다. 한편 그들은 안면 근육이 마비가 된 침례교 목사를 데리고 왔다. 그에게 "이발사의 말씀을 들으면 나을 거예요."라고 하면서 말이다. 내가 말씀을 전하기 시작했을 때 그녀가 내 앞으로 걸어 나왔다. "나는 선생님이 행하고 있는 동일한 기름부음을 원합니다. 예수님을 위하여 선생님이 하시는 일과 같은 일을 하고 싶습니다." 나는 그녀를 바라보고 서서 "성령께서 부인 안에서 운행하고 계십니다."라고 말했다. 그 때 갑자기 그녀가 예언을 하기 시작했다. 그녀는 오순절파였고 조금 목소리가 컸다. 그녀가 예언을 하기 시작하자 이 침례교 목사가 뛰어 일어났다. 그는 달려갈 태세였다. 그의 아내가 그의 옷자락을 붙들어 끌어 앉혔다. 그리고 이 부인이 해석을 하기 시작했다. "여기에는 목이 곧은 사람들이 가득 있다. 그렇지만 나는 내 종을 여기에 보냈다. 오늘 밤 이 모임에서 앞으로 나오는 사람은 누구든지 고침을 받을 것이요 구원을 받을 것이다." 그 날 온갖 종류의 기적이 일어났다. 캘리포니아 주의 실마에서 온 어떤 미용사는 이 부인이 이런 말을 하자마자 앞으로 나왔다. 나는 그녀를 위해 기도하였는데, 그녀는 신장에 문제가 있었다. 또 다른 부인은 암에서 고침을 받았다. 암 환자 곁에 서있던 어떤 사람들은 나중에 말하길 자기네도 고침을 받았다고 했다. 기도를 받으러 앞으로 나온 사람들은 모두 살아있는 하나님의 힘에 의해 해방되었다.

캘리포니아 주의 마데라 출신의 친구가 있었다. 그와 그의 아내는 베이스 레이크로 가서 우울증을 앓고 있는 친구 하나를 차에 태우고 왔다. 그는 홀로 뒷쪽에 앉아 있었다. 그는 이 모든 사람들이 해방되는 것을 보았고 주님의 말씀을 들었다. 그리고 주님이 말씀하시길 "네가 앞으로 나온다면 이 방의 모든 사람들은 고침을 받을 것이다."라고 하셨다. 나는 그런 일이 일어나는 것을 경험한 적이 없었다. 그 남자는 나오려 하지 않았다. 사람들이 일어나라고 애걸하였지만 그는 자기 자리에서 일어나지 않았다. 주님도 내가 뒤로 가게 허락지 않았다. 거기에 한 여자가 있었다. 나에게 지식의 말씀이 임했다. 나는 "여기 사랑하는 사람을 잃고 슬픔에 빠져 있는 사람이 있습니다. 딸이 주님 곁에 갔을 때 나이는 열여덟 살이었습니다."라고 말했다. 이 여자는 울기 시작했다. 그녀는 달려 나와 내 어깨에 머리를 기댔다. 나는 그녀를 위해 기도하고는 나와 함께 사역하고 있는 부인들 중의 한 사람에게 그녀를 넘겼다. "이제 슬픔을 내려놓을 때가 되었습니다. 부인은 너무 오래 그 짐을 지고 왔습니다. 이제 주님과 함께 살아가야 할 때라고 말씀하십니다. 부인의 사랑하는 자는 주님 곁에 있습니다." 그녀는 나중에 말하길 굉장한 평안을 느꼈다고 했다.

척 플린이 어느 날 저녁 베이커스필드의 순복음 모임에서 말씀을 전했다. 오백 명은 족히 모였던 것 같다. 나는 그를 소개하고 나중에 헌금 위원을 할 예정이었기 때문에 통로 쪽에 앉으려고 뒷쪽으로 걸어가고 있었는데 어떤 남자가 내 어깨를 톡톡 쳤다. 그는 나보다 세 줄 쯤 뒤에 앉아 있었다. 그는 "내 아내에게 오셔서 기도해 주시겠어요?"라고 말했다. "아내의 엉덩이가 빠지질 않아요." "뭐라고요?" 그녀는 "이 의자에 앉아 있었는데 어떻게 이 의자에서 일어나 나갈 수 있는지를 모르겠어요. 내 엉덩이는 완전히 끼었어요. 죽을 지경이에요. 저를 위해 기도해 주세요!"라고 말했다. "주님, 어떻게 하고 싶으세요?"라고 물었을 때 나는 그녀 앞에 무릎을 꿇어야겠다는 생각이 들었다. 척 플린이 말씀을 전하기 시작했을 때 사람들은 내가 무엇을 하려는지 궁금해 하면서 내 쪽을 보았다. 나는 내 두 손을 그녀의 엉덩이 위에 얹어 놓았다. 두 손 사이에서 전류가 앞뒤로 흘렀다. 그녀의 얼굴이 빛났다. "하나님을 찬양합니다. 하나님을 찬양합니다. 이제 움직일 수 있어요." 다음날 아침 조찬 모임 전에 기도하면서 주차장 주위를 걷고 있을 때 친구 하나가 와서 전했다. "그 부인이 말하길 자네가 자기한테 무슨 일을 했는지 모를 거라고 하더군. 그녀가 움직이지 못할 때 그녀는 자기가 휠체어에 앉아 있는 모습, 그리고 그 모임에서 사람들이 자기를 들것에 실어서 나가는 모습만 떠올랐다네. 어떻게 해야 할지 전혀 몰랐다더군." 이것은 하나님이 하신 일이다. 하나님이 모든 영광을 받으소서!

예수 그리스도의 이름으로 귀신을 쫓다

내게는 나와 내 아내를 입양(영적으로)한 친구가 있는데, 나도 그녀를 입양했다. 그녀의 이름은 도나 쉐이퍼이다. 그녀는 아내가 소천하기 직전 몇 개월 간 우리 부부에게 큰 도움이 되어 주었다. 그녀는 구원이 필요한 여성들을 우리 집으로 데리고 왔다. 몇 주에 걸쳐 연속적으로 세 여자가 왔는데, 그들은 "축사가 필요합니다."라고 말했다. 그들에게 기름을 바르고 "이제 구원 받았습니다."라고 말하자 그들은 바닥에 쓰러져서 8분 내지 10분 정도 이리저리 굴렀다. 일어났을 때 그들의 눈이 맑아졌고 뺨은 불그레해졌으며 완전히 해방되었다. 나는 보통 축사할 때 많은 어려움을 겪곤 했지만 주님은 "네가 해야 할 일은 말씀을 전하는 것이다."라고 말씀하셨다. 그래서 나는 이렇게 말했다. "주님께서 말씀하신 대로 행합니다. 주님은 '말씀을 전하라.' 고 하셨고 저는 '이제 구원 받았습니다.' 라고 말합니다." 그들은 일어났고, 완전히 자유로워졌다! 우리는 하나님께 모든 영광을 돌린다. 주님이 임하시면 시간 걸릴 일이 없다. 그분의 임재는 여기 이 집에 임하고 있다. 나는 그분께 모든 영광을 돌린다!

방금 내 영 안에서 떠오른 것이 있어서 독자들과 나누고 싶다. "죄의 무거운 짐은 십자가 앞에 죄를 내려놓지 않은 사람들을 결국 짓밟을 것이다." "하나님이 하늘에서 너를 위한 공간을 마련해 주시길 원한다면, 너의 마음속에 그분을 위한 공간을 마련해야 한다." "네가 있는 곳에서 너의 빛이 빛나길 원치 않는다면, 하나님이 어느 다른 곳에서 너를 사용하시리라고 기대하지 마라."

누구나 자녀들에 대해 부담을 가지고 있을 것이다. 그래서 부모들이, 특히 어머니들이 자녀들을 위해 주장할 수 있는 성경구절들을 여기에 소개하겠다.

시 34:11   너희 소자들아 와서 내게 들으라 내가 여호와를 경외함을 너희에게 가르치리로다

사 54:13   네 모든 자녀는 여호와의 교훈을 받을 것이니 네 자녀는 크게 평강할 것이며

사 54:17   무릇 너를 치려고 제조된 기계가 날카롭지 못할 것이라 무릇 일어나 너를 대적하여 송사하는 혀는 네게 정죄를 당하리니 이는 여호와의 종들의 기업이요 이는 그들이 내게서 얻은 의니라 여호와의 말이니라

시 129:4   여호와께서는 의로우사 악인의 줄을 끊으셨도다

사 59:21	여호와께서 또 가라사대 내가 그들과 세운 나의 언약이 이러하니 곧 네 위에 있는 나의 신과 네 입에 둔 나의 말이 이제부터 영영토록 네 입에서와 네 후손의 입에서와 네 후손의 입에서 떠나지 아니하리라 하시니라 여호와의 말씀이니라
시 91:1	지존자의 은밀한 곳에 거하는 자는 전능하신 자의 그늘 아래 거하리로다
시 91:2	내가 여호와를 가리켜 말하기를 저는 나의 피난처요, 나의 요새요, 나의 의뢰하는 하나님이라 하리니
시 91:3	이는 저가 너를 새 사냥군의 올무에서와 극한 염병에서 건지실 것임이로다
시 91:4	저가 너를 그 깃으로 덮으시리니 네가 그 날개 아래 피하리로다 그의 진실함은 방패와 손 방패가 되나니
시 91:5	너는 밤에 놀램과 낮에 흐르는 살과
시 91:6	흑암 중에 행하는 염병과 백주에 황폐케 하는 파멸을 두려워 아니하리로다
시 91:7	천인이 네 곁에서, 만인이 네 우편에서 엎드러지나 이 재앙이 네게 가까이 못하리로다
시 91:8	오직 너는 목도하리니 악인의 보응이 네게 보이리로다
시 91:9	네가 말하기를 여호와는 나의 피난처시라 하고 지존자로 거처를 삼았으므로
시 91:10	화가 네게 미치지 못하며 재앙이 네 장막에 가까이 오지 못하리니
시 91:11	저가 너를 위하여 그 사자들을 명하사 네 모든 길에 너를 지키게 하심이라
시 91:12	저희가 그 손으로 너를 붙들어 발이 돌에 부딪히지 않게 하리로다
시 91:13	네가 사자와 독사를 밟으며 젊은 사자와 뱀을 발로 누르리로다
시 91:14	하나님이 가라사대 저가 나를 사랑한즉 내가 저를 건지리라 저가 내 이름을 안즉 내가 저를 높이리라

시 91:15   저가 내게 간구하리니 내가 응답하리라 저희 환난 때에 내가 저와
          함께하여 저를 건지고 영화롭게 하리라

시 91:16   내가 장수함으로 저를 만족케 하며 나의 구원으로 보이리라
          하시도다

사 43:5   두려워 말라 내가 너와 함께 하여 네 자손을 동방에서부터 오게
          하며 서방에서부터 너를 모을 것이며

렘 49:11   네 고아들을 남겨 두라 내가 그들을 살려 두리라 네 과부들은 나를
          의지할 것이니라

사 49:22   나 주 여호와가 이르노라 내가 열방을 향하여 나의 손을 들고
          민족들을 향하여 나의 기호를 세울 것이라 그들이 네 아들들을
          품에 안고 네 딸들을 어깨에 메고 올 것이며

단 1:4   곧 흠이 없고 아름다우며 모든 재주를 통달하며 지식이 구비하며
          학문에 익숙하여 왕궁에 모실 만한 소년을 데려오게 하였고
          그들에게 갈대아 사람의 학문과 방언을 가르치게 하였고

단 1:17   하나님이 이 네 소년에게 지식을 얻게 하시며 모든 학문과 재주에
          명철하게 하신 이에 다니엘은 또 모든 이상과 몽조를 깨달아 알더라

요 6:37   아버지께서 내게 주시는 자는 다 내게로 올 것이요 내게 오는 자는
          내가 결코 내어 쫓지 아니하리라

행 2:39   이 약속은 너희와 너희 자녀와 모든 먼 데 사람 곧 주 우리 하나님
          이 얼마든지 부르시는 자들에게 하신 것이라 하고

          결혼생활을 위하여
렘 32:39   내가 그들에게 한 마음과 한 도를 주어 자기들과 자기 후손의 복을
          위하여 항상 나를 경외하게 하고

          화해를 위해
골 1:20   그의 십자가의 피로 화평을 이루사 만물 곧 땅에 있는 것들이나
          하늘에 있는 것들을 그로 말미암아 자기와 화목케 되기를
          기뻐하심이라

렘 31:16   나 여호와가 이같이 말하노라 네 소리를 금하여 울지 말며 네 눈을

금하여 눈물을 흘리지 말라 네 일에 갚음을 받을 것인즉 그들이
그 대적의 땅에서 돌아오리라 여호와의 말이니라

렘 31:17　나 여호와가 말하노라 너의 최후에 소망이 있을 것이라 너의
자녀가 자기들의 경내로 돌아오리라

찬양과 예배는 무엇인가?

찬양은 우리의 눈을 전쟁터에서 돌려 승리를 바라볼 수 있게 한다. 우리가 하나님과 함께 중보할 때 하나님의 구원의 경제학에 참여하는 것이다. 기차가 터널을 통과할 때 어둡지만 티켓을 던지고 뛰어내릴 생각을 하는 사람은 없다. 승객들은 그대로 앉아서 기관사를 신뢰한다. 사람의 바쁜 하루는 하나님의 1분만큼도 가치가 없다. 기도가 당신의 자동차 핸들이나 스페어타이어인가? 하나님께 굴복하는 것이 우리가 해야 할 가장 분별 있는 일이다. 하나님이 자녀에게 제공하는 모든 은사들보다도 사랑이 우리의 문제를 해결하는 데 있어서 더욱 큰일을 한다. 사랑은 성령의 모든 열매 중에 가장 위대하다. 사랑이 첫째가는 것이다. 기독교는 그리스도이므로 그리스도인이 되고자 하는 자는 그분을 한 인격으로 받아들이고 따라야 한다. 그분만이 인간의 모든 필요를 충족시키실 수 있다. 만일 하나님에 대한 당신의 사랑을 좀 더 알고 싶다면 다른 동료들에게 대한 당신의 사랑을 점검해 보라. 다른 사람들에 대한 긍휼은 하나님에 대한 헌신도를 정확히 측정할 수 있는 계량기이다. 우리의 인격, 지상, 능력 등은 하나님 자신의 풍성한 손으로부터 온 선물이다. 만일 우리가 이런 것들을 우리 자신의 이기적인 이익을 위해서 쓴다면 우리는 이기심의 죄를 짓게 된다. 성경에 대한 지식은 풍성

하고 의미 있는 삶을 위해 필수적인 것이다. 왜냐하면 말씀에는 우리 삶의 변색된 색채를 보석같이 빛나게 바꾸어 줄 힘이 있기 때문이다. 감사, 그렇다. 하나님께서 우리에게 허락하신 복에 대해 무릎 꿇고 하나님께 감사하자. 물질적인 것이나 영적인 것이나 모두 하나님의 손으로부터 온 것이다. 모든 것을 하나님께 드리는 자는 아무 것도 잃을 것이 없다. 우리가 우리의 원수를 사랑할 때만큼 하나님의 사랑의 바다를 만나게 되는 때는 없다. 유혹이 문을 두드릴 때 나는 예수님께 문을 열어달라고 간구한다. 그렇게 하는 것이 안전하다. 우리가 근심할 때, 오늘의 힘과 함께 내일의 짐을 지고 가는 것이다. 우리가 계획을 세울 때 악마는 웃는다. 우리가 바쁘게 지낼 때 악마는 웃는다. 그렇지만 우리가 기도할 때 악마는 떤다.

성령께서는 내가 태프트의 거리를 걷게 하셨다. 성령께서는 나를 매일 새벽 4시에 깨우셨다. 나는 성령 안에서 기도하며 태프트 시를 한 시간씩 걷곤 했다. 3주일 동안 매일 아침 나는 주님께 여쭈었다. "주님, 주님은 에녹과 300년 동안 동행하였습니다. 주님과 에녹은 서로 무슨 이야기를 나누었습니까?" 나는 내가 걷기 시작하는 날부터 매일 아침 그 질문을 하였다. 어느 날 아침 주님께서 내게 말씀하셨다. "나의 말씀, 나의 말씀, 나의 말씀." 에녹이 주님께 이야기하고 그들이 같이 나눈 것은 바로 말씀이다. 하나님이 하시는 말씀에 순종해야 하는 것은 매우 중요하다. 야고보서 1장 22절에는 "너희는 도를 행하는 자가 되고 듣기만 하여 자신을 속이는 자가 되지 말라."고 나와 있다.

나는 3주 전에 카로 훈련 센터에서 오후 예배시 말씀을 전했다. 거기에는 50명쯤 참석하였다. 북가주의 랍비의 아내도 거기에 왔다.

내가 집에 도착하자 그녀와 그녀 남편이 내게 와서 3일 정도 함께 지내고 싶다는 메시지가 전화에 남겨져 있었다. 그녀는 발이 몹시 부어 있었는데 주님은 그것도 다루어 주셨다. 그녀의 남편은 폐에 문제가 있었고 신장에도 문제가 있었다. 그들이 떠날 때 그는 "짐이 벗겨진 느낌입니다. 우리가 여기 선생님 댁에 와서 사흘 간 지낼 수 있게 해 주신 것에 대해 감사드립니다. 언젠가 다시 오게 되길 바랍니다. 선생님이 바쁘신 줄 압니다만 선생님이 시간 있을 때에 전화하고 뵙겠습니다."라고 말했다. 주님께서 하신 일이다.

밥 다지는 마리코파의 원유채굴권을 소유하고 있는 사람인데 어느 날 내 얼굴이 표지에 나온 1986년 판 보이스 잡지를 들고 우리 이발소에 왔다. 그는 지금 막 필리핀에서 오는 참이었다. 그 곳 병원에서는 그의 손에 외과 수술을 했지만 더 이상 해 줄 수 있는 게 없다고 했다. 심한 관절염이 있어서 몸을 구부려 신발 끈을 묶지도 못하는 그를 위해 그의 아내가 그 일을 대신 해 주었다. 그는 청구서를 주머니에서 꺼내지도 못했고 자동차 점화장치에 열쇠를 넣고 돌리지도 못했다. "선생님은 저를 위해서 어떤 것을 하실 수 있으십니까?" "아무 것도 하지 못해요. 그렇지만 하실 수 있는 분을 압니다. 그분의 이름은 예수 그리스도지요." "음, 그분에 대해서 말씀해 주세요." 그래서 나는 이발소 의자 뒤에 선 채, 그에게 죄인의 기도를 하게끔 인도하였다. 그는 "이제 뭘 해야 하지요?"라고 물었다. "혹시 카세트 녹음기가 있습니까?" "네." "신약성경 테이프가 있나요?" "없어요." "이 근처 기독교 서점에 있는데 같이 갑시다. 하나 사세요. 그 테이프를 처음부터 끝까지 세 번 들으세요." 그는 그렇게 했고 6주 내지 8주 정도 후에 다시 왔다. "이제 뭘 할까요?" 나는 T. L. 오스본의 작은 책자에 있는 106개의 치유 성경 구절을 주었다. 그러자 그가 말했다. "나는 이 성경 구절을 모두 외웠어요. 밤에 잠자리에 들 때 자꾸자꾸 반복해서 읽었지요." 그가 하도 크게 성경 구절을 읽어대기 때문에 그의 아내는 다른 방으로 갈 수밖에 없었다고 한다. 그는 자기의 영 속에 그 구절들을 내려 보냈다. 우리가 말씀을 영 속에 내려 보낼 때 해방을 받게 된다. 그는 "어떤 날엔 말씀을 받고서 내 영이 너무 흥분하여 잠을 잘 수가 없었답니다."라고 말했다. 몇 주 후에 그가 또 왔다. "여기 좀 보세요!" 그는 하나님의 말씀을 너무나 많이 반복하여 읽다보니 자기 손을 머리 위로 올릴 수 있게 되었다. 몸을 구부려 자기 발끝을 만질 수도 있었다. "기분이 아주 좋습니다. 내 선박의 줄들을 감아올리는 것도 스스로 할 수 있게 되었어요. 내가 할 일을 대신하게 다른 사람을 고용할 필요가 없게 되었답니다." 나는 "하나님을 찬양합시다!"라고 말했다. 이것도 하나님이 하신 일이다. 예수님께서 모든 영광을 받으소서!

　　내 아내가 살아 있을 적에, 바소 로블스에서 부인 두 사람이 전화하여 혹시 나를 보러 가도 되겠느냐고 물었다. 그들이 도착했을 때 나는 로즈를 미용실에 데려가려는 참이었다. 나는 그들에게 자리에 앉으라고 하면서 금방 돌아오겠다고 말했다. 돌아와서 한 시간 반 정도 그들과 지냈는데, 그 중 하나는 목사 사모였고 좀 더 나이가 젊은 부인은 무릎에 깁스를 하고 있었다. 나는 그녀에게 깁스를 풀어버릴 수 있게 될 것이라고 말했다(나중에 그렇게 되었다고 들었다). 한편 아내와 내가 미용실에서 돌아왔을 때, 그들은 우리 소파에 누워 뒹굴며 웃고 있었다. 그들은 일어나서 떠나려고 해 보았지만 성령께서 웃음으로 그들을 쳐서 여태까지 웃고 있는 것이라고 했다. 아마 10분에서 15분 정도 계속 웃었던 것 같다. 웃음은 명약이다. 이것도 주님께서 하신 일이다. 주님께서는 멋진 일을 수없이 하신다. 하나님께 영광을 돌리자.

1년 전 쯤 나는 아로요 그랜드의 치유의 방에서 사역을 하고 있었다. 나는 변호사 친구와 함께 앉아 있었다. 그는 "제리, 오늘 밤 눈을 치유하는 기름부음이 있을 걸세."라고 말했다. 나는 "좋아, 나를 위해 기도해 주게."라고 말했다. 그 날 밤 그는 부인 네 사람을 기도해 주었는데, 그가 기도를 마치자마자 그들이 모두 안경을 벗는 것을 볼 수 있었다. 나도 안경을 벗어서 주머니에 넣었다. 그가 나를 위해 기도하기를 멈추었을 때 나는 성경을 들어서 예레미야서 33장 6절을 읽기 시작했다. 처음에는 약간 흐렸지만 계속 읽어나가자 차츰 분명해졌다. 1년 전의 일이다. 나는 이제 안경 처방도 필요 없으며 운전도 할 수 있다. 일흔 일곱의 나이에 말이다. 의사는 내 눈을 검사할 때마다 시력이 좋아지고 있다고 말하면서 믿지 못할 정도라고 한다.

몇 개월 전에 내 친구가 자기 여동생을 우리 집에 보냈다. 나는 앉아서 그 젊은 여자를 보았다(40대 중반 정도였다). 그녀는 신경 쇠약이 일어날 지경에 있었고 아주 무기력한 상태였다. 나는 그녀의 이야기를 10분 내지 15분 정도 들어주었다. 그런데 갑자기 성령이 그녀에게 내려오기 시작했다. 나는 성령께서 그녀의 불편한 부분에 조치를 취하시는 것을 보여주신 대로 그녀에게 이야기해 주기 시작했다. 어떤 때는 성령께서 드러내시고, 어떤 때는 지식의 말씀으로 드러내신다. 한 시간 반쯤 후에 안색이 달라지기 시작했다. 나는 그녀의 맞은편에 앉아 있었고 그녀에게 손을 얹지도 않았었다. 그녀는 너무나 놀랐다! 그녀는 그

일 후에 언니에게 전화하여 "나는 저분을 만나러 가기 전에 아주 무기력한 상태에 있었어. 그런데 지금은 완전히 자유로워졌어!"라고 말했다. 이것도 하나님이 하신 일이다. 나는 사람들에게 손을 얹지 않는다. 그냥 그들을 보면서 성령님께 무엇이 문제인지 보여 달라고 하거나 지식의 말씀, 분별의 말씀을 구하거나 또는 근본적인 원인이 무엇인지 보여 달라고 한다. 성령께 그들 위에 내려오시라고 간구하기도 한다. 이는 모두 성령께서 하시는 일이다. 모든 것이 그분이 하시는 일이고 내가 하는 일이 아니다. 우리는 그분이 우리를 통해서 일하실 수 있는 열린 통로만 되면 된다. 그분은 우리 모두를 사용하시길 원한다.

　　나는 최근에 우리 집에 수돗물의 연수 시스템을 설치하려고 배관공을 불렀다. 그는 템플턴에 살고 있었다. 그가 최근에 내게 전화를 하였다. 그의 아들이 농구를 하다가 무릎을 다쳤다는 것이다. 그는 아들을 우리 집에 데려오려고 하였지만 아들은 "아니에요. 주님이 여기서 나를 고쳐 주실 수 있으세요. 그 선생님께 전화로 기도해 달라고 해 보세요."라고 말했다. 그래서 우리는 기도를 하였고 그는 자기 아들에게 "우리가 기도했으니 이제 네 무릎이 다 나았다."라고 말했다. 그의 아들은 "아빠, 저도 알아요."라고 말했다. 그래서 그는 1부 농구리그에서 계속 경기를 하였다. 이것은 주님께서 하신 멋진 일 중 하나일 뿐이다. 그분께 거리는 상관이 없다. 하나님은 전화로도 응답하신다. 아무 문제가 없다.

치유의 기름부음이 부어질 때

얼마 전 순복음실업인회에서 어느 여인이 나에게 왔다. 그녀는 "선생님은 태프트에서 오신 이발사 선생님이시지요. 선생님은 10년 전에 파소 로블스에서 내 등을 위해서 기도해 주셨어요. 나는 등이 아주 심하게 아팠었죠. 선생님이 저를 위해 기도해 주신 이후에 등에 문제가 조금도 없었답니다. 선생님께 감사드리고 싶어요."라고 말했다. 나는 "아, 저는 아무 일도 하지 않았습니다."라고 말했다. "네, 저도 알아요, 주님께서 선생님을 사용하셨지요."

나는 최근에 베이커스필드에서 어떤 젊은 부인을 만났다. 그녀는 "선생님은 태프트에서 오신 이발사 선생님이시죠."라고 말했다. 나는 "네."라고 대답했다. 그녀는 "선생님은 저를 기억하지 못하실 거예요. 저는 여덟 살쯤 되었었지요. 선생님이 캄브리아의 재향군인 홀에서 말씀을 전하셨고 사람들에게 사역을 하고 계셨지요. 나는 사람들의 다리가 자라나는 것을 보았고 다른 치유도 많이 보았어요. 나는 그 날 본 모든 기적들을 사람들에게 계속 이야기했었는데, 드디어 선생님을 만나게 되었네요."라고 말했다. 그녀는 이제 24살이고 결혼하였지만 그 날 주님께서 행하신 모든 것을 기억하며 사람들에게 말했다고 한다. 그녀가 말하는 것을 듣고 사람들은 믿지 않는 경우도 많았지만 어쨌든 계속 말했다는 것이다. 그녀는 자기를 위해서 기도해 줄 수 있느냐고 물었다. 나는 "그것보다 더 좋은 일을 해 줄 수 있어요. 내가 행하고 있는 기름부음을 당신에게 전달해 줄게요."라고 말했다. 그녀의 남편은 나를 보면서 "선생님은 내 아내를 터뜨려버릴 거예요."라고 말했다. "아닙니다. 그녀가 다른 사람들을 터뜨릴 겁니다. 그녀는 악령을 폭파시킬 거예요. 주님이 그녀를 사용하실 겁니다." 그는 "음, 아내는 선생님이 하라고 하는 대로 할 거예요."라고 말했다.

 태프트의 목사 친구가 기억난다. 그는 80세의 노부인 엘시를 모시고 있었다. 그가 내게 전화했을 때, 그는 그녀를 병원에 모셔가려고 노력했으나 그녀가 가지 않으려고 했다고 했다. 그곳에 가보니 그녀는 죽음의 그림자가 드리워져 있는 것 같이 보였다. 나는 기도하기 시작했고 성령이 회복을 가져다주는 것을 보았다. 그 일이 있은 후 나는 집에 가서 그에게 전화를 걸어, "부인은 자네가 아침에 교회에 자기를 데려가 주길 원하고 있네."라고 말했다. "아니네, 그녀는 병원에 가야 해." "아니야, 부인은 많이 좋아졌고 자네가 와서 데려가 주길 바라고 있어." "사실 나는 정말 믿을 수 없네." "주님께서 부인을 위해서 창조적인 기적을 행하셨네. 내가 기도할 때 부인의 안색이 돌아왔다네. 전화해서 이야기해 보게." 그러나 그 노부인이 먼저 전화했기 때문에 그는 전화할 필요가 없었다고 나중에 말했다. 엘시는 성경 통독을 133번이나 했다고 말했다.

 내가 태프트에 살고 있을 때 어느 날 오후 젊은 부부로부터 전화를 받았다. 나는 아이가 비명을 지르는 것을 들을 수 있었다. 그들은 "제리 선생님, 오셔서 기도 좀 해 주시겠어요. 우리 아들이 소리 지르고 있어요. 우리는 기도하고 또 기도했지만 무엇이 잘못되었는지 모르겠어요."라고 말했다. "저에게 10분만 주세요. 제가 기도해 보고 전화하든가 가보겠습니다." 내 아내는 "가보는 게 좋을 듯해요. 가야 해요."라고 말했다. 그래서 우리는 차를 타고 갔다. 우리는 작은 남자 아이 소리를 밖에서도 들을 수 있었다. 우리가 들어가자 그 아이는 자기 엄마의 가슴을 때리고 있었다. 세 살쯤 된 아이였다. 나는 아이에게 기름을 바르고 주님께 근본적인 원인이 무엇인지 보여 달라고 간구했다. 그의 아버지는 소파에 앉아 자기 양손을 쥐어뜯고 있었다. 어떻게 해야 할지 알지 못했던 것이다. 나는 성경을 집어 들고 누가복음 9장을 읽기 시작했다. 내가 읽으면 읽을수록 아이는 더욱더 소리 질렀다. 내가 마지막 절을 읽자 갑자기 아이가 소리 지르던 것을 그만 두었다. 아이는 자기 엄마를 바라보았고 눈이 또렷해졌으며 악령으로부터 완전히 해방되었다. 시편 107편 13절에는 "이에 그들이 그 환난 중에 여호와께 부르짖으매 그 고통에서 구원하시되"라고 나와 있다. 20절에는 "그가 그 말씀을 보내어 그들을 고치시고 위험한 지경에서 건지시는도다."라고 나와 있다. 우리가 섬겨야 할 유일한 것은 하나님의 말씀이며 그리스도의 사랑이 그들을 해방시켜 주신다. 나는 사람들을 해방시켜 준 것이 바로 말씀이었던 경우를 여러 번 경험하였다. 하나님은 내게 "그들에게 내 말씀을 말하라."고 말씀하셨다. 제 정신이 아닌 경우에도 그들에게 말씀을 말하면 효과가 나타난다! 나는 아이의 아버지가 마리화나를 구입할 때 아이를 데리고 갔었다는 사실을 나중에 알게 되었다. 악마는 사람을 차별하지 않는다. 아버지가 잘못된 일을 할 때 악령이 그 아이에게 내려온 것이었다. 아버지는 다시 죄에 빠져 들었던 것이지만, 이제 하나님 나라로 들어가게 되었다. 마지막으로 그를 보았을 때 그는 주님을 섬기고 있었다. 그들을 해방시킨 것은 바로 말씀이었다. "저가 그 말씀을 보내어 저희를 고쳤다."

내 아내와 나는 어느 주말에 베이커스필드 변두리의 한 작은 교회에 초청을 받았다. 우리는 우연히 목사의 사모 뒤에 앉게 되었는데 예배가 끝나자 그녀는 몸을 돌려 자신을 소개하였다. 그녀는 "선생님, 선생님으로부터 기름부음이 나와서 내 어깨에 내려 왔어요. 나에게 몇 가지 문제가 있는데 우리 집에 오셔서 기도해 주시겠어요?"라고 말했다. 그래서 우리는 그 다음 토요일에 그 곳에 갔고 그녀를 섬겼다. 당시 그녀의 남편은 맞은편에 앉아 있었는데, 나는 그녀는 성령 충만하고 그는 그렇지 않다는 것을 알게 되었다. 주님은 그가 치명적인 대가를 치룰 중대한 결정을 하려고 한다는 것을 나에게 가르쳐 주셨다. 나는 곤경에 빠져 이러지도 저러지도 못할 처지에 놓였다. 어떻게 기도해야 할지도 몰랐다. 하지만 우리는 부인을 위해서 기도하였고 그녀는 많은 도움이 되었다고 말했다. 2주 후에 그녀의 남편은 교회를 사임하고 젊은 여인을 데리고 동부로 떠났다. 그녀는 이미 무슨 일이 일어날지 알고 있었고 그저 그것을 확인하게 된 것 뿐이었다. 때때로 주님은 우리에게 그러한 일을 보여주시지만 우리가 어떻게 표현할 말을 찾지 못할 때도 있다. 그렇지만 그 분은 아신다.

우리 이발소에 목사 사모 세 사람이 찾아온 적이 있는데 이들은 남편들에 대해서 원한을 품고 있다고 고백했다. 이들은 자신들의 잘못을 청산하고 성만찬을 다시 할 수 있기를 바랐다. 때로는 이런 것이 고해 성사처럼 느껴진다. 사제들이 어떻게 느낄지를 알 것 같다.

하루는 대형 교단 출신의 부인을 가게에서 만났다. 그녀는 "선생님이 우리 남편을 계속 섬겨 주셨으면 좋겠어요."라고 말했다. "남편이 누구신데요?" "선생님 이발소에 가서 늘 이발을 하는데요. 남편이 '거기 가서 설교를 또 들어야겠어.' 라고 말했어요." 나는 "다른 이발소에 다니시는지도 모르죠."라고 말했다. "아니에요. 그럴 리가 없어요. 남편은 폐기종이 있는데, '금연'인 이발소는 선생님 이발소 밖에 없거든요." 그녀가 소천하기 전에 나는 그녀의 남편에게 가서 복음을 전했다.

내가 잘 아는 레이라는 신사가 있었다. 그는 정유 회사의 CEO였고 파티 하는 것을 무척이나 좋아했다. 언젠가 그는 자기가 테네시 주에서는 아주 훌륭한 침례교도였다고 말했다. 사실 주님은 그를 본향으로 데려갈 준비가 되어 있었고 그에게는 2주 내지 3주 정도 살날이 남아있었다. 나는 어느 날 아침 그에게 면도를 해 주면서 주님에 대해서 나누기 시작했다. "영원을 어디서 보낼지 확실히 해야 할 때가 온 것 같지 않으세요?" "그전에 했던 것 같긴 한데요." "확실히 하는 게 좋겠어요." 결국 네 블록 떨어진 곳에 사는 친구 목사를 부른 우리는 함께 기도했고 그가 예수 안에서 안전하게 있음을 확인했다. 3주 후에 그 목사는 그의 장례식을 치러 주었다. 서쪽 지역에서 가장 성대한 장례식 중의 하나였다. 그와 또 다른 사람들이 영원에 들어가는 일에 한 역할을 담당할 수 있게 되어 하나님을 찬양한다.

콜로라도 스프링스에서 온 목사 부부가 있었다. 나는 그 여인과 암에 걸린 딸을 위해서 기도하고 있었고 그들은 나를 관찰하고 있었다. 사위는 등이 몹시 아팠는데 성령이 내려오는 것을 보았고 성령께서 그들 세 사람 모두를 해방시켜 주셨다. 성령께서 임재하실 때는 그냥 그렇게 된 것을 알게 된다. 세 사람 모두 깨달았고 곧이어 목사 사모가 속삭였다. "정말 놀라워요!" 그리고 목사는 "기름부음을 저에게도 전달해 주시겠어요?"라고 요청했다. "물론이죠. 주님께서 나에게 주신 것을 다른 이들에게 거저 주라고 말씀하셨거든요." 나는 내 엄지손가락을 그의 손바닥에 댔다. 곧 성령께서 그에게 내려오셨고 그는 쓰러졌다. 잠시 후 그가 일어서더니 말했다. "내 아내가 선생님 기도를 받고 싶어 합니다." 나는 대답했다. "주님께는 문제 될 것이 아무 것도 없어요." 그의 아내는 나를 봐오면서 믿음이 커졌다며 자신에게는 섬유조직염이 있다고 고백했다. 나는 용기를 북돋아 주었다. "아, 그런 병이 있으셔도 우리가 기도하기만 하면 사라질 거예요." "알겠어요. 그 말씀에 동의합니다. 나는 믿음으로는 카톨릭 신자인데, 사실 오순절파입니다." "사모님이 어떤 사람이든 주님께는 아무 문제가 안 된다는 것을 아실 거예요. 주님은 오셔서 묶인 자들을 해방시키십니다." 그녀는 웃었다. "제가 기도할 것이고 하나님께서 사모님을 해방시키실 것입니다. 하나님께 사모님을 성령의 CT촬영을 해 주십사고 간구해야 할 것 같은 강한 느낌이 와요. 하나님께 속하지 않은 것은 모두 제거해 달라고요." 그녀는 "주님, 성령의 CT촬영을 해 주셔서 당신께 속하지 않은 모든 것을 내 몸에서 제거해 주세요."라고 하며 웃기 시작했다. 우리는 주님이 그녀를 해방시켜 주셨음을 알았다. 우리는 이런 것들에게 어떻게 명령할 수 있는 권위를 가지고 있는지 잘 알지 못한다. 그러나 분명한 것은 그녀가 완전히 해방되었다는 사실이다. 그녀는 "주님께서 해 주신 일을 간증해야겠어요."라고 말했다. 단 한 분의 치유자, 그의 이름은 예수 그리스도이다. 그분은 오래 전에 내게 이렇게 말씀하셨다. "나는 사람들이 가지고 있는 문제보다 훨씬 크다는 것을 내 백성에게 말하라. 나를 신뢰하라고 말하라." 그분을 신뢰하는 것이 해결의 열쇠이다.

다섯 도시에 대하여 예언하다

얼마 전에 나는 이사야서 19장 18절에서 22절까지 읽었던 적 있는데 그것은 다섯 성읍에 관한 이야기이다. 어느 날 나는 다섯 도시의 길을 걷고 있었다. 주님은 내게 이 지역에 하나님 나라를 예언하라고 명하셨다. 주님은 나에게 3, 4년 간 그렇게 하도록 명하셨기 때문에, 걸으며 기도하였다. 8번가에 살고 있는 한 이웃이 나를 멈춰 세웠다. "제리 선생님, 기도 좀 해 주세요." 나는 바로 몇 분 전에 주님께 신령한 만남을 구했던 참이었다. 그녀는 "조카가 프레스노의 병원에 있어요. 뇌종양이 있어요."라고 말했다. "아닙니다. 그가 비록 뇌종양을 가지고 있었지만, 지금은 없습니다." 나는 병이 있는 사람들을 위해서 주님께서 주신 성경 말씀 몇 개를 주장하기 시작했다. 그리고 그녀에게 평화가 내려오는 것을 보았다. 다 잘 될 것이었다. 이것은 우리가 하나님께 신령한 만남을 주십사고 간구할 때 주님께서 우리를 위해 행하시는 일들 중 하나일 뿐이다. 사람들이 치유 받는 것은 멋진 일이지만, 더 좋은 것은 그들이 구원 받는 것을 보는 것이다.

어느 날 나는 주님께 여쭈었다. "이 아침에 주님께서 저에게 주시는 신령한 만남은 무엇인가요?" "네 이웃에게 가서 복음을 증거하기를 원한다." "그 노친네에게 24년간 증거했어요. 그는 폐품 처리장의 늙은 개처럼 고집스러워요." "가라, 내가 그의 마음을 준비시켜 놓았다." 그래서 그 곳으로 차를 몰고 갔다. 그는 산소통을 끼고 앉아 있었다. "건강이 정말 안 좋아 보이네요." "네, 숨을 쉴 수가 없고 심장이 아주 나쁜 상태에요." "기도해서 손해날 일은 없을 것 같군요." 그래서 나는 그의 심장을 위해 기도하기 시작했고 그는 산소통을 뗴었다. "많이 나아지기 시작했어요." "예수님께 삶의 주인이 되어 달라고 간구해야 해요. 이제 그럴 때가 되지 않았나요? 사모님은 하나님 나라에 있고, 장모님과 조카도 하나님 나라에 있지요." "그럴 거예요." 나는 죄인의 기도를 하게끔 그를 인도했다. 그 때 한 청년이 내가 시내에 오게 되면 자기 아버지와 형에게 와서 말씀을 전해 달라고 부탁했던 것이 기억이 났다. 그래서 그 집에 가서 짐과 그의 아들에게 말씀을 나누었고, 그날 두 사람 다 주님을 영접했다.

영혼이 구원 받고 하나님 나라에 들어가는 것을 보는 것은 하나님이 내게 맡기신 사명이다. 이것은 무엇을 아느냐의 문제가 아니라 누구를 아는가의 문제이다. 예수님을 아는 것은 가장 중요한 일이다. 금과 은과 멋진 자동차와 집을 갖는 것은 대수가 아니다. 예수님을 아는 것은 우리에게 가장 큰 평안을 가져다준다.

14년 간 태프트의 순복음실업인회의 회장으로 있는 동안 수많은 기적을 보았다. 어느 날 유명한 연사를 초청했는데, 그 때문인지 미리 오겠다고 한 인원보다 15명이 더 참석했다. 매니저는 "음식이 모자라겠는데요."라며 걱정했다. 나는 "충분할 거예요."라고 말했다. 좀 있다 주방장이 와서 "음식이 모자라요."라고 하기에 다시 말해주었다. "충분할 거예요." 그들이 서빙하고 난 후 뒤로 가보니 닭 조각 15개가 남아 있었다. 주님이 음식을 늘려주신 것이다. 그런 일을 적어도 두 번이나 본 적이 있다. 하나님과 함께 할 때는 작은 것도 많은 것이다. 그 일을 보면서 예수님이 생선 두 마리와 떡 다섯 개를 가지고 오천 명을 먹이신 일이 기억났다.

아내와 나는 베이커스필드에서 막 수술을 마친 한 친구를 방문했다. 주님께서 그녀를 만나봐야 한다는 강한 인상을 주셨기 때문이다. 그녀에게 기도해도 되겠느냐고 물었더니 "네."라고 대답했다. 그녀에게 손을 얹고 기도를 시작하자 그녀의 신장 하나가 멍이 들어 있는 것을 볼 수 있었다. 아주 검고 푸른 멍이었다. 알고 보니 수술을 받는 중에 상처를 입은 것이었다. 기도하는 도중에 신장은 막 뛰기 시작하고 피가 흘러 들어가기 시작했다. 그녀는 "제리 선생님, 이제 통증이 사라졌어요. 통증이 사라졌어요."라며 기뻐했다. 주님이 당신의 발걸음을 명하실 때 멋진 일이 일어난다. 주님이 모든 영광을 받으소서.

순복음실업인회의 대표인 친구 하나가 있다. 한 번은 그가 "제리, 내 아들을 위해서 기도해 주겠는가? 아들을 알코올 중독과 니코틴에서 구해 내어야 하네. 자네가 그를 보살필 수 있을 것 같네. 나는 아들 마음을 움직일 수가 없어."라고 말했다. 그래서 나는 그의 아들을 슈가 파인에서 열리는 멘즈 어드밴스 Men's Advance 라는 프로그램에 초대하였다. 거기에 있는 동안 그는 알코올 중독과 니코틴으로부터 구출되었고 성령 세례를 받았다. 두 달 반 후에 그는 주님 곁으로 갔다. 그는 그렇게 나이가 많은 것은 아니었고 아마 오십쯤이었던 것 같다. 그의 아버지는 그 일을 잊지 못했다. 나를 볼 때마다 나에게 감사한다. 기도할 기회가 생길 때 즉시 기도하라. 뒤로 미루지 마라. 같은 프로그램에 참석했던 남자가 있는데 내 아내의 동창생으로, 이름이 자비스였는데 그도 니코틴에서 구출되었다. 그가 집에 오기 전에 성령께서 그의 아내에게 집 안에 있는 모든 재떨이를 없애라고 강력하게 명하셨다. 그녀는 순종적이어서 주님이 명하신 대로 했다. 아니나 다를까 그가 집에 왔을 때 완전히 다른 사람이 되어 있었다. 주님이 하신 멋진 일이었다. 말씀에는 "네가 말하면 내가 들으리라."고 되어 있다. 그는 속삭이는 듯한 기도도 들으신다. 어떤 기도도 그분에게는 중요하다. 이것은 모두 그분에 관한 것이다. 그분은 흥하고 나는 쇠하리라.

베이커스필드에 사는 조우 리드라는 내 친구는 순복음실업인회의 스페인 회장이 되었다. 그는 당시 신장 이식이 필요한 상태였다. 나는 "하나님께서 사람 몸의 기관이 가득 차 있는 하늘의 창고를 보여주셨네."라고 말하고 나서 그와 함께 기도했다. 그는 이식할 필요가 없었다. 1년 뒤에 병원의 복도를 걸어가는데 그와 만났다. 그의 아내는 심장 발작을 일으켰다고 한다. 내 친구 데이비드와 나는 그녀의 병실에 들어가서 그녀를 위해서 기도했다. 나는 "당신은 72시간이 지나면 퇴원하게 될 것입니다."라고 말했다. 그들은 마치 외계인을 보듯이 나를 쳐다보았다. 나중에 그는 전화해서 그녀가 퇴원했고 그녀의 심장은 정상이 되었다고 말했다. 이것도 하나님이 하신 일이다.

나는 병원에 입원해 있는 친구를 보러 갔다. "카알, 여기서 뭐하고 있는 건가?" 그는 "나도 모르겠네."라고 했다. 나는 몸을 돌려 다른 침대에 있는 그의 친구에게 복음을 증거하기 시작했다. 그는 예수님을 그의 구세주로 영접하였다. 카알은 너무 흥분해서 "내가 여기 있는 이유가 자네가 이 친구를 주님께 인도할 수 있게 하기 위한 것이었네."라고 말했다. 주님이 그를 사용하고 또 나를 사용하여 자기 이웃을 하나님 나라로 인도했다는 사실에 대해 그는 너무나 감격하였다. 이것 또한 나의 발걸음을 주님께 맡길 때 너무나 자주 일어나는 하나님의 일이다.

잠언 16:9 하나님께 모든 영광을 돌린다.

조엘 올슨이라는 페인트공이 있었다. 그는 우리 이발소에 자주 오는 사람이었다. 나는 그에게 주님에 대해 말했다. 그는 AA익명의 알코올 중독자 회복모임: 역자 주의 회원이었고 나에게 그 모임에 대해서 많이 말해 주었다. 후에 장애인이 된 그는 결국 베이커스필드의 요양 병원에서 생을 마감했다. 나는 그곳에 갈 때마다 이발 기구를 가지고 가서 그의 머리를 잘라 주곤 했다. 그에게 일 년 넘게 복음 증거를 하고 나서야 예수님을 구세주로 영접시킬 수 있었다. 그는 하나님 나라에 있으며 언젠가는 나도 거기서 그를 만날 날이 올 것이다.

어느 날 우리 이발소에 청년이 한 사람 왔다. 열일곱 살인 그의 이름은 패트릭이었는데 해군에 입대할 예정이라고 했다. "패트릭, 해군에 입대할 거면 네가 취할 수 있는 모든 보호책을 갖추는 것이 좋을 거야. 나도 해군에 복무했었지. 예수님을 너의 구세주로 영접하도록 하렴." 내가 말하자 그는 "정말로요?"라고 대답했다. 그래서 나는 그에게 이야기하기 시작했고 이발이 끝나기 전에 죄인의 기도를 하도록 인도할 수가 있었다. 다음 주일에 우리는 교회의 세례용 물통을 데워서 그 청년에게 세례를 주었다. 거기에는 엄마와 함께 온 여덟 살짜리 남자아이가 있었다. 아이가 엄마에게 자기도 세례 받고 싶다고 말하는 것을 듣고 그 다음 주일에 다른 장로 중 한 사람에게 그를 세례 주도록 부탁했다.

패트릭이 해군에서 제대를 하였을 때 나를 찾아왔다. 그는 이렇게 말했다. "제가 받은 구원에 대해서 선생님께 감사하고 싶어요. 내가 군복무를 하는 동안에 그런 보호가 필요했기 때문이죠. 잊지 못할 거예요!" 그것도 주님께서 내가 어떤 역할을 하게 허락하신 하나님 일 중의 하나이다.

　　최근에 한 건설업자가 내가 다니는 교회로 찾아왔다. 그는 "저는 계속 공격받고 있는 것 같아요, 제리 선생님. 우리는 새 장비를 사서 한 달쯤 사용했어요. 지게차에 아무런 문제가 없었는데 갑자기 온갖 말썽이 생기고 있어요. 그 장비가 고장이 나고, 두 세 사람이 다치고 주택들은 팔리지 않고, 홍보하는 사람들도 한 채 밖에 팔지 못했어요."라고 말했다. 나는 "그 문제를 주님께 올려 드려 보았나요?"라고 물었다. 그는 "아니요, 그렇지만 제가 정말 노력하고 있어요."라고 대답했다. 나는 "제 생각에는 하루 일을 시작하기 전에 매일 아침에 성찬식을 하는 게 좋을 듯합니다."라고 말했다. 그는 오늘 아침 교회에서 간증을 하였다. "제리 선생님이 저에게 몇 가지 조언을 주셨어요. 그는 하루 일을 시작하기 전에 직장에 대해서 성찬식을 하고, 잠언 16장 3절에 따라서 일을 주님께 맡기라고 하셨습니다. '니의 행사를 여호와께 맡기라 그리하면 너의 경영하는 것이 이루리라' 라고 나와 있지요." 그는 또 말하길 "우리는 그렇게 하였고 우리가 성찬식을 하는 동안에 두 사람이 고침을 받았고 3주 안에 다섯 채를 팔았어요. 일은 180도 전환되었답니다."라고 했다. "꼭 한 달 동안 공격을 받았었어요." 우리가 근심을 주님께 굴려버릴 때 일어나는 일을 보라. 베드로 전서 5장 7절에는 "너희 염려를 다 주께 맡겨 버리라."고 나와 있다.

믿음으로 말씀을 붙잡을 때

　　나는 그리스에 10년 간 있었던 선교사를 만났다. 그는 내게 말하길 우리가 그 성경 구절을 오해하고 있다고 했다. 그는 "근심을 주님께 굴려 버리라고 해야 합니다."라고 말했다. 근심을 하나님께 "굴리는 것"이 근심을 그분께 "던지는 것"보다 더 쉬운 일이다. 굴리는 것은 "던지는 것"보다 힘이 덜 든다. 우리는 수없이 문제를 그분께 드리지만, 다시 가서 그것을 집어 오면서 그분은 그 문제를 담당할 수 없다고 생각한다. 우리는 "예수님, 문제를 당신께 맡길 수 있게 도와주소서."라고 말해야 한다. 분명히 효과가 있다!

아내가 하늘나라 가기 전에 나는 아내에게 우리 집과 같은 블록에 있는 사람들 모두에게 증거를 하겠다고 말했다. 내가 도저히 증거를 할 수 없었던 사람이 두 사람이 있었는데 한 사람은 내 바로 옆 집 사람이었고 또 하나는 한 집 건너 있는 사람이었다. 나는 "주님, 이 사람들이 이사 나가고, 제가 증거할 수 있게끔 그리스도인들이 들어오게 해 주세요."라고 기도했다. 아내는 "주님이 그 기도를 들어주실 것 같아요?"라고 말했다. 나는 "물론이지."라고 했다. 45일 동안 나는 주님이 그들을 이사 나가게 하고 그리스도인이 이사 오게 해 달라고 계속 기도했다. 45일쯤 되었을 때 아내는 "아직도 이루어지지 않았네요."라고 말했다. 나는 "이루어질 거야. 계속 기도하고 있으니까."라고 말했다. 45일째 되는 날도 나는 주님이 이 사람들을 내보내고 그리스도인이 이사 오게 기도하고 있었다. 우리 오른 쪽에 있는 집은 30만 불에 팔리고 한 집 건너 있는 집은 29만 불에 같은 날 팔렸고 두 집 다 그리스도인들이 이사 왔다. 하나님을 찬양한다! 우리가 기도할 때 마가복음 11장 24절에는 "그러므로 내가 너희에게 말하노니 무엇이든지 기도하고 구하는 것은 받은 줄로 믿으라 그리하면 너희에게 그대로 되리라."고 나와 있다. 주님은 "너희가 말하는 것을 가질 수 있다. 그런데 내 백성은 가지고 있는 것을 말하고 있다."라고 말씀하셨다. 얼마나 차이가 있는가? 마가복음 11장 25절은 "서서 기도할 때에 아무에게나 혐의가 있거든 용서하라 그리하여야 하늘에 계신 나의 아버지도 너희 허물을 사하여 주시리라 하시니라."고 말씀한다. 원망을 하는 누군가를 용서하지 않는다면 하나님 나라에 들어갈 수가 없는 것이다.

　어느 날 어느 부인으로부터 전화를 한 통 받았다. "제리 선생님, 저는 사람들에게 간증을 하려고 노력하면서 교회에 다니고 있었는데요. 한 사람이 소천하기 전에 그를 주님께 이끌려고 애썼어요. 그렇지만 그는 전혀 원치 않았지요. 그가 죽고 나서 이 죽음의 영이 나에게 덤벼들어 숨을 쉴 수가 없어요. 무엇인가가 나를 질식시키고 있어요. 남편 보고 기도해 달라고 했지만 선생님만큼 믿음이 많지 않고, 선생님이 지니고 있는 기름부음 만큼 기름부음이 있지 않거든요. 선생님이 저를 위해 기도해 주셔야 해요." 그녀를 위해 전화로 기도하기 시작하자 그녀의 목에 개구리 한 마리가 있는 것이 영의 눈으로 보였다. 그것이 그녀를 질식시키고 있었다. 나는 그것에 대해 권위를 갖고 그것과 죽음의 영을 묶어서 무력하게 만들었다. 그렇게 하고 있을 때 이발소 문이 열리면서 한 신사가 들어와서 앉았다. 그는 "형제여, 당신이 무엇을 하고 있는지 알지 못하지만 당신에게 동의하고 당신의 사역에 동참하기 위해서 여기에 왔소."라고 말했다. 그는 팔을 공중에 들어 올렸다. 나는 여전히 전화에 대고 기도하고 있었고 동시에 그를 쳐다보고 있었다(우리 이발소에는 더블 미러가 있다). 이 부인을 위해서 기도하고 있는 중에 개구리가 사라지는 것을 보았다. 나는 "부인은 해방되었어요, 해방되었어요!"라고 말했다. 그녀는 "네, 이제 정상적으로 숨을 쉴 수가 있네요."라고 말했다.

나는 몸을 돌려 그 신사의 이발을 하였다. 그는 우리 창문에 있는 표지에 대해서 말을 하였고 우리는 그것에 대해서 이야기를 했다. 그는 평범하게 보이는 60대 노인이었다. 그는 내게 이발비를 냈고 나는 그 돈을 서랍에 넣었다. 어깨 너머로 보니 그는 가게를 걸어 나갔고 커브를 돌아가고는 사라져버렸다. 주차장은 텅 비어 있었다. 그가 그토록 빨리 가버릴 공간이 없었는데… 천사일 수밖에 없었다.

어느 날 새벽 2시에 주님이 나를 깨웠다(나는 2시부터 4시에 일어나 기도하곤 했다). 성령께서 "히브리서 13장, 히브리서 13장"이라고 말씀하셨다. 그래서 히브리서 13장을 자세히 읽었다. 두 번째 읽을 때 2절이 갑자기 튀어올랐다. 3cm 정도의 높이로. 2절은 "손님 대접하기를 잊지 말라 이로써 부지중에 천사들을 대접한 이들이 있었느니라."라는 말씀이다. 나는 "주님, 천사를 대접할 때 항상 알아차리게 해 주세요."라고 말했다. 이것은 하나님이 하신 일이고 나는 그분께 모든 영광을 돌린다!

어머니는 자신의 천사들과의 경험이 몇 번 있었고 보통의 상태에서 천사를 보곤 하셨다. 우리에게는 모두 천사들이 있다. 내가 캘리포니아 주를 오르내리면서 말씀을 전하고 있을 때 사람들이 나에게 와서 이렇게 말하는 경우가 수없이 많았다. "선생님이 말씀을 전하고 계실 때 거대한 두 천사가 선생님 뒤에 서있는 것을 아시나요?" 그 사실은 주님이 함께 하시는 것이 틀림없다는 것을 말해주고 있다. 모든 영광을 그분께 돌린다!

믿음의 기도를 응답하시는 하나님

최근 몇 주간 동안 나는 다섯 도시의 거리를 걷고 있었다. 그로버 비치, 피스모, 오시아노, 셀 비치, 아로요 그랜드. 우리 집에서 멀지 않은 곳에 집이 한 채 있는데, 그 집 옆을 지나다 보니 개구리 형상이 있는 이무기돌 고딕 건축 따위에서 낙숫물받이로 만든 괴물 형상의 돌: 역자 주 이 그 집 현관에 소름끼치게 서 있었다. 그것을 볼 때면 불쾌한 느낌이 든다. 나는 내 친구에게 "저것을 저주할 거야. 우리 동네에 저런 것이 있다는 것을 참을 필요가 없어. 저건 다른 세상에서 온 거야. 악마적이야."라고 말했다. 나는 그것을 뿌리부터 저주했고, 말라버리라고 명령하였다. 다른 날 그 옆을 지나게 되었다. 내가 그 옆을 지나면서 저주한 이후 3주가 지난 때였다. 3일 동안 그 집 앞을 지나갔는데, 그것이 없어진 것을 알았다. 사실 집이 빈 것 같았다. 이사를 간 것이다. 우리가 하나님의 말씀을 말하고 어떤 일을 명할 때 어떤 권위를 우리가 가지고 있는지 알지 못한다. 욥기 22장 28절에 따르면 "네가 무엇을 경영하면 이루어질 것이요 네 길에 빛이 비취리라"라고 나와 있다. 하나님께는 불가능한 것이 아무 것도 없다.

나는 중보자 모임에서 몇 개월 전에 말씀을 전해 달라는 요청을 받았다. 그들은 와서 말씀을 나누어 달라고 했다. 예언적 기름부음을 받아 행하는 친구 두 명(예언자들이다)이 나와 함께 그곳에 참석하고 싶어했다. 모임이 끝난 후에 그들은 "오셔서 우리를 만나면 좋겠어요."라고 말했다. 그 중 한 친구는 뉴포트 비치에 살고 있었다. 몇 개월 후에 뉴포트 비치에 오라는 전화를 받았다. "정말요? 제가 왜 거기 오길 원하시죠?" "주님이 선생님한테 전화를 하라고 하셨어요. 선생님이 한 역할을 맡아 주셔야 해요. 지금 일고여덟 명의 다른 예언자들을 부르고 있어요. 여기 오셔야 해요." 나는 그곳으로 가면서 "주님, 왜 제가 가야 하지요? 그곳에서 할 역할이 무엇인가요? 이 사람들은 유명한 예언자들이에요. 나는 다윗이 양을 치고 있을 때 말한 것처럼 작은 자 중의 하나일 뿐입니다."라고 말씀드렸다. 주님은 "나의 군대의 장군 모임을 부르고 있다. 너는 그 중의 한 사람이다."라고 확인시켜 주셨다. 나는 "정말요?"라고 말했다. 그들은 나에게 예언을 하기 시작했다. 그들이 나에게 어떤 순위를 주었는지, 주님이 무엇을 주었는지 말하려고 하는 것이 아니다. 내가 자랑하는 듯이 보일지 모르기 때문이다. 나는 하나님께 영광을 돌리고 나를 낮추고 싶다. 그들은 내가 책을 쓰게 될 것이라고 예언을 하기 시작했다. 독자가 읽고 있는 이 책이 바로 그 책이다. 나는 하나님이 지난 30년 간 참여하게 하신 일을 나누고 있는 것이다. 그곳으로 가면서 나와 함께 차를 타고 가던 사람에게 말했다. "환상을 보는데, 온갖 방향에서 나에게 돈이 들어오는 환상을 봅니다. 내 주머니가 꽉 차는 환상이죠." 예언이 나오자 사람들은 일어나 나와서 내 주머니에 돈을 채워 주었다. 이것은 하나님이 하신 일이다. 나는 그 돈을 여행가방에 찔러 넣었다. 그 다음 날 그로버 비치로 돌아와서 그 돈을 세어 보았다. 현금과 수표가 모두 1290불이었다. 그런데 그들은 들어올 돈이 더 있다고 했다. 한 형제는 글을 쓰기 위한 컴퓨터와 다른 부품을 기증하겠다고 하였다. 내 딸은 자원봉사를 해 오고 있었는데, 내가 책을 써야 한다고 몇 년 동안 말했었다. 딸은 교사요 저술가이다. 이런 경험 이후로 수많은 다른 일들이 일어났는데 아마도 나는 그것들 중 몇 가지를 나누게 될 것 같다. 하나님은 수년 전에 일어난 일들을 나에게 주셨고 어떤 것들은 현재도 일어나고 있다. 그렇지만 그 모든 것이 합력할 것이다. 왜냐하면 하나님이 그것을 지휘하고 계시기 때문이다. 하나님이 모든 영광을 받으소서!

　　내가 아직 태프트에 살고 있을 때 베이커스필드에서 말씀을 전해 달라는 요청을 받았다. 토요일 저녁에 제일장로교회에서는 '성 누가의 섬김'이라는 시간을 가질 예정이었다. 대개 병자를 위해서 치유 기도를 해 줄 연사를 초대하곤 하였다. 목사는 그 모임 며칠 전에 나에게 전화해왔다. "선생님이 전하실 메시지의 제목은 무엇이죠?" "음, 성령께서 치유에 대해서 그리고 어떻게 그것을 행하는가에 대해서 말씀하라는 강한 인상을 받았어요." "아주 좋아요. 이곳 많은 교인들이 치유가 필요하지요." 그 곳에 도착했을 때 목사님은 다섯 명의 목사님과 한 명의 신교사, 그리고 찬양과 예배를 인도하는 그의 아내를 소개하였다. 나는 "주님, 도대체 제가 여기 왜 온 겁니까? 담임목사 외에도 목사가 다섯이나 있고, 저는 평신도일 뿐이에요. 어떻게 된 일이지요?"라고 말했다. 그들이 나를 소개하자 자리에서 일어났으며 내 손에는 가르칠 내용을 적은 메모지가 있었다. 그런데 그 때 성령께서 급히 말씀하시길, "너의 간증을 하였으면 좋겠구나."라고 하셨다. 나는 목사를 쳐다보면서 "목사님, 성령께서 오늘 저녁에 계획을 바꾸셨네요. 성령께서는 오늘 저녁에 나의 간증을 해야 한다고 말씀하시는데, 누군가가 그것과 관련이 있을 거라고 하시네요."라고 말하고 동의를 얻었다. 내가 말하기를 마쳤을 때 중국 홍콩에서 온 선교사의 아내가 나왔다. "우리 남편은 귀가 먹어 있어요. 그를 위해서 기도해 주실래요?" "물론이죠. 주님께는 문제될 일이 없어요." 그녀는 자기 남편에게 나오라고 손짓했다. 그는 나와서 내 앞에 섰다. "주님께서 선생님을 고쳐 주실 거라고 믿습니까?" "아, 네, 믿습니다." "자, 이제 보청기를 빼세요." 나는 내 손가락을 그의 귀에 넣고 귀머거리의 영을 묶고 그에게서 떠나라고 명령했다. 그의 귀가 열리고 정상적으로 들을 수 있게 말이다. 내가 그렇게 했을 때, 그도 그렇게 했고, 하나님도 그렇게 하셨다!

그가 보청기 없이 들을 수 있게 되자 갑자기 그의 아내가 흥분하였다. 그녀는 "홍콩에 언제 오시나요?"라고 물었다. 나는 "주님께서 문을 열기만 하신다면요. 주님이 문을 열지 않으시면 그 어느 곳에도 가지 않아요. 나는 문이 열리길 억지로 구하지 않아요. 주님은 내가 어디에 가야 하는지 알고 계세요. 주님이 문을 열면 나를 어느 곳에 가서 사역을 하게 하시든 간에 기사와 이적으로 나타내 보이시죠."라고 말했다. 그녀는 "선생님이 홍콩에 오실 수 있게 기도하겠어요."라고 말했다. "어디든 갈 수 있겠지만 성령의 인도하심에 따라 갈 수 있을 거예요." 나는 먼 거리를 여행하는 것을 좋아하지 않지만 주님께서 나를 해외로 보내신다면 필리핀 항공으로 가고 싶다고 주님께 말씀드렸다. 빌립은 그런 식으로 여행을 하였다. 그런 것이 그에게 좋다면 나에게도 좋을 것이다. Mr.오순절이라는 데이비드 두 플레시스는 나에게 성령의 능력으로 옮겨진 적이 있었다고 나에게 말해 주었고 애리조나의 빌 파이크도 그랬다고 했다. 하나님께는 모든 것이 가능하다. 나는 이 말세에 우리가 성령으로 운송될 것이라고 믿는다. 그렇게 다른 장소로 가서 사역하고 돌아오게 될 수 있을 것이다.

그 남자의 귀가 열리게 되자 30명에서 40명 정도가 줄을 섰다.

나는 그 사람들을 위해서 기도하였고 온갖 기적과 치유가 일어났다. 한 작은 부인은 82세였는데 아주 귀여웠다. 그녀는 앞으로 나와서 기도를 받고는 다시 돌아가서 줄을 섰다. 그녀는 "나는 한 번에 한 가지 밖에 기억을 못해요. 한 가지 이상 기도해 주실 수 있으세요?"라고 말하고는 3번이나 나왔다. 주님은 그녀가 필요로 하는 모든 것에서 해방시켜 주셨다. 하나님은 속삭이는 기도나 우리가 숨 쉬는 공기만큼이나 가까이 계신다. 그분은 "그의 이름을 부르는 모든 자"라고 말씀하였다. 예레미야 33장 3절은 "네가 알지 못하는 크고 비밀한 일을 네게 보이리라."고 나와 있고, 6절에는 "나는 너를 치료하는 주"라고 나와 있다.

모든 빚을 갚다

내가 주님을 처음 알게 된 때, 즉 내가 주님의 음성을 처음 들었을 때, 나는 23년 간 프리메이슨_{반기독교적인 비밀결사체: 역자 주}에 속해 있었다. 내 아내는 동방의 별단에 속해 있었다. 주님께서 나에게 명하신 첫 번째 일은 그것과 관계를 끊으라는 것이었다. 그래서 나와 아내는 즉시 끊었다. 2개월이 지나자, 주님은 "나는 네가 빚으로부터 벗어나길 바란다."고 말씀하셨다. 사실 그렇게 부채가 있는 것은 아니었다. 빚진 것은 우리 집에 대해 2천불(200만원) 뿐이었다. 3.25%인 GI_{퇴역군인들에게 낮은 이자로 대출해주는 것: 역자 주}대출을 받은 게 있었다. 70년 대 초였으니까 75불(7만5천원) 정도씩 내면 되었다. 나는 내려가서 은행에서 돈을 찾아서 다 갚았다. 은행 직원은 그냥 그 돈을 은행에 두라고 간청했다. 그는 "낮은 이자율로 쓰고 계셨고, 그 돈을 은행에 두시면 6%를 받을 수 있어요."

라고 말했다. 나는 "그렇지만 주님께서 나에게 부채로부터 벗어나라고 말씀하셨는데, 주택에 관한 이 빚만 내가 가진 유일한 빚이에요. 다 갚을 겁니다!"라고 말했다. 직원은 나를 설득해서 단념시키려고 무진 애를 썼다. 그렇지만 나는 주님의 음성을 들었고 그 음성에 순종하였다. 그 이래로 나는 빚을 져 본 일이 없다. 집값을 다 갚은 그 때가 1972년이었다. 우리는 그로버 비치에 아버지가 물려주신 집이 있었다. 1990년에 이곳으로 이사 왔다.

주님이 무엇인가 하라고 명하시면 나는 즉각 그 말씀대로 행한다. 나는 그 은행 직원이 작고하기 전까지 복음 증거를 하였다. 내가 아는 한, 그를 하나님 나라에 들어가게 하지 못한 것 같다. 그렇지만 나는 언젠가 그가 불꽃을 보고 주님의 이름을 불렀기를 기도한다. 주님은 내게 언젠가 이렇게 말씀하셨다. "그들이 불꽃을 보고 내 이름을 부르면 그들을 구원하겠다." 나는 그가 그분의 이름을 불렀기를 기도한다. 예수 그리스도를 알지 못하는 사람들이 있는가. 오늘이 구원의 날이다. 주님의 이름을 불러야 한다. 마지막 때에는 두 가지 구역이 있을 것이다. 흡연구역과 금연구역, 영원을 어느 곳에서 보내고 싶은가? 오늘은 그 결정을 내려 어린 양의 생명책에 이름이 기록되어 있는지를 알아야 할 날이다.

몇 년 전 이발소에서 일어났던 한 사건이 기억난다. 주님이 방금 기억나게 해 주셨다. 나는 바빴고, 밖은 무척이나 더웠다. 이발 중인 손님이 한 사람 있었고, 한 사람은 기다리고 있었다. 20대 초반 정도의 젊은 여인이 낡은 시보레 소형 트럭을 타고 왔는데 작은 남자 아기를 데리고 있었다. 또 다른 부인이 그녀와 함께 있었다. 그녀는 "선생님,

이발이 끝나면 내 친구를 위해서 기도해 주실 수 있으세요?"라고 말했다. 나는 "물론이죠, 들어와서 여기 뒷자리에 앉으세요. 여기는 냉방이 되고 있어요. 바깥은 너무 더워서 아기를 데리고 있을 수가 없지요."라고 말했다. 그래서 그들은 들어와서 뒷자리에 앉았다. 나는 두 신사의 이발을 끝내고 뒷자리로 가서 부인들에게 "뭘 해 드릴까요?"라고 말했다. 그러면서 가만 보니 아기를 안고 있는 젊은 여인에게 죽음의 그늘이 덮여 있는 것 같았다. 그녀는 "우리 교회에서 나를 위해서 기도해 주었지만 내가 무엇이 문제인지 모르고 있고, 의사들도 무엇이 잘못 되었는지 모르고 있어요. 누군가가 이발소에 가서 기도를 받아보라고 말해주던데요. 기도해 주시겠어요?"라고 말했다. 나는 주님께서 무엇을 하기 원하시는지 여쭈었다. 그리고 그녀의 심장에 판막이 잘못되었다는 강한 인상을 받았다. 그녀를 위해서 기도했더니 그녀의 안색이 바뀌는 것을 볼 수 있었다. 그 전에는 숨을 헐떡이고 너무니 힘이 없이 보였다. 그녀는 15분 내지 20분 정도 앉아 있었고, 우리는 함께 이야기를 나누었다. 그녀는 벌떡 일어나더니 "몸이 아주 좋아졌어요!"라고 말했다. 그들은 떠났고, 이튿날 그녀가 전화를 하였다. "집에 돌아왔을 때 나는 정상이 되어 있었답니다. 나는 그 날이 내 생애 마지막 날이 되는 줄 알았지요. 남편이 퇴근해 돌아왔을 때 페인트를 사와도 되겠다고 말했어요. 집 외벽을 페인트칠 할 수 있을 정도로 거뜬해요."

  4년 전에 이곳 K 마트에 갔었던 일이 기억난다. 나는 아내를 위해서 몇 가지 물건을 사려고 그곳에 갔었다. 한 여성이 나에게 말을 붙였다. "선생님, 기억하지 못하시겠지만 몇 년 전에 선생님 이발소에 가서 기도를 받은 적이 있어요. 나는 심장에 문제가 있었고 의사들도 아무 것도 해 줄 게 없다고 했었죠. 그렇지만 하나님께서 나를 고쳐 주셨어요. 그 날 이후로 의학적으로 내 몸이 나빴던 적이 전혀 없었다는 것을 말씀드리고 싶어요. 하나님께 영광을 돌립니다!" 이것도 예수님께서 내가 참여하도록 이끄신 일이다.

나는 베이커스필드의 순복음실업인회 총회의 임원이자 부회장이었다. 레이 브룩스가 언젠가 그곳에서 말씀을 전한 적이 있다. 그는 캘리포니아 전역에 유명한 강사였다. 그가 말씀 전하기를 마치고 사람들을 위해서 기도하기 시작했다. 우리는 앞으로 나갔고 사람들은 기도를 받기 위해 앞으로 나왔다. 어떤 때는 사람들이 임원들에게도 기도해 달라고 하기도 하였다. 한 여성이 앞으로 나와서 말했다. "나는 담배로부터 구원받았으면 좋겠어요." 내가 그녀의 이마에 손을 대는 순간 그녀가 바닥에 쾅하고 쓰러졌다. 나는 다른 사람들만큼이나 너무나 놀랐다. 내 옆에 있던 사람이 나를 보면서 "우리가 어떻게 한 거죠?"라고 말했다. 우리는 체중이 110kg쯤 나가는 그 부인을 일으켜 세웠다. 그녀는 "내 몸 속에 이제 니코틴이 하나도 없어요. 모두 떠나갔습니다. 나는 담배를 하도 많이 피워서 냄새 맡을 수 있었죠. 마치 내 털구멍에서 나오는 듯이 말이죠. 나는 완벽하게 구원받았어요. 아주 깨끗해진 것을 느껴요!"라고 말했다. 그녀가 바닥에 쓰러졌을 때 레이 브룩스에게 기도 받으려는 사람들의 줄이 길게 늘어서 있었는데, 갑자기 그들이 내 앞으로 왔다. 나는 무슨 일인지 영문을 몰랐다. 그렇지만 총회장인 론 베인스는 웃기 시작했다. 그는 "저들이 기름부음을 보았던 겁니다. 선생님이 기름부음을 가지고 있기 때문에 선생님 앞으로 온 거지요."라고 말했다. 심장 문제를 가지고 있던 여인은 그 딸들에게 이끌려 나왔다. 그들은 그녀가 바닥에 부딪히지 않게 그녀를 붙잡아야 했다. 하나님이 하신 일이다. 성령께서 이 모든 것을 하신 것이다. 론 베인스는 나를 볼 때마다 웃곤 했다. "주강사보다도 선생님에게 기름부음이 더 많이 임했어요." 하나님이 하신 일이다!

태프트에 살 때 나는 순복음실업인회 태프트 총회의 회장이었다. 그렇지만 조찬기도회를 베이커스필드에서 가졌다. 주님은 새벽 4시에 나를 깨우셨다. "네가 베이커스필드에 갔으면 좋겠다. 한 남자의 오른쪽 귀를 열어줄 것이다." 그래서 조찬기도회에 갔다. 모임 후에 그들은 사람들을 위해서 기도하기 시작했다. 러스 클라나한이 몇 사람을 위해서 기도할 예정이었다. 나는 "주님께서 오늘 새벽에 저를 깨우셔서 한 남자의 오른쪽 귀를 고치시겠다고 하셨어요."라고 말했다. 그는 한 걸음 뒤로 물러나면서 "이 남자를 위해서 기도해 주실 분이 바로 선생님이시네요."라고 했다. 거기에는 잘스라는 젊은이가 있었다. 나는 손가락을 그의 귀에 넣고 주님께 이 귀를 열어달라고 간구하였다. 그리고 손가락을 빼면서 "당신 귀는 세 번 펑 터질 것입니다. 오늘, 내일, 펑 터질 것이며 아마도 세 번째 터질 때 정상적으로 들을 수 있을 것입니다."라고 말했다. 정말 정확하게 그렇게 되었다. 그가 사흘 후에 내게 전화를 하였다. 그의 귀는 그날 저녁에 펑 터졌고, 주일날 아침에 터졌고, 월요일 아침 샤워를 하고 나올 때 세 번째로 터졌는데 그 다음 들을 수 있었다고 했다. 그 이후 그는 나를 볼 때마다 "완벽하게 들려요."라고 한다. 하나님이 하신 일이다.

아내가 병원에 있을 때 내 친구인 치과의사, 고든 박사가 그곳에 있었다. 그의 친구이자 보험 설계사인 스티브 케네디가 심장 발작을 일으켰다. 병원에서는 그의 혈압이 내려가야 UCLA 의료원에 항공편으로 그를 보내어 수술 받게 할 수 있겠다는 진단을 내렸다. 간호사는 "혈압이 내려가기 전까지는 그를 옮길 수 없어요."라고 말했다. 나는 고든 박사를 보았다. 그는 나에게 "그를 위해서 기도해 줄 목사가 주위에 있는지 알 수 있는가?"라고 물었다. "자네가 목사를 필요로 하는 건지 알지 못하지만 내가 그를 위해서 기도하겠네. 주님께는 문제될 것이 아무 것도 없네." 그렇게 말하고는 우리는 병실로 들어갔다. "스티브, 좀 어때요?" 내가 물었더니 그는 "지금 별로 좋지 않아요."라고 말했다. 나는 그를 위해서 피에 관한 성경구절을 주장하며 그에게 손을 얹고 기도했다. "주님, 주님은 베드로의 장모의 고열을 꾸짖으셨습니다. 나는 이 고혈압을 꾸짖고 정상이 되기를 명령한다." 그리고 그곳에서 나왔다. 5분 후에 병원에서 그를 항공기에 실어 LA로 보냈다. 간호사는 "내 평생 간호사 생활 중에 이렇게 혈압이 빨리 떨어지는 것을 본 적이 없어요. 저분에게는 특별한 뭔가가 있어요. 왜냐하면 나는 간호사이고 우리들은 그의 혈압을 낮추기 위해 무진 애를 썼었거든요. 그런데 저분이 기도하자 혈압이 떨어졌지요!"라고 말했다. 하나님께는 불가능한 일이란 없다. 주님이 주시리라 믿는 모든 것을 받을 수 있다.

  몇 년 전에 나는 주님과 언약을 맺었다. "주님, 성령께서 주라고 하시는 곳이 어디든지 간에 주겠습니다. 주님의 이름은 제 보통예금 계좌와 제 예금 계좌에 있습니다." 내가 어디를 가서 말씀을 전하든지 캘리포니아 주 전역을 나와 함께 다니는 친구가 있었다. 그는 헌금이나 사례금을 받는 대신에 "주님, 그들에게 이 돈이 필요하다면 다시 그들에게 되돌려 주겠습니다. 액수가 얼마이든 되돌려 주겠습니다."라고 말씀드리곤 했다. 시간이 흐르면서, 친구는 액수가 얼마이든 간에 그것을 돌려주곤 하였으며 꼭 그만큼의 돈을 나에게 주곤 하였다. 그 액수가 얼마인지 알지도 못한 채 말이다. 보통 우리가 여행을 마치고 태프트에 돌아오기 전에 베이커스필드에 그를 내려놓곤 하였다. 그가 "자네에게 수표를 써 주어야겠네."라고 말하면 나는 "그러지 말게나."라고 하고, 그는 "그렇게 해야겠네. 사역을 위해서"라고 말하곤 했다. 그는 나에게 500불(50만원) 혹은 3000불(300만원)의 수표를 써주곤 했는데, 나는 그 돈을 현금으로 바꾸어서 차 트렁크에 넣고 다니곤 했다. 나는 그 돈을 한 주 두 주 계속 가지고 다녔다. "주님, 잠언 16장 3절에 '너의 행사를 여호와께 맡기라 그리하면 너의 경영하는 것이 이루리라.' 고 되어 있습니다." 나는 매일 매일 그렇게 기도하였다. "이 돈이 어디로 가든지 그것은 주님의 돈입니다." 내가 그 돈을 누군가에게 주면 그 돈을 받은 사람의 뺨에 눈물이 주르륵 흘러내리는 것을 보았다. 주님이 나에게 가서 무엇인가 하라고 하면 나는 순종하여 가서 그 일을 했다. 나는 이런 이야기를 다른 누구에게도 나누지 않는다. 어떤 때는 아내와도 하지 않는다. 주님이 나에게 무엇인가 하라고 하셨는데 아내에게 말하면 아내가 이렇게 말할까 두렵다. "주님의 음성인지 확신하나요?" 우리가 의심이 조금 있는데 누군가가 그 의심을 말하면 우리는 두 세 사람에게 더 물어보게 된다. 그래서 나는 그렇게 하는 대신에 주님의 음성을 일단 들으면 주님께서 명하신 바를 가서 행한다. 나는 그것이 주님께로부터 온 것임을 알며, 결코 실패하는 일이 없었다.

09. 성령 안에서 행하기

나는 짐 세풀베다가 행하는 기름부음과 동일한 기름부음으로 행할 것이라는 예언을 받았었다. 그는 내가 그렇게 될 거라고 말해 주었다. 그의 친구도 나에게 그러한 예언을 하였다. 내가 스미스 위글스워스의 기름부음으로 행하리라는 예언이 있었다. 그것은 아주 겸손한 것이다. 또한 여호수아 기름부음, 요셉과 다니엘 기름부음으로도 행할 것이라는 예언이 있었는데, 이것은 꿈과 환상의 해석이다. 이것은 모두 예수님께서 하신 일이다. 예수님의 기름부음이지 나와는 아무 관계가 없는 것이다. 나는 항상 주님께 구하길, 주님은 흥하고 나는 쇠하게 해 달라고 한다. 하나님께 영광을 돌린다! 이렇게 책에 기록해 버리고 나면 아무도 그 영광을 차지할 수 없으리라! 나는 바울과 같다. 주님이 행하시는 일의 일부분을 맡는다 하더라도 나는 모든 이 중에 가장 작은 자라고 생각한다. 그렇지만 기꺼이 하나님이 자신을 사용하게 하는 자를 통해서 하나님은 일하고 싶어 하신다. 하나님을 찬양한다! 나는 로

마서 12장 1절부터 3절에 따라서 가장 합당한 예배로서 내 몸을 산제사로 드려왔다. 나는 그 분의 아들이 되고 싶을 뿐이다.

　　한때 나는 피스모 비치의 한 이발소 주인을 며칠 간 쉬게 해 주려고 그 이발소에서 일하고 있었다. 어느 날 아침 한 남자가 들어와서 이발소 의자에 앉았다. 그는 떨고 있었다. 나는 그에게 왜 그렇게 떨고 있느냐고 물었다. 그는 "아, 저는 파킨슨씨병에 걸려 있습니다."라고 말했다. 나는 "주님께 그 병을 가져가 달라고 간구한 적이 있습니까? 악마가 당신에게 준 것입니다. 선생님이 예수님을 개인의 구세주로 알게 되면 예수님이 그 병을 가져가실 수 있습니다. 주님이 선생님 안에 계시면 그런 쓰레기는 떠나게 되지요."라고 말했다. "저는 여호와의 증인이 되려고 아주 열심히 공부하고 있습니다." "하나님을 찬양합니다. 나는 기회가 있을 때마다 여호와를 증거합니다." 나는 이렇게 말했다. "그것을 주님께 드리기 원한다면 하나님께서 가져가실 겁니다. 그렇지만 우선 주님이 마음속에 오시도록 초대하여야 하고 삶의 주인이 되며 내 안에 살아계시도록 초대하여야 합니다. 제가 기도하겠고 하나님이 선생님을 구해 주실 겁니다." 그는 "정말요?"라고 말했다. 내가 "물론이죠."라고 답하자 그는 몇 초 동안 생각을 하였다. 그러더니 "네, 그렇게 하고 싶어요."라고 말했다. 그래서 나는 그에게 죄인의 기도를 하게 인도하였고 파킨슨씨병의 더러운 영을 꾸짖어 떠나라고 명하였다. 갑자기 그의 손의 떨림이 멈추었다. 그는 "이런! 정말 대단하군요!"라고 말했다. 그래서 그와 복음을 나누었다. 나는 "이제 가서 예수님이 선생님에게 행하신 일을 전하세요."라고 말했다. 그는 "네, 그렇게 할 거예요. 이제 더 이상 이런 병이 나에게 없다는 사실을 믿을 수가 없네요."

라고 말했다. "네, 예수님이 해 주신 일을 사람들에게 말하세요."

다른 신사가 거기에 앉아 있었다. 그는 신문을 읽으면서 이 일을 지켜보고 있었다. 나는 "선생님 차례입니다. 예수님을 개인의 구원자로 알고 계십니까?" 대답이 돌아왔다. "나는 은퇴한 카톨릭 사제입니다." 그래서 다시 말했다. "제가 묻고 있는 것은 그게 아닙니다." 하지만 그냥 그대로 두었다. 더 이상 말할 필요가 없을 것 같았다. 우리는 별로 이야기를 하지 않았다. 나는 그에게 이발을 해 주었고 그는 자리를 떠났다. 수년에 걸쳐 다양한 교단에 속한 많은 사람들에게 아내와 내가 언제 예수 그리스도를 개인적 구세주로 영접했느냐고 물으면 사람들은 '아, 교회에 30년 다녔어요. 주일학교 교사를 했어요. 이런 일을 했어요. 저런 일을 했어요.' 라고 말하곤 한다. 그러면 아내는 "그걸 묻고 있는 게 아닌데요. 언제 예수 그리스도와 인격적인 관계를 갖게 되었는지를 묻는 겁니다. 언제 그분을 삶의 주인으로 마음속에 모셔 들였나요?" 라고 말한다. 그래도 그들은 똑같이 위의 말들을 되풀이한다. 수년에 걸쳐 우리들은 교회의 의자를 따듯하게 데우고만 앉아 있을 뿐 예수님을 모르는 대형 교단의 사람들을 수없이 보아 왔다.

어느 날 한 남자가 걸어 들어왔다. 자기 등을 위해서 기도해 주길 원했다. 나는 "선생님, 등에는 아무 이상이 없습니다."라고 말했다. 그는 "네, 선생님 말씀이 맞습니다. 나는 여기서 일어나는 일들에 대해서 들어 보았기 때문에 점검을 하러 왔습니다."라고 말했다. 그는 자기 손가락으로 날 가리켰다. 그는 "선생님은 앞일을 내다보는 사람입니다. 선생님은 영적인 영역, 초자연적인 영역을 보실 수 있지요. 선생님은 원수가 무슨 일을 하기 전에 미리 알고 예방할 수 있지요."라고 말했다.

그는 나에게 예언을 하기 시작했고 주님의 이름으로 내가 할 일에 대해 말해 주었다. 그리고는 떠났다. 두 달 쯤 후에 그가 현관 계단에 나타났다. "주님께서 선생님 모임에 운전해서 모셔다 드리라고 하셨어요." 결국 나는 어느 곳에 말씀을 전하러 가더라도 가는 곳마다 그를 소개시켰고 간증을 하게 하였다. 곧이어 그는 말씀을 전해 달라는 전화를 받게 되었고 그러면 나는 그와 함께 가서 간증을 하기도 하였다.

우리는 그 같은 모임을 몇 번 하였는데 갑자기 주님께서 우리를 남쪽으로 가게 하시면서 그곳에서 해야 할 일들을 보여 주셨다. 주님은 닫혀져 있는 문을 여실 것이라고 했다. 그런데 최근에 그는 다시 남쪽으로 인도받는다고 느꼈다. 아주 가끔 그의 소식을 듣는데 주님께서 그의 발걸음을 인도하신다는 것을 나는 잘 알고 있다. 주님은 이처럼 나의 가는 길에 사람들을 보내 주신다. 그들은 한동안 여기 와서 지낸다. 나는 내가 가지고 있는 것들을 그들에게 임파테이션 해 주고, 그러면 그들은 나가서 자기들이 받은 것을 사람들에게 준다. 이것은 하나님이 하시는 일이다.

태프트의 우리 이발소에서 기도 모임을 하는 중에 구원과 치유, 기적, 축사가 일어났고, 이발소의 뒤쪽에 교회가 세워졌는데 그것을 '자비의 집'이라고 불렀다는 것을 깜빡 잊고 언급하지 못했던 것 같다. 그것은 주님께서 명하신 일들 중 하나일 뿐이었다. 순종하기만 하라. 성령께서 나에게 무엇인가 하라고 명하실 때마다 나는 행하였다. 주님이 모든 영광을 받으시길!

주님이 보여주신 환상들

아내가 주님 곁으로 간 2002년 7월 16일이 되기 며칠 전에 사람들은 우리 집 대문과 현관 사이의 차도에 와서 기도를 하였다. 성령께서는 그들을 차도에서 만나주신다고 그들이 내게 말해 주었다. 그들은 들어와서 울곤 하였고 아내의 침상 발치 쪽에 서서 기도해 주곤 하였다. 그들은 거대한 천사가 아내 옆에 서서 한없이 뺨에 눈물을 흘리며 그 눈물이 아내의 이마에 떨어지는 것을 보곤 하였다. 또 한 친구는 아내의 마지막 몇 달 동안 신선한 꽃을 매주마다 들고 왔다. 그는 큰 복이었다! 아내에게 그토록 큰 연민을 가지고 있었던 것이다. 많은 친구들과 친척들, 사랑하는 사람들이 와서 기도해 주었다. 한 친구는 와서 내 의자에 앉아서는 "오늘 밤 여기에서 자고 가도 되겠나?"라고 물었다. 그는 이 거실에 천사 열 넷이 있는 걸 보았다고 했다. 아내가 소천한 후에도 그는 와서 "천사들이 여전히 여기 있네. 나는 여기서 자네와 함께 하고 싶네."라고 말했다. 사람들은 지금도 이 거실에 온다. 나는 찬양 CD를 하루 종일, 일주일 내내 틀어 놓는다. 때로 나는 바닥에 얼굴을 대고 주님 앞에 있으면서 주님의 임재 안에 거할 수 있기를 간구한다. 나는 그분의 임재가 내려오는 것을 감지할 수 있다. 아내가 그분과 함께 있게 된 것으로 인해 하나님을 찬양한다. 아내가 더 이상 고통을 겪지 않아도 되기 때문이다. 아내는 눈물도 없고 상처도 없는 할렐루야 광장에서 즐거워하고 있다. 언젠가는 나도 아내를 만나게 될 것이다.

주님이 나에게 이런 환상을 주셨다. 최근에 나는 CD를 틀어놓은 채 거실 바닥에 누워 주님의 임재 안에 있었다. 내 영이 내 몸을 떠나는 것을 보았고, 영적인 영역으로 끌려 들어갔다. 내 영과 혼은 미합중국을 내려다보고 있었다. 내 곁에는 흰색의 다른 존재가 함께 가고 있었다. 이 환상에서 우리는 미국 전역에 있는 재향군인병원들을 방문하고 있었다. 우리는 병원의 벽 사이를 걸어갔는데 마치 떠다니는 것 같았다. 병원의 복도를 걸어가면서 환자들의 눈이나 귀가 교체되고, 팔다리가 교체되는 것을 보았다. 이런 사람들은 침대에서 일어나 앉아서 "내 옷이 어디 있지, 집에 가고 싶어"라고 말했다. "내 옷이 어디 있지, 집에 가고 싶어." 이런 장면이 계속 반복되었다. 세 시간 반 동안 나는 영 안에 올라가 있었다. 내 영이 내 몸 안으로 다시 돌아오는 것을 보았을 때 내 거실 바닥에는 눈물의 바다가 이루어져 있었다. 이 이야기를 나누어야겠다는 생각이 들었다. 우리는 이러한 일이 일어나는 것을 보게 될 것이다. 주님이 우리에게 무엇인가 보여주실 때에는 그 일을 행할 것이라는 뜻이다. 주님이 모든 영광을 받으시길!

나에게는 손녀딸이 둘 있는데, 큰 손녀는 힐러리이고 아주사퍼시픽대학에 다니고 있다. 그녀는 "할아버지, 저는 선교사가 되어 아프리카에 갈 거예요. 할아버지가 함께 가셨으면 좋겠어요."라고 말한다. 작은 손녀는 에슐리인데 열일곱 살이다. 그녀는 "할아버지, 몰몬 교도인 친구가 둘 있는데, 우리가 졸업하기 전에 그 친구들을 주님께 인도할 거예요."라고 말한다. 나는 선교의 마음을 가지고 있는 손녀들이 있어서 하나님을 찬양한다. 하나님이 그들에게 전도의 소명을 주셨으리라고 생각한다. 나는 그분께 손녀들에 대한 하나님의 뜻을 빨리 이루어 달라고 간구하고, 그들의 부모에 대한 하나님의 뜻도 빨리 이루어 달라고 예수의 이름으로 간구한다. 아멘.

주님이 막 기억나게 하신 한 사건을 떠올려 본다. 어느 날 오후 태프트에서 우리 부부는 거실에 앉아 있었다. 나는 아내를 보면서 "엘시 자매에 대해 생각해 본 일이 있소?"라고 말했다. 그녀는 혼자 사는 미망인인데 우리는 그녀를 차에 태우고 순복음실업인회 모임이나 교회, 혹은 그녀가 원하는 곳에 데려가곤 하였다. 혹은 그녀가 어디에 가고 싶어 하면 그녀의 차를 운전해 주곤 하였다. 우리가 그녀의 집으로 가려고 할 때 갑자기 성령께서 내게 말씀하셔서 나는 완전히 다른 지역, 곧 아이린 가로 가고 있었다. 아내는 "도대체 당신 어디로 가는 거예요? 뭐하고 있는 거예요?"라고 말했다. "나도 모르겠소. 내가 뭘 하는지. 그렇지만 성령께서 게리 테일러에게 가봐야 한다고 하신다오." 우리가 그 집에 도착했을 때 아내는 차 안에 앉아 있고, 나는 문을 두드렸다. 밖으로 나온 게리의 아내는 손에 전화기를 들고 있었다. "믿을 수가 없네요. 지금 막 선생님께 다이얼을 돌리고 있었는데, 문을 두드리시네요. 게리는 주물로 된 큰 목욕통을 들어 올리려다 바닥에 누워 있어요. 극심한 통증으로 구르면서요." 나는 "주님께서 우리의 발걸음을 인도하십니다."라고 말했다. 들어가 보니 그는 통증으로 몸을 비틀고 있었다. 나는 그를 위해서 기도하였고 그 통증을 꾸짖었다. 1분 반 쯤 지나자 그가 일어나 앉았고 방을 걸어 다니기 시작했다. "이제 통증이 사라졌어요!" 하나님은 우리의 발걸음을 명령하신다! 이것은 하나님이 하신 일이다. 나는 그와 같은 명령을 수없이 받아 보았다. 한 장소로 출발했다가 다른 곳으로 가게 되는 식으로 말이다. 때로는 병원에서 누군가를 주님께 인도하기도 한다. 그러므로 성령께서 말씀하시는 대로 순종하라! 나는 "주님, 무슨 일입니까?"라고 말하곤 한다. 그러면 주님은

"성령 안에서 행하라."고 하신다. 주님은 우리 모두가 성령께 주파수를 맞추기를 원한다. 주님이 가라는 대로 가고 말하라는 것을 말하며 행하라는 것을 행하는 것. 하나님께 영광을!

10. 행함으로

　　나의 간증이 나왔을 때 내 모습이 보이스 잡지의 커버에 실리게 되었는데 그것은 주님께로부터 온 큰 복이었다. 사람들이 그것을 읽기 시작하였다. 캘리포니아 산타 모니카에서 서너 명이 나에게 전화를 하였다. 그곳에서는 순복음 총회가 열리고 있었다. 나에게 전화하였던 소방관 생각이 난다. 그는 라디오에서 어느 목사의 말씀을 들어왔었는데 그 목사는 영의 세계에 열려 있지 않았기 때문에 성령에 거슬리는 말을 하고 방언을 하는 것에 대해서도 원수의 것이라고 말했다고 한다. 그는 "나는 등이 무척 아파요. 소방서 시험을 볼 예정인데 등이 너무 아파서 공부를 할 수가 없어요."라고 말했다. 그리고 그 목사가 방언에 대해 반대하며 말한다는 것을 이야기했다. 나는 그와 함께 복음을 나누며 "성령의 세례를 받고 싶은가요?"라고 물었다. 그는 "네, 정말 원해요."라고 대답했다. 그래서 나는 그에게 손을 얹었다. 그는 성령 세례를 받았고 그의 등은 동시에 고침을 받았다. 2주 후에 그가 전화를 하여 "친구

하나를 데리고 갈게요. 문제가 무엇인지 말씀드리지 않을게요. 주님께서 선생님에게 가르쳐 주실 테니까요."라고 말했다. 그들이 왔을 때 나는 이 친구에게 "당신은 위장 문제가 있군요. 아마도 궤양인 것 같습니다."라고 말했다. 그녀는 "네, 음식을 소화시키는 데 어려움이 있어요."라고 말했다. "주님께는 문제 될 것이 없어요. 당신에게 손을 얹고 기도해도 될까요?" "네." 즉시 긴장과 스트레스가 그녀의 얼굴로부터 빠져나가는 것을 보았다. 나는 "주님이 완전하게 당신을 해방시키셨어요."라고 말했다. 그녀는 "네, 몸에 아무 통증이 없어요."라고 말했다. "당신에게 또 다른 문제가 있군요. 당신 아들은 오른쪽 무릎에 문제가 있네요. 사고가 났었지요." "선생님이 어떻게 이런 것을 다 아시는지 알 수가 없군요. 그렇지만, 맞아요, 너무나 견디기 어려운 통증을 느끼고 있지요." "성령 안에서 알게 되었을 뿐이에요." 나는 그를 위해서 기도했고 더 이상 통증이 없을 것이라는 것을 믿었다.

최근에 카추마 레이크Cachuma Lake에 있는 지역 교회의 수련회에서 말씀을 전해달라는 요청을 받았다. 말씀을 전한 후에는 지식의 말씀을 받아 등이 아픈 사람이 여기 두 세 사람 있다고 말했다. 두 남자가 나와서 자기들은 등이 아픈데 20년 동안 기도했으며 의사에게도 가보았다고 했다. 나는 "저는 여러분을 위해서 기도하지 않았습니다. 제가 여러분을 위해서 기도하면 하나님이 여러분을 해방시키실 것입니다. 주님께서는 내가 20년 동안 앓던 등 문제에서 구원해 주셨거든요. 나는 등을 위해서 기도하면 고쳐지리라는 것을 믿어요."라고 말했다. 몇 주 전에 그 두 사람이 나에게 와서 "선생님의 믿음이 너무 커서 그 이래로 통증이 전혀 없답니다."라고 말했다.

캘리포니아 태프트에서 그로버 비치로 1994년에 이사를 하였다. 어느 주일 아침, 피스모에 있는 언덕 위의 나사렛 교회에서 주님을 예배하며 앉아 있을 때 내가 살고 있는 집에 대한 환상을 보게 되었다. 나는 사람들이 현관 앞 차도로 오는 것을 보았다. 주님은 그들이 차도로 와서 집에 들어오고 해방되는 것을 보여 주었다. 그들이 뭘 원했는지 상관이 없었다. 주님은 이 환상을 세 번 보여주셨다. 이것은 사람들이 우리 집에 올 때마다 늘 일어나는 일이었다. 어떤 때는 현관 앞 차도를 걸어 올 때 성령의 임재를 느끼고 어떤 때는 집에 들어올 때 그랬다. 사람들은 "이 집에는 평화가 있어요. 진짜 평화요."라고 말한다. 나는 앉아서 사람들을 본다. 성령이 그들에게 내려오기 시작한다. 나는 주님이 그들에게 내려앉는 것을 볼 수 있다. 그들에게 손을 얹지도 않은 적도 많다. 주님은 그들에게 무슨 문제가 있는지를 보여주신다. 나는 생명의 말씀을 그들에게 전하기 시작한다. 그러면 그들이 완전히 해방이 된다. 때로는 창조적인 기적이 일어난다. 그들이 뭘 원했든지 주님은 언제든지 사람들의 필요를 채워주신다.

최근에 우리는 만성 피로 증후군에 걸려 있는 모로 베이의 한 부인에게 사역을 한 적이 있다. 팀원 중의 하나인 미쉬와 또 다른 팀원인 셔릴 한이 나와 함께 갔다. 우리가 하나님의 말씀을 전하자 그녀가 해방되었고 그 결과로 그녀는 자기 어머니와 애리조나의 자기 친구에게 전화를 하여 그들도 해방되었다. 주님은 그녀에게 구타당하고 성추행을 당한 아동들을 위한 기관을 열어야겠다는 마음을 주셨다. 그녀는 소장과 위원 열 명을 고용하였다. 그리고 우리가 그 위원들에게 사역을 해주어야 한다고 주장했다. 이들은 모두 정부기관에 일하는 사람들에게서 호의를 사고 있었다. 위원회에는 목사도 한 명 있었고 몇몇 영향력 있는 사람이 있었다. 지난 밤 11월 3일이었는데 그녀의 10명 위원들이 우리 집에 왔다. 미쉬, 에밀리(그녀의 딸)와 나는 사역을 하기 시작했다. 우리는 합심 기도를 하였고 그 다음에 한 사람 한 사람에게 개별적으로 사역을 하기 시작하였다. 그들은 모두 해방되었다. 그 중 한 사람은 눈이 치유되었고 또 한 사람은 등의 문제가 없어졌다. 또 한 사람은 어깨의 문제가 없어졌다. 또 한 사람은 아주 어린 시절의 성추행 피해로 인해 깊은 상처가 있었는데 완전히 지워져 버렸다. 미쉬와 그녀의 딸은 계시의 은사로 사역하기 시작하였다. 이들은 그들의 건물, 이중문, 색채의 배합 등을 묘사하였다. 그들은 주님이 그들에게 보여주신 것을 믿을 수가 없었다. 그러고 나서 나는 각 사람에게 손을 얹었고 내가 행하고 있는 기름부음을 전달하였다. 주님은 주님이 내게 주신 것을 주어버리라고 말씀하셨었다. 이들은 어떻게 주님이 자기들의 사정을 다 아시는지 놀라워하였다. 나는 이 이야기를 나누고 싶을 뿐이다. 이것은 하나님이 하신 일이다. 주님이 모든 영광을 받으소서! 주님은 이런 멋진 일을 끊임없이 하신다. 나는 매일 이러한 거룩한 약속을 기대한다.

　　골레타에서 산타 마리아의 치료의 방으로 시어머니를 모시고 온 젊은 여인을 보살피고 있었다. 사역이 진행되고 있을 때 주님께서 이렇게 말씀하셨다. "내일 저녁 네가 초청강사로 초대 받은 집회에 이 여인과 남편을 초대하기를 원한다." 그래서 나는 그녀에게 초대를 하면 오겠느냐고 물었더니 그녀는 "남편이 올 것 같지가 않은데요."라고 말했다. 나는 "주님께서 당신과 남편을 초대하라고 하였으니, 주님이 그를 초대하는 것이면 남편의 마음도 준비시키실 거예요. 남편에게 오자고 하면 올 거예요."라고 말했다. 그녀는 "정말요?"라며 반신반의하는 눈치였다. 그렇게 하여 그들이 왔고 내가 간증을 한 후 사역의 시간 동안에 그를 보면서 "주님께서 당신에게 총명을 주실 겁니다."라고 말했다. 잠언 8장 12절은 "나 지혜는 명철로 주소를 삼으며"라고 되어 있다. 그래서 그는 흥분했다! 그 이후 나는 그녀를 두 세 번 보았다. 그녀는 그 날 밤 남편이 집에 가서 환상을 보았고 주님께서 남편에게 새로운 것을 발명하게 해주셨다고 말했다. 첫 번째 것은 완벽하게 끝냈고, 지금은 세 번째 것을 작업 중이라고 했다. 그는 자기 직업을 싫어하였는데, 그녀는 돈을 충분히 벌었으니 이제는 주님의 일에 드리겠다고 말했다. "선생님은 이런 것이 얼마나 축복인지 모르실 걸요!" 나는 "네, 그건 하나님이 하신 일이에요. 제가 아니고요."라고 말했다. 내게 있었던 두 세 번의 경우 잠언 18장 16절은 "사람의 선물은 그의 길을 넓게 하며 또 존귀한 자 앞으로 그를 인도하느니라."고 한다. 하나님이 모든 영광을 받으소서!

  침례교회에 다니면서 태프트에서 온 한 젊은 부인이 생각난다. 그녀는 상담을 받으러 두세 번 우리 집에 왔었다. 내 아내와 나는 우리에게 주시는 하나님의 말씀을 말하였다. 세 번째 온 후에 그녀는 "내가 뭘 얻을 것 같질 않군요."라고 말했다. 나는 "베이커스필드의 올리브 드라이브에 새 생명 크리스천센터의 기독 상담자로 일하는 친한 친구가 있어요. 약속을 잡아줄 테니, 그녀에게 가서 이야기해 보세요."라고 말했다. 이 상담자를 오랜 기간 알아왔는데 그녀는 성령의 은사로 사역하는 여자였다. 그녀는 거기에 가서 상담자와 두 시간 반을 이야기하였다. 그리고 집으로 가서 남편에게 말하기 전에 우리 집에 다시 왔다. 그녀는 "선생님께 말씀드릴 게 있어요. 그 여자 분은 선생님이 나에게 말씀하신 것과 정말 똑같은 말씀들을 나에게 주셨어요. 마침내 완전히 다 이해가 되었습니다."라고 말했다. 나는 "우리가 관심 가져야 할 것은 오직 하나님의 말씀과 그리스도의 사랑이라고 했었지요."라고 말했다. 마지막으로 그 부인에게서 소식을 들었을 때 그녀의 남편은 소천하였고 그녀는 재혼을 하였다고 했다. 그녀는 베이커스필드에 살며 다른 상담자가 은퇴한 그 교회의 기독 상담자로 일하고 있다. 이것은 하나님께서 하신 일이다.

내 아내는 태프트에서 베이비시터로 일하며 두 아이를 돌보았다. 아이들 엄마의 아버지는 돌아가셨고, 그녀는 뇌졸중이 일어난 어머니를 자기 집에 모셔와 도우미 한 사람을 고용하였다. 나는 내 아내를 데리고 그곳에 가서 아이 어머니가 출근하기 전에 아이를 돌보았다. 그녀는 "우리 어머니를 위해서 기도해 주세요."라고 말했다. 나는 그녀를 위해서 기도하였다. 이틀 후에 도우미가 나에게 전화를 해서 "선생님은 나를 해고당하게 하셨어요!"라고 말했다. "제가요?" "네, 선생님이 가서 그 부인을 위해서 기도하여서 그 부인이 다 나아 내가 더 이상 필요 없게 되었다고요." 이것 또한 하나님께서 하신 일이다.

지난 주말에, 내 친구인 짐과 루시 에일랜드가 태프트에서 와서 우리 집을 방문하였다. 나는 그들과 함께 기도하였다. 그녀는 자기 딸을 데리고 오고 싶다고 했다. 딸이 아기를 낳은 이후에 굉장히 멍하고 기운이 하나도 없고 아무 것도 하고 싶은 마음이 없는 상태라고 했다. 그래서 딸을 데리고 와서 기도 받게 하고 싶다는 것이었다. 마태복음 8

장에 보면 백부장은 예수님께 "다만 말씀으로만 하옵소서." 하였다. 우리는 그 딸을 위해서 여기서 기도를 하였다. 주님께는 거리는 문제되지 않는다. 그래서 나는 그녀의 손을 잡았다. 그녀를 위해서 기도하기 시작했고, 몇 가지를 결박했다. 성령께서 나에게 계시와 분별을 허락하실 때의 주님의 말씀에 따라서 했다. 그녀는 그 다음 날 나에게 전화를 하였다. 그들은 캠프장의 모터 홈여행·캠프용 주거 기능을 가진 자동차- 역자 주에 있었다. "제리, 태프트에 있는 딸에게 전화하였어요. 딸은 완전히 해방되었대요! 말씀이 효력이 있다고 하더니 당신은 말씀을 보냈어요. 당신이 기도하고 우리가 마음을 합하여 기도하였지요. 그녀는 일어난 일을 믿을 수가 없나 봐요!" "그렇게 하신 분은 하나님이시죠!"라고 나는 말했다. "네, 확실히 그래요." 그녀는 나에게 전화하여 나에게 감사하려고 하였지만 나는 하나님께 감사하고 싶다. 왜냐하면 그렇게 하신 분은 하나님이시기 때문이다. 우리가 하나님이 무엇이든지 주실 것이라고 믿으면 우리는 받는다!

한 건설 청부업자는 내게 전화를 해서 아침 식사를 함께 할 수 있는지 물었다. 나는 "저는 이미 아침을 먹었어요. 그렇지만 커피 한 잔은 할 수 있으니 우리 집으로 오세요."라고 말했다. 그는 경기가 좋지 않은데다 그 날 휴무라고 했다. 그가 우리 집에 와서 나는 두 시간 반 동안 그를 보살폈다. 그는 "기도실로 갔을 수도 있었는데 선생님과 시간을 좀 가져야 하겠다는 생각이 들었어요."라고 말했다. 성령께서 그 때 내게 내리셨다. 나는 성령께서 나에게 말씀하신 것을 그와 나누기 시작했다. 나는 그에게 성경을 집으라고 했고 성령께서 나에게 그를 위한 성경 구절을 주시기 시작했다. 두 시간 반 동안 나는 성령께서 나에게 주시는 성경 말씀을 그에게 주었다. 그가 그것을 읽기 시작했을 때 눈물이 뺨을 타고 흘러내렸다. 나는 "성령께서는 선생님에게 성경을 통해 말씀하시고 계십니다."라고 말했다. 그는 "네, 알고 있습니다."라고 대답했다. 이런 시간을 보낸 후 나는 그에게 손을 얹고 그를 위해서 기도하였다. 그는 "선생님은 내가 주님께 여쭈었던 모든 질문에 대해 대답해 주셨어요."라고 말했다. 이것 또한 하나님이 하신 일이다! 이러한 일들은 늘 일어난다. 주님은 그들을 보내겠고 그들을 돌보시겠다고 말씀하신다. 하나님께 영광을 돌린다!

  내가 오랫동안 알아오던 한 부인으로부터 찬양의 보고를 들었다. 그녀는 내 아내만큼이나 심한 관절염을 앓고 있었다. 몇 개월 전에 폭스 캐년으로 와서 그녀를 위해서 기도해 달라는 부탁을 받았다. 그곳은 퀘스타 그레이드에서 시작하여 산 루이스 오비스포 옆에 위치해 있었다. 나는 큐야마에 가서 사역을 할 때 함께 갔던 젊은이를 데리고 가서 그녀와 그녀의 남편을 위해서 기도했다. 나는 그녀에게 "이 관절염의 근본적인 원인을 보여 달라고 하나님께 여쭈시면 좋겠네요. 부인이 그분께 구하면 근본적인 원인이 무엇인지 보여주실 거라고 믿어요."라고 말했다. 주님께서는 문제의 근본적인 원인이 무엇인지 물어보라고 내게 말씀하셨다. 때로 그 원인은 치유를 받지 못하게 방해하는 마음을 묶는 영이라고 하신다. 나는 전화로 보고를 받았다. 그녀는 내게 찬양의 보고를 하기 시작하였다. "하나님을 찬양합니다, 제리 선생님! 나는 선생님이 내게 말씀하신 대로 했어요. 관절염의 근본 원인이 무엇인지 보여 달라고 주님께 요청하였고 주님은 그 근본 원인이 병이 드는 것에 대한 두려움을 가지고 있기 때문이라고 말씀하셨어요. 나는 이런 병을 수년 간 앓아 왔는데, 이제 두려움을 극복하였고 하나님의 치유가 내 몸에 나타나고 있어요. 하나님을 찬양하고 그분께 영광을 돌립니다!" 나는 "하나님을 찬양합니다! 나는 이런 보고를 좋아해요! 이렇게 하시는 것은 하나님이십니다. 하나님이 모든 영광을 받으소서! 아멘."이라고 답했다.

등과 뇌를 고치다

하나님을 찬양한다! 몇 개월 전에 이곳에서 내가 길러낸 젊은 예언자 중의 하나인 제리 히터가 오리건에서 왔다. 그가 2, 3분도 있기 전에 나는 "제리, 엉덩이 통증이 심하군."이라고 말했다. 그는 "네, 맞아요. 등도 무척 아파요. 어떻게 아셨어요?"라고 했다. 나는 "성령께서 보여주셨지."라고 말했다. "나도 선생님처럼 지식의 은사로 일하고 싶어요." "이 통증이 없어지게 자네를 위해 기도하고 싶네." 나는 그에게 손을 얹고 그를 위해서 기도하였다. 우리는 서너 시간을 함께 했다. 그는 오리건 주에 와서 일주일 간 사역을 해 달라고 했다. 주님께서 문을 여시면 갈 것이다. 나는 여러분과 주님께서 즉각적으로 응답하시는 그런 일들을 나누고 싶었다. 때를 얻든지 못 얻든지 말이다. 이사야서 65장 24절은 "그들이 부르기 전에 내가 응답하겠고 그들이 말을 마치기 전에 내가 들을 것이며"라고 되어 있다.

오늘 오후에는 치료의 방에 갔다. 나는 몇몇 사람들에게 사역을 하고 있었다. 그런데 캘리포니아 주 베이커스필드에서 한 목사가 왔다. 그는 세 번이나 뇌수술을 받은 젊은이 하나를 데리고 왔다. 우리는 그와 그의 아내를 위해서 기도하였다. 나는 그에 대한 환상을 보게 되었다. 나는 "당신은 그 휠체어에서 일어나게 될 것이고 복음을 전도하는 데에 쓰임받을 것입니다."라고 말했다. 그는 "네, 그것을 믿습니다. 그것이 내 소명이죠."라고 말했다. 나는 목사를 보면서 성령의 강한 이끌림을 받아서 이렇게 말했다. "목사님은 목사님이 갖고 계신 것을 이 젊은이에게 주시기 바랍니다. 목사님이 행하고 있는 기름부음을 그에게 전달하셔야 합니다. 목사님, 내가 행하고 있는 기름부음을 목사님께 전달해야 한다는 강한 감동을 받습니다. 내가 알지 못하는 목사님들도 나에게 내가 행하고 있는 것을 임파테이션 해 달라는 요청을 합니다. 이번에는 목사님께 전달해야 할 것 같은데요. 목사님, 원하세요?" "네, 원합니다. 나는 선생님이 43년 동안 태프트에서 이발소를 하시고 그곳에서 교회가 탄생했다고 하신 말씀을 들었습니다. 나는 태프트에서 일한 적이 있는데, 이발소에 들어오는 사람들에게 예언을 하는 이발사에 대해서 들은 적이 있습니다. 사람들을 위해서 기도해 주는 태프트의 이발사를 만나보고 싶었지요. 오늘 드디어 선생님을 만나게 되었네요." "하나님을 찬양합니다. 이렇게 된 것은 신령한 약속임에 틀림없어요. 손을 내밀어 보세요." 나는 그의 손바닥을 내 엄지손가락으로 눌러 내가 행하고 있는 기름부음을 그에게 전달하기 시작했다. 주님은 내가 그분의 이름으로 기적을 행하고 귀신과 악한 영을 내어 쫓으리라고, 대단한 치유의 기름부음이 있을 것이라고 하셨다. 해가 거듭될수록 기름부음은 더욱 강력해졌다. 하나님이 모든 영광을 받으소서!

그 목사님을 위해서 기도하기 시작했을 때 그의 뺨에 눈물이 흘러내리기 시작했다. "목사님, 목사님의 교회는 달라질 것입니다." "네,

알아요. 내가 얼마나 오랫동안 이런 종류의 기름부음을 주님께 간구해 왔는지 모르실 거예요." "이제 기름부음 안에서 행하게 될 거예요. 주님께서 목사님을 축복하시기 바랍니다!" 이것 또한 날마다 주님께서 마련하시는 신령한 약속들 중 하나이다. 주님이 모든 영광을 받으소서!

나는 오늘 아침에 로스 오소스의 부인으로부터 전화를 받았다. 지금은 오전 8시 30분이다. 그녀는 "선생님, 저를 위해서 기도해 주세요. 나는 독감에 걸려 있어요. 머리가 아프고 배에 타서 구르는 것처럼 위장이 뒤집히는 느낌이에요!"라고 말했다. 그래서 그녀를 위해서 기도해 주었다. 그녀는 토요일 저녁 8시 30분에 다시 전화를 하였다. "독감이 완전히 사라졌어요. 선생님이 기도하시자마자 나았어요. 하나님께 영광을 돌립니다!" 주님, 감사합니다!

캘리포니아 주의 코얼리 가에서 지진이 났을 때가 기억이 난다. 몇 년 전이었던 것 같은데 나는 태프트의 우리 이발소에서 마리코파에서 온 학교 교사의 머리를 자르고 있었던 중이었다. 우리 이발소에는 거울 위 선반에 병들이 놓여 있다. 그 병들이 흔들리고, 바닥은 마치 깊은 바다에서 흔들리는 배처럼 내 발 밑에서 오르락내리락 하기 시작했다. 이발소 의자가 막 돌아가고 모든 것이 오르락내리락 했다. 이 교사는 "지진이에요. 지진이에요!"라고 외쳤다. 나는 "네, 주님이 만드셨지요. 나는 이 지진에 대해 권위를 가지고 무력하게 만듭니다. 하나님께서 만드신 것을 이제 예수의 이름으로 책략을 그치기를 명하노라. 당장 멈추기를 명한다."라고 말했다. 옆에 있는 기독교서점의 작은 부인이 달려 들어오면서 말했다. "제리, 지진이 나고 있어요!" 의자에 앉아 있던 남자는 "네, 제리 선생님이 지금 명령하고 계세요!"라고 말했다. 그

당시 일이 다 기억이 나는데 지진이 갑자기 멈추었었다. 태프트에는 피해가 전혀 없었는데, 코얼리 가에는 피해가 많았다. 이런 이야기는 나눌 가치가 있는 것 같다.

11. 듣는 자와 행하는 자

래리라는 젊은이가 캘리포니아 주 산타 마리아의 치료의 방으로 목요일에 나를 찾아왔다. 그는 "선생님이 2주일 전에 제 친구 로셀라를 위해 기도해 주셨지요. 그녀는 다발성 경화증을 앓고 있었는데 이젠 흔적도 없게 되었답니다."라고 말했다. 나는 "하나님을 찬양합니다!"라고 했다. 그는 "그녀가 오늘 올 예정인데, 다시 한 번 그녀를 위해서 기도해 주시겠어요?"라고 말했다. 나는 "물론이죠."라고 대답했다. 그녀는 활기차게 들어왔다. 주님으로부터 오는 인도를 구하고 있었다. 주님은 그녀의 편지를 읽기 시작하셨다. 하나님이 모든 영광을 받으소서! 이것 또한 하나님이 하신 일이다. 하나님이 하시는 일을 듣는 여러분에게 축복 있기를 예수님의 이름으로 기도한다. 아멘.

남쪽에 살고 있는 내 친구가 지난주에 장인을 나에게 소개하였다. 나는 그를 보면서, "선생님은 혈액순환이 잘 되지 않는군요. 허리 아래에는 순환이 되지 않고 있어요."라고 말했다. "네, 선생님, 맞아요.

나는 양쪽 무릎을 교체하였어요." "선생님을 위해서 기도하고 싶군요. 주님께서는 몇 가지 혈액에 관한 성경구절을 주셨는데 혈액이 순환되기 시작할 거예요. 그분의 말씀은 이루어지지 않는 일이 없어요. 기도를 원하세요?" "아니요, 뭐 별로." 그의 딸은 "아버지는 당뇨병도 있으세요."라고 했다. 나는 "예전에 있었지요. 선생님, 이 성경 구절을 가지고 선생님을 위해 기도하고 싶습니다. 하나님의 말씀은 실패하는 일이 없습니다."라고 말했다. 그리고 어떤 혈액의 상태에 대해서도 에스겔 16장 6절을 주장하면 어떻게 되는지 하나님께서 나에게 분명히 말씀해 주신 것을 나누었다. 그를 위해서 그러한 성경구절을 인용하기 시작하자 그의 딸이 "기도해 주세요!"라고 말했다. 어떤 것에 대해서도 혈액에 관한 성경구절이 효과가 있다. 즉, 고혈압, 저혈압, 당뇨병, 백혈병, 출혈, 에이즈 등 어떤 종류의 혈액병에도 효과가 있다. 그런 성경구절을 인용하기 시작하자 근처에 앉아 있던 한 부인이 눈물을 흘리면서 다가왔다. "나는 아흔 두 살입니다. 선생님이 그 성경구절을 인용하기 시작하자 내 안에서 나의 영이 뛰어 올랐습니다. 스미스 위글스워쓰는 성경구절을 인용하곤 하였지요. 나는 에이미 셈플 맥퍼슨 하에서 구원받았어요. 나는 스미스 위글스워쓰를 압니다. 그 성경구절들을 써서 저에게 주실래요? 그 구절들이 필요해요." 예수님만이 그런 일을 하실 수 있다. 그분의 말씀은 실패하는 일이 없다.

 몇 년 전에 나는 클레어몬트에 있는 딸의 집을 방문했다. 딸과 함께 일하는 교사 친구가 있었는데 미스 호틀린이라는 사람이었다. 미스 호틀린은 신장 결석이 있어서 극심한 통증을 겪고 있었다. 그녀의 어머니는 롱비치에서 와 있었다. 딸은 내가 어디서 장을 보는지 알았기 때문에 와서 나를 데려갔다. 우리는 내 차로 20분을 달려서 그녀의 집에 갔다. 나는 들어가서 그녀에게 기름을 바르고 안수하였다. 그녀는 엄청난 통증에 시달리고 있었다. 나는 주님께 여쭈었다. "주님, 무엇을 하길 원하십니까?" 그렇지만 아무 말씀도 듣지 못했다. 주님은 나에게 아무 것도 말씀하지 않으셨다. 보통은 내가 누군가에게 기름을 부으면 성령께서 그 사람에게 무엇이 잘못되었는지를 정확하게 보여주신다. 그래서 나는 주머니에 있던 신약성경을 꺼냈다. 나는 시편 23편을 펼쳐서 읽기 시작했다. 나는 그들에게 "나의 평생에"라는 말을 반복하게 하였다. 시편의 끝 절에 도달하자 그 상황 위에 평화가 가득 내려왔다. 우리는 집으로 갔다. 그날 밤 새벽 2시에 그녀는 또 한 차례 극심한 통증 발작을 겪었지만 그녀의 어머니가 시편 23편을 다시 읽기 시작하자 평화가 내려왔다. 몇 개월 후에 그녀는 외과수술을 받았다. 그렇지만 하나님의 말씀은 하나님께서 말씀을 통하여 이루려 하시는 일을 행하지 못하는 경우가 결코 없다. 이사야서 55장 11절에 따라서 말이다. 야고보서 1장 22절은 "너희는 도를 행하는 자가 되고 듣기만 하여 자신을 속이는 자가 되지 말라."고 되어 있다. 하나님의 말씀은 실패하는 일이 없다. 하나님은 거짓말하는 자가 아니다. 거짓말하실 수도 없다. 그분의 말씀이 그렇게 말했으면 그렇게 된다. 하나님이 풍성하게 여러분에게 복 내리시기를.

우울증과 전립선암을 고치다

내가 잘 알고 있는 사람으로서 캘리포니아 템플턴에 사는 남자가 있다. 그가 말하길 스위스에서 자기를 방문한 25세의 젊은이가 있는데, 기도하는 중에 이 젊은이를 우리 집에 데리고 와서 나에게서 임파테이션을 받게 하여 그것을 가지고 스위스로 가게 해야겠다는 강한 인상을 받았다고 했다. 지난 몇 개월간 온 사람들 중 다섯 번째 사람이다. 콜로라도에서, 남아프리카에서, 독일에서 왔었는데 이번에는 스위스에서 온 것이다. 주님은 계속 사람들을 보내주신다. 지난 주간에 주님께서는 내가 사탄에게서 세 영혼을 빼앗아 오도록 허락하셨다. 나는 세 사람을 주님께 인도하였는데, 두 사람은 직접 만나서, 한 사람은 전화를 통해서 그렇게 하였다. 이들은 이제 하나님 나라에 있고, 그들의 이름이 어린 양의 생명책에 기록되어 있다. 이것은 하나님께서 나로 하여금 참여하게 하신 일이며, 그분께 모든 영광을 돌린다!

오늘 아침 11시 경에 모로베이에서 전화 한 통이 걸려 왔다. 어린이보호부시의 책임자가 자기 이내와 우울증을 앓고 있는 절친한 친구를 데리고 와도 좋겠느냐고 물었다. 그들이 들어올 때 성령이 내려왔고, 구름이 방 안에 들어왔다. 나는 그리스도의 사랑을 그들과 나누기 시작했고, 그들에 대한 그분의 말씀을 말하기 시작했다. 내가 그분의 백성들에게 하나님의 말씀을 말하면 하나님이 그들을 해방시켜 주시겠다는 것이 하나님께서 내게 말씀하신 바이다. 하나님은 그 세 사람 모두를 보살피셨다. 두 사람은 기도 후에 바닥에 쓰러졌다. 성령께서 큰 은혜와 자비로 내게 비추셨다. 여전히 이곳은 구름에 싸여 있고 눈이 젖어 와서 잘 볼 수 없었다. 이 신사가 말했다. "제리 선생님, 선생님 머리 주위에 불의 고리가 있어요. 불의 고리가요. 그걸 아세요? 하나님의 말씀을 하시는 순간, 선생님 머리 주위에 불의 고리가 나타는 것이 보였어요." 많은 사람들이 내가 사역을 하고 있을 때 이상한 것들을 본다고 말해 준다. 그들은 내 뒤에 천사들이 있는 것을 보지만 그것은 하나님이 하신 일이고, 하나님이 모든 영광을 받으소서.

    2001년에 나는 전립선암이라는 진단을 받았다. 아내는 몹시 아픈 중에 있었다. 나는 그녀를 목욕시키고 옷을 입히고 식사를 마련하고 있었다. 아내는 자기를 요양병원에 보내지 말라고 애원하였다. 몇몇 가족들은 요양병원에 보내는 게 좋겠다고 하였지만, 나는 그럴 계획이 없었다. 이러한 과정에서 나는 주님과 시간을 보내곤 하였다. 암환자들을 위해서 기도할 때마다 그들이 나을 것이라는 것을 알았다. 하나님이 그러한 믿음을 내게 주셨던 것이다. 나는 기도할 때마다 이렇게 말했다. "주님, 나는 주님의 말씀 위에 서 있습니다. 이 일에 대해 어떻게 하실 겁니까? 나는 내 아내를 남겨둘 수가 없습니다." 내가 기도할 때마다 주님은 "증거하라, 증거하라."고 말씀하셨습니다. 나는 산 루이스 오피스포에 있는 방사선과 병원에 갔다. 그 병원에 있는 모든 사람에게 증거하였다. 나는 42번의 방사선 치료를 받았다. 의사들은 "여기 온 사람들 중에 부작용이 없는 사람은 당신밖에 없습니다. 우리는 이해가 되질 않습니다."라고 말했다. 나는 나의 간증을 하였고, 그들은 거기에 반박하지 않았다. 사람들은 그것을 받아들이고 싶다고 했다. 한 의사가 "우리는 당신을 우리의 홍보대사로 고용하고 싶군요. 당신은 여기 있는 모든 사람들에게 증거하였거든요."라고 말했다. 나는 암에서 해방되었다. 내 아내는 이 세상을 마치고 하늘나라로 갔다. 다시 같은 일이 있어도 나는 하나님의 말씀 위에 서서 믿을 것이다. 내가 믿고 신뢰하는 분을 알기 때문이다. 나는 나를 보혈의 권세로 진흙에서 끌어내신 하나님을 찬양하며, 그분의 은혜가 족하다.

　　　내가 바깥에서 일을 하는 동안에 내 아내를 돌보아주는 젊은 도우미가 있었다. 그녀는 내게 전화하여 이발소로 와서 나와 이야기를 나누어도 되겠느냐고 물었다. 그래서 나는 그녀와 한 시간 반 정도 이야기를 나누었다. 나는 그리스도의 사랑에 대해서 말해 주었고 생명의 떡을 떼었다. 나는 그녀가 자신의 문제와 어려움에 대해서 이야기할 때 공허해 하고 있다는 것을 알아챘다. 그래서 그리스도를 그녀의 구세주로 영접하도록 초대하였고 그녀의 이름이 어린 양의 생명책에 기록되었음을 말해 주었다. 곧 평화가 그녀 위에 내려앉는 것을 보았다. 나는 그녀에게 믿는 자들의 공동체와 교제를 나누는 것이 필요하다고 격려하였다. 그녀는 수년 전에 교회에서 상처를 받았었다. 나는 "주님은 돌이킴을 허락하십니다."라고 말했다. 그녀는 모든 지각에 뛰어난 평강을 지니고 떠났다. 그 날을 생각해 보면 하나님은 모든 사람들을 사랑하시고 이들이 모두 하나님 나라에 들어오길 원하신다는 것을 알 수 있다. 잃어버렸다가 다시 찾은 사람을 인하여 하나님을 찬양한다.

주님께서 무엇을 해 주기를 원하십니까?

　　　내가 치료의 방에서 어떤 젊은이와 사역하고 있을 때 시에라 산맥의 산기슭에서 한 부부가 왔다. 그들은 캘리포니아 주 프레스노 위쪽의 작은 동네에서 살고 있었다. 나는 그들을 보면서 "주님이 무엇을 해 주시기를 원하지요?"라고 물었다. 그들은 "찾아온 이유가 아주 많이 있습니다."라고 말했다. "마음에 갈망이 있고 예수 그리스도에 대한 목마

름이 있지요. 그렇지 않은가요?"라고 물었더니 그는 "네, 그래요."라고 대답했다. 나는 주님이 주님께서 내게 주신 것을 그들에게 주라고 하시는 것 같은 강한 인상을 받았다. 나는 이렇게 말했다. "선생님, 일어나 보실래요? 선생님과 사모님 모두요. 나는 내가 행하고 있는 기름부음을 전달해 드려야 할 것 같은 마음이 강하게 들어요. 기적의 기름부음, 구원 사역을 말이죠. 주님께서 명하셨어요. 주님께서 주신 것을 나는 다른 사람에게 주어야 해요. 이제 이 기름부음을 당신들께 전달하고 싶어요. 당신과 당신의 귀한 아내 안에 성령의 은사가 불일듯 일어나게 되기를 바랍니다. 주님은 교회의 밖으로 이 기름부음이 나가길 원하십니다." 그는 "제가 원합니다."라고 말하며 일어섰다. 나는 그의 손바닥에 내 엄지손가락을 댔고 바울이 디모데에게 안수하였던 것처럼 디모데후서 1장 6절에 따라서 기도하기 시작했다. 그 때 거룩하신 성령이 그에게 내려와서 그는 뒤로 쓰러졌고 내 기도 동역자인 빌립도 쓰러졌다. 그 사람은 벽에 머리를 부딪쳤다. 그의 아내는 "다치지는 않을 거예요. 다치지는 않을 거예요."라고 말했다. 나는 그녀에게로 몸을 돌려서 기도하기 시작했다. 그녀는 앞뒤로 흔들거리기 시작했다. "이것이 바로 내가 찾던 거예요. 내가 찾던 거라고요!" 이것은 분명 주님이 하신 일이다. 하나님께 모든 영광을 돌린다! 그들의 안색이 변하였고 눈물이 한없이 뺨을 타고 흘러내렸다. 그들은 여기에 찾아온 이유보다 훨씬 더 많은 것을 얻고는 "감사합니다."라고 말하고 떠났다.

어제 나는 84세 된 맥이라는 노인과 만났다. 내가 "선생님, 주님께서 무엇을 해 주시기를 원합니까?"라고 물었더니 그는 "몇 가지 있습니다. 가장 중요한 것은 성령의 세례로 충만해지길 원합니다."라고 했

다: "몇 번이나 기도했지만 받지 못하셨군요." "네, 맞습니다." "받지 못하게 하는 두려움의 영에게 권위를 갖고 두려움과 의심과 불신앙의 영을 없앱니다. 동의하십니까?" "네, 동의합니다." 나도 동의하고 그도 동의하였다. 눈물이 그의 뺨에 흘러내리기 시작했다. "선생님은 문제가 또 있네요." "네, 혈소판이 모든 정맥을 막고 있어요. 동맥도 막혀 있어요." "주님께는 문제될 것이 없습니다." 전에 이야기했듯이 나는 어떤 혈액의 문제에 대해서도 에스겔 16장 6절을 주장한다. 나는 그를 위해서 그 구절을 주장하기 시작했고 그에 대한 하나님의 말씀을 이야기했다. 요엘 3장 21절, 레위기 17장 11절 "육체의 생명은 피에 있음이라." 그리고 마가복음 5장 29절에는 혈루증에 걸린 여인이 예수님의 옷에 손을 대자 즉시 병이 나았다는 이야기가 나온다. 그의 안색은 즉시 변했다! "세상에, 제 몸이 따뜻해졌어요. 제 몸이 불타오르고 있어요!" 나는 "성령께서 선생님 안에서 일하시고 계세요."라고 말했다. 그는 나를 덥석 안으면서 "우리 가족 중에 저만 구원받았어요. 나머지 가족들도 하나님 나라에 들어가게 기도해 주시겠어요?"라고 말했다. 나는 내가 구원받으면 우리 가족이 구원받으리라는 하나님의 약속을 그와 나누었으며 빌립보 감옥의 간수 이야기도 나누었다. 천사가 바울과 실라의 매인 것을 벗겨 감옥에서 나가게 할 때 빌립보 감옥의 간수가 그들 앞에 엎드려서 "내가 어떻게 하여야 구원을 얻으리이까?"하고 물으니 바울은 "이르되 주 예수를 믿으라 그리하면 너와 네 집이 구원을 받으리라"고 말했다. 사도행전 16장 31절이다.

  일주일 전쯤에 한 부인이 캘리포니아 주 태프트에서 전화를 하였다. 그녀는 구타당하는 여성들을 위한 알파 하우스를 운영하고 있는데, "다음에 계곡을 지나가실 때 여기에 들러서 부인들을 위해서 기도해 주시겠어요?"라고 말했다. 나는 "네, 다음 번 갈 때에 그렇게 할게요."라고 말했다. 나는 어떤 결정이든 하기 전에 대개 주님께 내가 어떻게 하길 원하시는지 여쭙는다. 나는 그분의 계획이 나의 계획보다 월등하게 좋다는 것을 알고 있다. 내가 전화를 끊고 "주님…"이라고 부르자 주님은 나에게 내려오셨다. 10년 전에 태프트에서 해안으로 이사를 가려고 할 때에 나에게 환상을 보여 주셨다. 케이티라는 이 동일한 여인이 한 여자를 위해서 기도해 달라고 요청하였다. 세 아이를 둔 그녀의 얼굴은 풍선처럼 보였다. 암이 얼굴 한 쪽에 모두 퍼져 있었고 뇌에도 온통 퍼져 있었다. 72시간 정도도 더 살 가능성이 없어 보이는 모습이었다. 나는 "주님, 어떻게 하고 싶으십니까?"라고 말했다. 주님은 나에게 성경 말씀을 주셨다. 마태복음 8장 2절이었다. "한 문둥병자가 나아와 절하고 가로되 주여 원하시면 저를 깨끗케 하실 수 있나이다." 주님은 손을 내밀어 그에게 대시면서 "내가 원하노니 깨끗함을 받으라."고 하셨다. 나는 그녀의 얼굴 왼쪽에 손을 얹었다. 프라이팬처럼 뜨거워졌다. 나는 그녀의 눈 속에 있는 두려움을 꾸짖었고 그것에 대해 권위를 가졌다. 나는 "예수의 이름으로 고침을 받으라."고 했다. 그렇게 길게 기도했던 것 같지 않다. 예수님도 "고침을 받으라."고 하는 말씀이 전부였던 적이 많았다. 10년간이나 그렇게 생각하지 못했는데 주님은 갑자기 그것을 생각나게 해 주셨다. 그분은 "지금, 지금 가라!"고 하셨다. 그래서 나는 그녀에게 전화를 걸었다. 나를 가끔 회의에 태워다 주곤 하는 젊은 여인 미시와 그녀의 딸이 예언사역을 하고 있는데 그녀가 나를 데려다 주었다. 우리는 팀으로 치료의 방에서 사역한다. 우리가 거기 도착하니 하나님의 능력이 그곳에 있었고, 치유자가 거기에 있었다. 치료받을 부인이 들어왔는데 들어서자마자 그녀는 지도감독자에게 말하기 시작했다. 그녀는 뜨거운 양철 지붕 위의 고양이처럼 불안해하며 우리가 기도할 때 훔쳐보았다. 우리를 부른 부인은 "이분들이 당신을 위해서 기도해 주길 원하나요? 이분들은 은사가 있어요."라고 말했다. 그녀는 "이분들이 저를 위해서 기도해 주신다고요?"라고 말했다. "네, 이분들이 당신을 위해서 기도해 주실 거예요." 나는 "하나님은 당신에게서 어떤 것도 빼앗아가지 않으실 거예요. 당신이 하나님께 주고 싶지 않다면요. 주님이 어떻게 해 주시면 좋겠어요?"라고 말했다. "저는 코카인에 중독되어 있어요. 주님은 나에게 아무 것도 하실 수 없어요." "주님은 하실 수 있어요. 당신에게 기름을 바르고 기도해 드릴까요?" "네, 물론이죠." 나는 그녀에게 기름을 바르자 쉰 목소리가 그녀의 목구멍에서 나오기 시작했고 나는 그것을 꾸짖었다. "부인, 순종하시길 바랍니다. 내가 무슨 말을 하든지 그대로 하세요. 내 말을 따라하세요. 예수님. 도와주세요." "예수님, 도와주세요." "이제 주님께 성령으로 CT 촬영을 하게 해달라고 요청하세요." "주님, 성령으로 CT촬영을 해 주세요." 그러자 그녀는 말하기가 어려울 정도까지 되었.

나는 "당신 몸 안에 있는 것들 중 주님의 것이 아닌 것은 나가라고 명령하세요. 예수의 이름으로 사탄과 그의 군대를 나가라고 명령하세요."라고 말했다. 우리는 그녀가 그렇게 말하도록 설득하였다. 그녀가 그렇게 말할 때 나는 "권위를 가지고 하세요."라고 말했다. 또한 나는 "우리는 당신과 마음을 합하고 있습니다."라고 말했다. 그녀는 "사탄아, 내 몸에서 나가라. 너의 모든 영들을 함께 데리고 나가라, 모든 군대를 데리고 나가라."고 말했다. 즉시 그녀는 깨끗해졌다. 그녀는 너무나 놀라워하였다! 그녀는 "깨끗해졌어요. 깨끗해졌어요. 믿을 수가 없어요. 나는 정결해요."라고 외쳤다. 그녀는 우리 모두를 포옹하면서 돌아다녔다. 거기 서있던 사람들도 모두 놀랐다. 이것은 우리가 이 땅에 사는 동안 걸어가야 할 여정에서 우리가 참여할 수 있도록 허락하신 멋진 일들 중 하나다.

어제 오후에는 100마일 떨어진 곳에 있는 손녀딸을 데리고 온 할머니가 있었다. 그녀는 손녀가 구원받길 원했다. 하나님께서 은혜를 베풀어서 그녀는 해방되었다. 이렇게 하는 것이 "그는 우리를 해방시키려고 오셨다."는 그분의 말씀이 말하는 바이다. 그 두 사람은 모두 기뻐하며 돌아갔고 나는 하나님께 모든 영광을 돌렸다! 그저께는 남쪽에서 전화가 한 통 걸려왔다. 내 친구의 전화였는데 시험을 겪고 있는 플로리다의 자기 친구에게 전화를 해달라는 요청이었다. 그녀는 축농증이 있고, 허파에 물이 차고 있다고 했다. 그가 나에게 그녀의 전화번호를 가르쳐 주어서 그녀에게 전화를 걸었다. 그녀는 플로리다에서 오늘 아침 6시 30분에 나에게 전화를 하였다. 그녀는 새로운 직장에 가게 되었다고 한다. 이것 또한 하나님이 하신 일이다. 이사야 65장 24절 "그들이 부르기 전에 내가 응답하겠고 그들이 말을 마치기 전에 내가 들을 것이며"

또 한 친구가 뉴포트 비치에서 전화를 하였다. "내 친구의 여동생은 양쪽 폐에 암이 생겼어. 그녀를 위해서 기도해 주겠나?" 나는 "주님께는 문제될 것이 없지."라고 말했다. 내가 이 말을 할 때 성령께서 나와 그의 전화선 끝에 내려오셨다. 그는 "어이쿠, 잠깐만, 그녀를 전화로 불러내야겠네, 그녀와 함께 세 사람이 동시에 기도하도록 하세."라고 했다. 그는 그녀의 집에 전화를 걸었고 그녀의 딸은 그녀의 직장 전화번호를 가르쳐 주었다. 마침 점심시간이었다. 그는 그녀에게 "내 친구에게 기도를 해 달라고 부탁하였고 그와 지금 전화가 연결되어 있네."라고 말했다. 우리는 그녀에게 하나님의 말씀을 말하기 시작했다. 그녀는 울기 시작했고 성령께서 우리 세 사람 모두에게 내려왔다. 이것은 하나님의 일이다. 하나님이 날마다 급히 진척시키시는 일들 중 하나일 뿐이다. 이것은 모두 그분에 관한 일이고 우리들에게 관한 것이 아니다.

오늘 아침 남부에 있을 때 알고 지냈던 친구로부터 소식을 듣고 그에게 전화를 하였다. 그는 암이 몸 전체에 퍼져 있었다. 나는 "자네에게 암이 있지만 우리가 기도하면 암이 사라질 것일세."라고 말했다. 나는 그에게 15분간 하나님의 말씀을 전하고 그를 위해 기도하였다. 그는 해방되었다. 그렇지만 나는 하나님께 모든 영광을 돌린다. 이것은 기회일 뿐이다. 사람들이 부를 때 하나님은 이미 응답할 준비가 되어 있으시다.

중앙 해안에서 가장 큰 교회에 다니고 있는 친구에게서 전화가 왔다. 전립선암에 걸려 입원해 있는 목사님을 위해 기도해 달라는 것이었다. 그래서 나는 전화를 통해 그녀의 부부와 함께 기도하였고 이제 다 끝난 일이라고 선포하였다. 나는 하나님은 사람들이 구하기도 전에 응답하신다고 믿는다. 이사야 65장 24절 말씀이다. "그들이 부르기 전에 내가 응답하겠고 그들이 말을 마치기 전에 내가 들을 것이며" 나는 하나님이 그 전화를 들으셨다고 믿는다. 이 사람을 위해서 얼마나 많은 사람들이 기도하고 있는지는 알지 못한다. 그렇지만 기도가 응답되는 한 누구의 기도가 응답되는지는 상관이 없다. 나는 하나님이 그녀의 기도에 응답하셨다고 믿는다. 왜냐하면 우리가 합심하여 기도하였기 때문이다. 마태복음 18:19 오늘 오후에는 산타 마리아 치료의 방에 있는데, 9살짜리 소년이 들어왔다. 나는 "다니엘, 주님께서 너의 왼쪽 눈을 고치고 계신다."라고 말했다. 그 아이는 "네, 왼쪽 눈에 문제가 있었어요."라고 했다. 아이의 어머니는 흥분했다! 나는 그를 위해서 기도하였다. 아주 최근에 결혼한 젊은 부부가 들어왔다. 나는 남편을 보면서 "주님이 내게 눈의 근육을 조정하라고 하십니다."라고 말했다. 그는 자기 안경을 벗었다. 누군가가 하나님의 사랑의 편지가 인쇄된 종이를 그에게 건넸다. 그는 그것을 소리 내어 크게 읽기 시작했다. 그의 아내는 "내 눈을 위해서도 기도해 주세요!"라고 말했다. 그녀의 눈은 좋아졌는지 확실하지 않았지만 남편의 눈은 확실하게 좋아져서 안경 없이 정상적으로 읽을 수 있게 되었다. 이것 또한 하나님의 일이다. 하나님께 영광을 돌린다. 나는 항상 하나님이 그와 같은 멋진 일을 하시는 것을 본다.

열흘 전쯤 내 친구 하나가 등이 부러진 부인을 위해서 기도해 달라고 요청하였다. 그녀의 가족은 101번 고속도로를 가고 있었는데 술 취한 운전자가 시속 150km로 이 차를 들이받았다. 그 차는 다섯 번이나 굴렀다. 그녀는 등과 팔꿈치가 부러졌고, 딸은 다리가 부러졌고, 남편도 다쳤다. 내가 그 집으로 들어갈 때 그녀를 보니 성령께서 그 등에 어느 부분이 다쳤는지를 정확하게 지적해 주셨다. 나는 그녀의 부목 위에 손을 얹고 그녀를 보살폈으며 주님께서 그녀를 위해 주신 몇 가지 말씀을 전한 뒤 금요일인 그날 저녁에 떠났다. 토요일에 나와 내 친구는 폐암에 걸린 친구를 위해 기도해 주러 팜데일에 갔다. 집에 돌아오니 자동응답기에 다음과 같은 메시지가 녹음되어 있었다. "금요일 선생님이 떠난 직후 그 다음날인 토요일 아침에 나는 샤워를 했어요. 나는 모레에 등 수술을 하기로 되어 있어요." 나는 "수술을 받을 필요가 없을 텐데요."라고 말했다. 나중에 친구에게서 소식이 오길 그녀는 수술을 받을 필요가 없게 되었다고 하였다. 하나님이 하신 일이다!

목종양과 좌골신경통도 고침을 받다

나의 기도 동역자 중의 하나요, 영적 딸들 중의 하나이며 우리 부부가 멘토링을 하였던 도나라는 여자가 있다. 얼마 전 토요일에 그녀가, 우리 집에서 9 내지 10 블럭쯤 떨어진 곳에 있는 아파트로 이사 올 부인이 있는데 기도 좀 해달라고 하였다. 나는 그녀를 그 아파트에서 만나 위층과 아래층을 기도하며 걸어다녔다. 내려와 보니 그 부인이 이사를 들어오고 있었고 그녀의 어머니가 거기 있었는데 얼마 전 암 선고를 받았다고 했다. 나는 그녀와 주님의 사랑에 대해서 나누면서 그녀에게 주님께서 그녀의 암을 치유하실 수 있지만 우선 예수님을 자신의 구세주로 받아들여야 한다고 말했다. 그녀와 그녀의 딸에게 죄인의 기도를 하게끔 인도하려는 순간, 우리에게 와서 기도해 달라고 부탁한 조카 딸이 이렇게 말했다. "아니에요. 잠깐만요. 나머지 식구들도 다 여기 오게 해야 해요." 그녀는 안뜰에 있던 다른 식구들을 다 불러왔다. "이 분이 죄인의 기도를 하면, 여러분은 모두 예수님을 구세주로 영접하게 될 거예요." 그들은 자기들이 마약을 하며 알코올 중독자이고 예수님의 사랑 바깥에 있는 사람들이라고 나에게 말했다. 나는 기름병을 젊은 부인에게 건네주었고 그녀는 그들을 둥그렇게 서게 하였다. 나는 "여러분 모두에게 기름을 바르고자 합니다."라고 말했다. 후에 듣기로 그녀는 내가 기름병을 건네 줄 때 너무나 뜨거워서 잡을 수가 없을 정도였다고 하였다. 나는 그들에게 죄인의 기도를 하게 이끌었다. 그러고 나서 주님은 나에게 그들 각자에게 대한 지식의 말씀을 주셨다. 한 사람은 어깨가 아팠고, 또 한 사람은 눈에 문제가 있었고, 또 한 사람은 등에 문제가 있었다. 나는 그들이 마약과 술중독과 담배로부터 구원되도록 기도하였다. 나는 주님께 그들을 해방시켜 달라고 간구하고는 그 자리를 떠났다.

다음 날 아침에 나는 이 젊은 부인이 출석하는 교회를 방문하였다. 우리는 두 번째 줄에 앉아 있었다. 예배가 시작되자마자 누군가가 내 어깨를 톡톡 쳤다. 그녀의 식구 일곱 명 모두가 우리의 건너편 앞쪽에 앉아 있었다. 이 이야기를 이 책에 기록하고 싶다는 생각이 났다. 예수님이 모든 영광을 받으소서!

나는 어제 오후에 전도 부인에게서 전화를 받았다. 그녀는 몸에 몇 가지 이상이 있었지만 자기 친구와 자매를 위해서 기도해 주기를 원했다. 두 사람 다 암이 있었기 때문에 창조적 기적이 일어나게 해달라고 그녀와 기도하였다. 그녀는 2004년 7월 18일 주일에 다시 전화를 해서 이렇게 말했다. "선생님이 어제 저를 위해서 기도해 주셨지요. 발의 붓기가 내려갔어요. 내 몸에 몇 가지 다른 문제가 또 있었어요. 목에 혹이 있었는데 의사는 4주가 지나도 그 혹이 내려가지 않으면 조직검사를 하겠다고 하였었지요. 악성이라고 생각한 것 같아요. 제리, 저는 그것에 대해서 기도해 달라고 하지도 않았었어요. 그런데 오늘 아침 거울을 보니 그 혹이 완전히 사라졌어요!" 하나님이 하신 일이다.

몇 년 전에 만났던 목사 사모가 떠오른다. 그녀는 빚에 허덕이고 있다고 말했다. 그녀는 3개월 동안 나를 지켜보고 내가 하는 대로 하기 시작했다고 하며 자기 가족을 어떻게 해야 빚에서 벗어나게 할지 배우게 되었다고 했다. "선생님의 주는 삶을 지켜보았고, 선생님 손에 들어온 것을 주고 다시 되돌아오는 것을 보았어요." 그녀는 9개월 만에 자기 가족이 완전히 빚에서 벗어났다고 했다. 주님께서 생각나게 한 일이다. 하나님이 모든 영광을 받으소서!

5시 30분에 아프리카에서 우리 집에 보내서 오게 된 젊은이가 있었다. 그는 좌골신경통이 아주 심했다. 그는 목발을 짚으며 들어왔으며 MRI 촬영을 할 예정이었다. 병원에서는 무엇이 잘못되었는지 찾아내질 못했다. 그가 앉을 때 성령께서는 내게 좌골신경통이라는 것을 보여 주셨다(통증이 심했다). 그렇지만 나는 이렇게 말했다. "당신은 몇몇 사람에게 좋지 않은 감정과 원망이 있네요. 예수님을 구세주로 영접해야 합니다." 그가 순순히 시인하였기 때문에 나는 죄인의 기도를 하게 인도하였고 생각나는 사람을 모두 용서하라고 하였다. 그는 그렇게 하였고 우리는 예수의 이름으로 모든 병을 그의 몸에서 나오도록 명령하였다. "당신은 지금 일어나서 걸을 수 있습니다." 그러자 그는 목발 없이 우리 거실을 걸어 다니기 시작했다. "세상에, 너무 기분이 좋네요. 발목이 아프지 않아요, 다리도 안 아프고, 등도 안 아파요. 아무 데도 안 아파요!" 나는 이 일이 하나님이 하신 일이라고 생각했다! 그의 어머니는 애리조나에서 왔는데, 나는 그녀에게 "필요한 게 있습니까?"라고 물었다. 그녀는 "잘 모르겠어요."라고 말했다. 그러나 그녀의 딸은 "네, 있어요."라고 했다. "가슴에 통증이 있지요? 안 그런가요?" "네, 그래요." "또한 귀 아래에서부터 목 왼쪽 부분이 아프지요?" "네." "거기가 경동맥인데, 일부가 혈전으로 막혀 있어요. 급하게 일어날 때 어지럽지 않으신가요?" "네, 그래요." "지금 주님께서 그 혈전을 녹이실 겁니다. 심장이 더 이상 말썽을 일으키지 않을 거예요." 나는 그녀에게 안수를 하였다. "기분이 좋아요. 기분이 좋아요. 기분이 좋아요!" 이것은 분명히 하나님이 하신 일이고 하나님께 모든 영광을 돌린다!

최근에 우리는 이곳에서 기도 모임을 가졌다. 몇몇 사람이 모였는데, 성령께서는 늘 그러하듯이 자신을 나타내 보이셨다. 주님은 그분의 이름으로 두세 사람이 모인 곳에 함께 하시겠다고 약속하셨다. 기도 모임이 끝나갈 무렵, 주님은 사람들에게 성령을 부어주기 시작하셨고 3일간이나 가지고 있던 지식의 말씀이 터져 나왔다. 어떤 부인이 베이커스필드에서 차를 몰고 왔다. 나는 계속 강한 인상을 받아서 "이 곳에 왼쪽 눈에 이상이 있는 사람이 있습니다. 눈이 흐릿해졌다가 또렷해지곤 하지요. 의사들도 어찌해야 할지 모릅니다."라고 말했다. 그녀는 "바로 저예요! 저예요!"라고 말했다. "성령께서 이를 계시해 주셨어요. 이제 이 문제를 다루어 주실 것입니다. 동의하십니까?" "네." 그녀는 일어섰고, 나는 그녀에게 기름을 바르고 그녀의 눈에 손을 얹었다. 그리고 주님께 그녀의 눈의 근육을 조정하시고 20/20의 시력을 주십사고 간구하였다. 그녀가 힘에 밀려 뒷걸음치자 다른 형제가 얼른 손을 뻗어 그녀를 붙들었다. 그렇지만 그녀는 1, 2분 정도 기름부음 아래 서 있었다. 나는 그녀가 순종하였기 때문에 성령께서 하시고자 계획하신 일을 하셨다는 것을 알았다. 그 부인은 이곳을 떠날 때 완전히 해방된 상태였다. 더불어 그녀는 "나는 이곳에서 일어나는 성령의 사역으로 인해서 다른 것들도 얻었답니다."라고 말했다. 하나님께 모든 영광을 돌린다.

나는 어젯밤 9시쯤에 전화 한 통을 받았다. 캘리포니아 템플턴에 사는 내 친구 마크가 부에나 파크에 사는 자기 여동생에게 한 달 전쯤 내 이야기를 하고 그녀보고 나에게 전화를 하라고 했다. 그녀는 온 몸의 동맥이 모두 막혀 있었고 보험회사는 MRI의 비용을 지불하지 않으려고 했지만 의사는 MRI를 찍어야 한다고 주장했다. 우리가 그녀를 위해서 기도하고 나서 그녀의 모든 동맥은 깨끗해졌다. 모든 동맥이 제 기능을 하고 있다. 그녀는 살 것이며 죽지 않을 것이다. 좋은 소식이다. 하나님이 여러분의 부조종사일 뿐이라면 자리를 바꾸어야 한다.

저녁 7시 반에 뒷문을 두드리는 소리가 났다. 내가 아는 한 목사가 거기 서 있었다. 사생활 보호를 위해서 그를 첫 자만 따서 G. T.로 부르겠다. "제리, 기도 좀 해 주세요." "들어오세요. 여긴 주님의 집이니까요." "네, 저도 알아요." 우리는 앉아서 잠시 이야기를 나누었다. 그는 "저는 위장에 문제가 있어요. 의사들은 원인을 규명하지도 못하고 있어요. 어깨와 팔과 목도 계속 아파요. 의사들은 문제가 무엇인지 모르는 것 같아요."라고 말했다. 그래서 나는 대답했다. "의사이신 예수님은 아십니다." 그리고 곧 이어 성령이 그 위에 내려오는 것을 보았다. 그의 얼굴은 빛나기 시작했다. "주님께서 목사님을 만지고 계십니다." "네, 압니다." "주님은 목사님의 눈을 만지고 계세요. 눈이 오랫동안 아팠었는데, 특히 왼쪽 눈이 심했었군요." "네, 안경을 벗을 수 있었으면 좋겠어요." "주님께서 안경을 벗겨 주실지 알 수 없지만 분명히 눈을 치료해 주신다는 것은 알아요. 어깨 문제도, 병약함도 다 떠나가고 있습니다. 팔과 알통도 만지고 계시고, 가슴도 따뜻해지고 있네요." "네, 맞아요. 그런데 눈도 뜨지 못하겠고, 이 의자에서 꼼짝할 수가 없네요. 제가 선생님 댁에 올 때마다 선생님은 저를 위해서 기도해 주시고 주님은 뭔가 특별한 것을 저에게 해 주시지요. 보통 그분은 내가 여러 가지로 찡그리게 만드시는데, 이번에는 이 의자에서 꼼짝할 수가 없게 되었어요. 그렇지만 말할 수 없는 행복감을 느껴요. 가장 영광스러운 느낌이에요!" 몇 분을 더 기다리자 성령께서 그 위에 다시 움직이는 것을 보았다. 나는 "주님께서 위장을 치료하고 계세요. 바다처럼 울렁거리던 것이 사라지고 있습니다." 그는 거의 한 시간이나 거기에 앉아 있었다. 우리는 대화를 하면서 그냥 앉아 있었다. 나는 그에게 손을 얹지도 않았고 그를 만지지도 않았다. 나는 성령께서 그에게 하시는 것을 그냥 보기만 하면서 그의 반대편에 앉아 있었다. 마침내 그는 "조금 움직여져요."라고 했다. 그는 일어나서 걸어 다녔다. "선생님께 감사드려요. 여기 올 때보다 100% 나아졌어요. 의사들은 무엇이 잘못되었는지 말해 주지도 못했었는데요." "주님께는 문제될 것이 없지요." "네, 알아요. 선생님은 늘 그렇게 말씀하시지요. 선생님이 주님께는 문제될 것이 없다고 말씀하실 때 주님께서는 웃으시면서 '그것에 응답하겠다.' 고 하시는 것 같아요." 그가 기도를 받으러 올 때마다 그는 여기에서 자기의 필요가 늘 채워졌다고 말한다. "병원에 가긴 하지만, 늘 이곳에서 결론이 나고 말지요." "하나님이 하신 일인 것 같군요. 하나님이 영광을 받으셔야 해요." 이것은 주님께서 하신 멋진 일들 중의 하나이다.

치유기도와 치유말씀들을 주다

어느 날 캘리포니아 태프트의 우리 이발소에 한 신사가 자기 손자를 데리고 들어왔다. 그는 이전에 델리노에서 와서 태프트에 사는 자기 딸과 아들을 방문하러 왔을 때 내가 이발을 해 주었던 사람이었다. 그는 "오늘이 제 생일이에요. 일흔 네 살이 되었죠."라고 했다. 내가 "그렇게 오래 사셨으니 주님께서 큰 복을 주셨네요. 간증하실 것이 있으세요?"라고 말하자 그는 멍한 눈으로 쳐다보았다. "주님을 모르시는군요. 주님을 아신다면 간증이 있을 텐데요. 예수님을 구세주로 영접하셔야 해요. 주님이 조만간 선생님을 본향으로 데리고 가실 거예요. 마지막 때에 구역을 선택해야 할 거예요. 흡연구역과 금연구역 흡연구역이라는 뜻은 담배를 피워도 좋다는 구역인데 이곳은 더럽고 위험하고 연기가 가득 찬 곳이다. 아마 지옥을 상징하고 있는 것 같다: 역자주, 어느 곳에서 영원을 보낼 겁니까?" 그는 "내가 무엇을 해야 하지요?"라고 말했다. 그래서 나는 그를 죄인의 기도를 하게끔 인도하였다. 그의 손자는 "내 여자 친구를 위해서 기도해 주실래요? 그녀는 감옥에 가게 되었어요. 마약을 해 왔거든요."라고 말했다. "하나님은 유턴을 허락하세요. 하나님은 그녀가 포기하고 싶지 않은 어느 것도 빼앗지 않으실 겁니다. 하나님은 그녀를 해방시키실 수 있습니다. 그렇지만 하나님은 그녀가 하나님을 섬기기를 원하시죠. 그녀는 마음을 그분께 드려야 해요. 그녀를 위해서 기도할게요. 아니면 당신이 그녀에게 예수님의 이름을 부르면 그분이 구원해 주실 거라고 전하세요." 그는 "네, 알겠습니다."라고 말했다. 나는 3주 후에 그 노신사의 사망기사를 보았다. 이것도 하나님이 하신 일 중의 하나이다. 그렇지만 그 일에 참여하게 해 주신 하나님을 찬양한다. 하나님께 모든 영광을!

　　마크 넬슨의 사무실 매니저가 전화를 하였다. "마크 씨가 선생님 전화번호를 가르쳐 주었어요. 선생님이 저를 위해서 기도해 주실 수 있을 거라고 했어요. 저는 암에 걸렸습니다." "아, 암에 걸리셨다고요." 나는 그녀를 위해서 기도하기 시작했고 주님의 영이 내려왔다. 그녀는 "기분이 좋아요. 기분이 좋아요. 나는 CT 촬영을 또 한 번 할 예정이에요. 좋은 결과가 있었으면 좋겠어요. 선생님께 다시 연락드리겠습니다."라고 말했다. 그녀에게서 연락을 받지 못했지만 좋은 소식을 기대한다. 나는 그 전 날에 덴마크에서 온 한 남자를 위해서 기도한 적이 있었는데, 전화를 통해서였다. 우리는 40분 정도 전화를 하였다. 그는 폐암에 걸려 있었다. 그렇지만 내 영으로 증거를 가지고 있었기 때문에 하나님께서 그 기도에 응답하시리라는 것을 안다. 우리는 좋은 소식을 듣게 되리라는 것을 믿으며, 그렇게 하신 것은 예수님일 것이다.

　　오늘 오전 11시쯤에 한 부인에게서 전화를 받았는데, 그 부인은 샌 디마스에서 와서 지난 목요일 돌보아주었던 사람이다. 나는 그녀에게 성경구절 몇 개를 주었다. 그녀는 내가 주었던 피에 관한 성경구절을 가르쳐 달라고 전화하였다. 어떤 혈액에 관한 문제(저혈압, 고혈압, 백혈병, 당뇨병, 간염)에 대해서도 주님께서 분명하게 말씀해 주신 구절들이다. 나는 그 성경구절을 그에게 주었고 그녀는 그 구절들을 가지고 샌 디마스로 가서 자기 친구 아이린을 만나러 병원에 갔다. 그녀는 죽어가고 있었으며 의사는 그녀를 살리기 위해서 아무 것도 하지 못하는 상황이었다. 그녀가 자기 친구에게 그 성경구절을 인용하였을 때 부활의 능력이 그녀를 통과하였다고 한다. 그녀는 이제 집에 갈 준비를 하고 있다. 그녀는 오늘 오전에 전화하여 "이 소식을 전해야 할 것 같아서요."라고 말했다. "아, 네, 정말 좋은 소식이네요. 하나님이 하신 일인 것 같군요." "네, 저도 그렇게 생각해요!" 그래서 우리는 하나님께 모든 영광을 돌렸다. 그렇게 하신 것은 하나님이시다. 그분은 물이 흘러갈 열린 수로를 원하실 뿐이다. 그렇게 하신 것은 그분이시다. 당신을 언제든 사용될 수 있게 만들어라. 그분이 당신을 사용하실 것이다.

아침 8시 30분에 해변을 걷다가 집에 와보니 우리 목사님 팻 스패로우로부터 자동 응답 메시지가 와 있었다. "제리 선생님, 내 남동생 빌은 당뇨병 때문에 발가락 하나를 잃었어요. 수요일에는 그의 발을 자른다고 합니다. 그러면 아주 심각한 장애인이 될 거예요. 교회로 오셔서 그를 위해서 기도해 주시겠어요?" 나는 교회로 가서 잠언 3장 26절을 주장했다. "대저 여호와는 네가 의지할 이시니라 네 발을 지켜 걸리지 않게 하시리라." 시편 121편 3절 "여호와께서 너를 실족하지 아니하게 하시며", 그리고 에스겔 16장 6절 "내가 네 곁으로 지나갈 때에 네가 피투성이가 되어 발짓하는 것을 보고 네게 이르기를 너는 피투성이라도 살아 있으라 다시 이르기를 너는 피투성이라도 살아 있으라 하고"를 주장하였고, 요엘 3장 21절, 레위기 17장 11절, 마가복음 5장 21절도 주장하였는데, 주님께서는 그러한 4개의 성경 구절을 주장하라고 나에게 분명하게 말씀하셨다. 그는 다음 수요일에 병원에 갔는데 의사는 그에게서 아무런 문제도 발견할 수가 없었다. 2006년인 지금 그는 걸어서 돌아다니고 있고 아주 건강하다. 하나님께 영광을! "네 치유가 급속할 것이며" 사 58:8

기름부음이 있는 곳에 치유와 자유가 있다

2006년에 한 친구가 파소 로블스에서 한 남자를 우리 집에 보냈다. 그의 이름은 알렉스였는데 혈액 안에 살모넬라균이 있다는 진단을 받았다. 의사는 그에게 아무 것도 해 줄 것이 없다고 했다. 나는 주님께서 주신 피에 관한 4개의 성경구절을 주장했다. 그가 병원으로 돌아가서 혈액 검사를 하였는데 정상으로 나와 의사들이 다 놀랐다. 하나님께 영광을!

주일 저녁 세 시간 전쯤에 한 여인이 전화를 하였는데 자기 여동생을 데리고 기도를 받으러 오고 싶다고 하였다. 그녀는 헤르페스(포진)에 걸린 세 살짜리 아들이 있었다. 그녀는 아이가 분수식 물 마시는 곳에서 전염된 것 같다고 생각했다. 그녀가 아이를 위해서 기도해 줄 수 있느냐고 해서 그 아이를 무릎에 앉히고 기도하기 시작했다. 그녀가 임신 중이라는 것을 나는 알고 있었다. 나는 그녀를 보면서 입덧을 위한 몇 가지 성경구절을 주었다. 출애굽기 23장 25절은 "네 하나님 여호와를 섬기라 그리하면 여호와가 너희의 양식과 물에 복을 내리고 너희 중에 병을 제하리니"라고 되어 있고 그 다음 절에는 "네 나라에 낙태하는 자가 없고"라고 쓰여 있다. 나는 "낙태하는 일은 없을 겁니다."라고 말했다. 나는 그녀를 보면서 "남편은 팔에 문제가 있군요."라고 말했다. 그녀는 눈물을 주르륵 흘렸다. "남편은 최근에 수술을 받았어요. 팔에서 멜라노마(흑색종 피부암)를 제거하는 수술이었지요. 어떻게 아셨어요?" "당신을 볼 때 주님께서 보여 주셨어요. 남편은 통증이 아주 심하군요." "네." "하나님께서 통증을 다루실 겁니다. 집에 도착할 때쯤 통증이 사라질 거예요. 하나님은 혈액 순환을 새롭게 하십니다. 완벽한 회복을 위해서 기도하고 싶군요. 하나님은 사람 몸에 대한 회복 사역을 저에게 맡기신다고 하셨거든요. 사람들을 위해서 기도할 때 하나님은 '내가 너에게 레마의 말씀을 주겠고 그것은 너의 목전에서 이루어질 것이다.' 라고 하셨어요." 그녀는 해방되었고, 그녀의 아들도 완전히 해방되었으며 그녀의 남편도 해방되었으리라 믿는다. 주님께서 이런 일들을 맡기실 때, 그분은 그 문제를 우리 무릎에 올려놓으신다. 하나님은 누군가가 기도하기를 원하신다.

하나님은 언젠가 나에게 이렇게 말씀하셨다. "나는 내 백성이 뭘 필요로 하는지 알고 있지만 그들이 기도하기 전까지는 응답할 수가 없다." 그래서 주님은 우리들이 열린 수로가 되어 성령께서 우리를 통해서 흘러가시기를 원하신다. 사람들을 볼 때 주님의 눈으로, 주님의 사랑을 통해 보면서 우리에게 주님의 연민을 주십사고, 그분이 사랑을 공급할 지혜를 주십사고 간구하라. 사람들을 해방시키는 것은 그리스도의 사랑이기 때문이다. 주님은 나에게 이렇게 말씀하셨다. "내 응답을 기도하라, 내 응답은 내 말씀 안에 있다." 이렇게 하신 말씀을 묵상하게 되었다. 요한복음 1장에는 "태초에 말씀이 계시니라 이 말씀이 하나님과 함께 계셨으니 이 말씀은 곧 하나님이시니라. 말씀이 육신이 되어"라고 나와 있다. 나는 그분이 곧 말씀이라는 것을 깨달았다. 그러므로 하나님의 말씀을 갖고 기도하면 잘못될 수가 없다. 나에게는 그렇게 하는 것이 효과가 있다. 주님은 그렇게 하라고 말씀하셨고 나는 좋은 결과를 얻었다. 하나님이 모든 영광을 받으소서. 예수님의 이름으로.

나는 주님과 성령께 아버지가 하시는 일을 보여 달라고 계속 간구한다. 아버지의 마음을 알기 원하기 때문이다. 나는 다윗이 아버지의 마음을 가졌다고 믿는다. 내가 가는 길에 주님께서 만나게 해 주시는 사람들에 대해서 주님의 연민을 갖게 해 달라고, 주님이 그들을 보시는 것처럼 보게 해 달라고 간구한다. 그리고 주님의 사랑을 전할 수 있는 지혜를 달라고 기도한다. 왜냐하면 사람들을 해방시키는 것은 그리스도의 사랑이기 때문이다. 스미스 위글스워쓰는 자신이 기도하는 사람들은 모두 해방될 것이라는 것을 믿었다. 나도 같은 생각이다. 내가 누군가를 위해서 기도할 때 그들이 완전히 치유 받은 것처럼 보려고 노력한다. 예수님은 그들이 병상에 누워 있는 것을 보지 않으셨으며 우리도 마찬가지라고 생각한다. 주님이 제자들을 보내실 때 그들에게 병자를 위해 기도하라고 하지 않으셨고 병자를 고치라고 말씀하셨다. 나는 이것이 최고의 명령들 중 하나라고 믿는다. 그들이 영적으로, 신체적으로, 재정적으로, 정서적으로 고침을 받는다면, 자유로워지는 것이다! 주님은 포로를 해방시키기 위해 오셨고 그것이 바로 우리 모두에게 행하라고 부르신 바이다.

이 책을 쓰신 분은 성령이시다

나는 하나님께 모든 영예와 영광과 찬양을 돌리고 싶다. 성령께서는 이 책에 기록한 일들을 완전하게 기억나게 해 주셨다. 나는 주님과 동행한 지난 30년 동안 아무 것도 기록해 놓지 않았지만, 성령께서 이 책을 쓰셨다. 내가 글을 쓸 것이라는 예언이 있었다. 내 딸 샤를렌이 내 말이 녹음된 테이프를 들으면서 타이핑을 해 주어서 참 감사하다.

내가 이런 저술 작업을 한 것은 처음이다. 나는 하나님의 기름부으심이 이 일에 있는 것을 믿으며 하나님께 모든 영광과 찬양을 돌린다. 이 책을 쓰신 분은 성령이시다. 나에게 관심 갖고 기도해 주신 모든 분들께 감사하고 싶다. 나는 내 마음 속 깊은 곳으로부터 하나님께 감사한다.

    이 카세트에 녹음한 것들은 성령께서 나에게 주신 것들이다. 이 책을 읽는 분들에게 '아직 예수 그리스도를 구세주로 영접하지 않았다면 오늘이 구원의 날'이라는 말을 하면서 이 책을 마치려고 한다. 우리는 예수 그리스도를 우리 마음에 모셔 들여, 우리 삶의 주인이 되시게 하여 우리 죄를 용서하시도록 해야 하고, 그리스도께서 우리를 통해 살기를 간구해야 한다. 귀한 성령의 세례로 우리가 충만하게 되고 방언을 함으로 성령세례 받은 것을 나타내며 아버지 하나님께서 하신 일들을 할 능력을 갖게 해달라고 구하라. 주님은 "너희가 더 큰 일을 하게 될 것이다."라고 하셨다. 성령의 세계를 통한 이 능력은 누구나 가질 수 있다. 내가 행하는 기름부음은 모두에게 가능하며 이 책을 읽는 독자 여러분 모두에게 가능하다. 여러분이 해야 할 일은 여러분을 사용해 달라고 주님께 간청하고 간구하는 것뿐이다. 이 책을 읽는 모든 이에게 하나님의 가장 풍성한 축복이 내려오길 기도하며 이 책을 읽으면서 필요로 하는 것을 다 받기를 기도한다. 하나님께 영광을 돌리며, 나사렛 예수 그리스도의 전능한 이름으로 이 책에서 기도한 이 기도들을 주님께서 속히 이루시기를 간구한다. 나의 운명 뿐 아니라 이 책을 읽는 모든 이의 운명도 속히 이루시길 예수님의 귀하신 이름으로 간구한다. 아멘.

12. 최근 소식

제리의 심장발작

창 50:20 당신들은 나를 해하려 하였으나 하나님은 그것을 선으로 바꾸사
오늘과 같이 많은 백성의 생명을 구원하게 하시려 하셨나니

2005년 2월 9일 나는 심장 발작이 일어나 프랑스 병원으로 실려 갔다. 병원은 79살이나 된 나에게 5군데 우회수술을 했고, 인공판막과 심장박동 조절 장치를 장착하였다. 수술이 진행되는 동안, 나는 내 영이 내 몸을 빠져 나가는 것을 보았다. 그 다음 내가 아는 바로는 내가 예수님과 함께 하늘나라의 정원에 있었다는 것이다. 나는 주님께, "여기가 주님께서 날이 서늘한 저녁 아담과 이야기 나누던 곳인가요?"라고 물었다. 주님은 "그렇다, 날이 서늘한 때에 너와 교제할 것이며 앞으로 일어날 일을 보여주겠다."라고 말씀하셨다. 나는 내 영이 수술대 위의 내 몸 속으로 다시 들어가는 것을 보았다. 그 다음에는 내가 회복실

에 있었는데, 간호사가 내 가슴에서 튜브를 빼내고 있었다. 간호사는 "당신은 당당하게 깃발을 날리면서 들어왔어요!"라고 말했다. "네, 알아요. 주님이 세 번째로 나를 하늘나라에 데리고 가셨어요." "어땠는지 말씀해 주세요." 그 다음에는 집중치료실에 가 있었는데 주님께서 중앙 해안 지역의 목사 네 명의 얼굴을 환상으로 보여 주셨다. 주님은 나에게 "나는 목사들과 지도자들과 목자들을 보내겠다. 나는 내 목사들을 특별한 수준으로 올려놓고 싶지만, 몇몇 목사들은 내 비전 대신에 자기들의 비전을 가지고 있다. 너는 그들에게 가서 내 얼굴을 구하고 그들의 계획 대신 내 계획을 간구하라고 말하라."라고 말씀하셨다. 나는 2주 후에 퇴원하여 집으로 돌아왔다.

어느 날 새벽 2시에 의자에 앉아 있는데, 밝은 빛이 우리 거실에 비쳤다. 열두 천사가 나타났다. 나는 "여기서 뭘 하고 계세요?"라고 말했다. 한 천사가 나에게 이렇게 말했다. "수인님이 우리를 보내셨다. 너는 주님이 너에게 하라고 명하신 모든 것을 했으니 이제 본향에 오든지 아니면 여기 머물러 있어도 된다. 네가 선택할 문제이다."

내 생각은 머물면서 내 하나님의 뜻을 완수하고자 하는 것이었는데, 주님께서 내 생각을 허락하셨다. 2006년 2월 27일에 성령께서는 조니와 나를 결혼으로 묶어 주셨고, 우리는 함께 치유와 구원과 기적의 은사 가운데 사역하고 있다. 전능하신 하나님의 영광을 위하여.

모든 영광을 주님께!!

부록

여러분을 위한 기도
구원의 확신
용어풀이
성령의 가르치심

여러분을 위한 기도 / 구원의 확신

여러분을 위한 기도

하나님의 말씀, 성경은 로마서 10장 9~10절에서 다음과 같이 우리들에게 말씀하신다.

> 네가 만일 네 입으로 예수를 주로 시인하며 또 하나님께서 그를 죽은 자 가운데서 살리신 것을 네 마음에 믿으면 구원을 받으리라

여러분 가운데 아직 이렇게 하지 못한 분이 있다면 세상에서 최고로 중요한 이 기도를 해서 하나님의 자녀가 되고, 의와 영생과 구원과 성령이라는 하나님의 거저 주는 은사를 받으라.

> "예수님 우리 주여, 내 마음에 오시어서 내 모든 죄를 사하시고 나를 통해 주님의 삶을 사시옵소서, 그러면 내 일생 주님을 섬기겠나이다. 나를 구원하시고 치유하시고 구해 주시고 주님의 귀한 성령으로 세례를 주시니 감사합니다." 아멘.

구원의 확신

요일 2:25 그가 우리에게 약속하신 것은 이것이니 곧 영원한 생명이니라

계 3:20 볼지어다 내가 문 밖에 서서 두드리노니 누구든지 내 음성을 듣고 문을 열면 내가 그에게로 들어가 그로 더불어 먹고 그는 나로 더불어 먹으리라

요 5:24 내가 진실로 진실로 너희에게 이르노니 내 말을 듣고 또 나 보내신 이를 믿는 자는 영생을 얻었고 심판에 이르지 아니하나니 사망에서 생명으로 옮겼느니라

용어풀이

예수그리스도 아들이신 하나님, 우주의 공동 창조자, 우리와 함께
하시는 하나님, 우리 믿음의 저자이시며 완성자.
처음이요 마지막이며, 우리가 그의 이름으로
기도할 수 있는 분.

성 령 위로자, 교사, 중보자, 조력자

기 도 우리의 하늘의 아버지께 말하는 것으로, 그분의 아들
예수 그리스도의 이름으로, 성령의 도움으로 한다.

구 원 마음속에 하나님을 초대하는 순간, 하나님이 주시는
영생의 값없는 선물. 예수 그리스도의 형상과 모습으로
우리를 형성하고 빚어가는 하나님의 지속적인 작업.

성령의 가르치심

창 41:39   요셉에게 이르되 하나님이 이 모든 것을 네게 보이셨으니 너와
           같이 명철하고 지혜 있는 자가 없도다

왕상 3:12   내가 네 말대로 하여 네게 지혜롭고 총명한 마음을 주노니 네
           앞에도 너와 같은 자가 없었거니와 네 뒤에도 너와 같은 자가
           일어남이 없을 것이다

왕상 10:7   내가 그 말들을 믿지 아니하였더니 이제 와서 친히 본즉 내게
           말한 것은 절반도 못되니 당신의 지혜와 복이 내가 들은 소문보다
           더하도다

요 16:13   그러나 진리의 성령이 오시면 그가 너희를 모든 진리 가운데로
           인도하시리니 그가 스스로 말하지 않고 오직 들은 것을 말하며
           장래 일을 너희에게 알리시리라

행 4:13   저희가 베드로와 요한이 담대하게 말함을 보고 그들을 본래 학문
           없는 범인으로 알았다가 이상히 여기며 또 그 전에 예수와 함께
           있던 줄도 알고

고전 2:2   내가 너희 중에서 예수 그리스도와 그의 십자가에 못 박히신 것
           외에는 아무 것도 알지 아니하기로 작정하였음이라

고후 12:4 그가 낙원으로 이끌려 가서 말로 표현할 수 없는 말을 들었으니
           사람이 가히 이르지 못할 말이로다

요일 2:27 너희는 주께 받은 바 기름부음이 너희 안에 거하나니 아무도
           너희를 가르칠 필요가 없고 오직 그의 기름부음이 모든 것을
           너희에게 가르치며 또 참되고 거짓이 없으니 너희를 가르치신
           그대로 주 안에 거하라

겔 37:14	내가 또 내 영을 너희 속에 두어 너희로 살아나게 하고 내가 또 너희를 너희 고국 땅에 두리니 나 여호와가 이 일을 말하고 이룬 줄을 너희가 알리라 나 여호와의 말씀이니라
마 12:28	그러나 내가 하나님의 성령을 힘입어 귀신을 쫓아내는 것이면 하나님의 나라가 이미 너희에게 임하였느니라
롬 9:11	그 자식들이 아직 나지도 아니하고 무슨 선이나 악을 행하지 아니한 때에 택하심을 따라 되는 하나님의 뜻이 행위로 말미암지 않고 오직 부르시는 이로 말미암아 서게 하려 하사
고전 12:9	다른 이에게는 같은 성령으로 믿음을, 어떤 이에게는 한 성령으로 병 고치는 은사를,
고전 12:10	어떤 이에게는 능력 행함을, 어떤 이에게는 예언함을, 어떤 이에게는 영들 분별함을, 다른 이에게는 각종 방언 말함을, 어떤 이에게는 방언들 통역함을 주시나니
고전 12:11	이 모든 일은 같은 한 성령이 행하사 그의 뜻대로 각 사람에게 나누어 주시는 것이니라
고전 12:12	몸은 하나인데 많은 지체가 있고 몸의 지체가 많으나 한 몸임과 같이 그리스도도 그러하니라
고전 12:13	우리가 유대인이나 헬라인이나 종이나 자유인이나 다 한 성령으로 세례를 받아 한 몸이 되었고 또 다 한 성령을 마시게 하셨느니라
고전 12:14	몸은 한 지체뿐 아니요 여럿이니
고전 12:15	만일 발이 이르되 나는 손이 아니니 몸에 붙지 아니하였다

	할지라도 이로써 몸에 붙지 아니한 것이 아니요
고전 12:16	또 귀가 이르되 나는 눈이 아니니 몸에 붙지 아니하였다 할지라도 이로 인하여 몸에 붙지 아니한 것이 아니니
고전 12:17	만일 온 몸이 눈이면 듣는 곳은 어디며 온 몸이 듣는 곳이면 냄새 맡는 곳은 어디냐
고전 12:18	그러나 이제 하나님이 그 원하시는 대로 지체를 각각 몸에 두셨으니
고전 12:19	만일 다 한 지체뿐이면 몸은 어디냐
고전 12:20	이제 지체는 많으나 몸은 하나라
고전 12:21	눈이 손더러 내가 너를 쓸 데가 없다 하거나 또한 머리가 발더러 내가 너를 쓸 데가 없다 하거나 하지 못하리라
고전 12:22	이뿐 아니라 몸의 더 약하게 보이는 지체가 도리어 요긴하고
고전 12:23	우리가 몸의 덜 귀히 여기는 그것들을 더욱 귀한 것들로 입혀 주며 우리의 아름답지 못한 지체는 더욱 아름다운 것을 얻느니라
고전 12:24	우리의 아름다운 지체는 요구할 것이 없으니 오직 하나님이 몸을 고르게 하여 부족한 지체에게 귀중함을 더하사
고전 12:25	몸 가운데서 분쟁이 없고 오직 여러 지체가 서로 같이하여 돌아보게 하셨느니라
고전 12:26	만일 한 지체가 고통을 받으면 모든 지체도 함께 고통을 받고 한 지체가 영광을 얻으면 모든 지체가 함께 즐거워하느니라

고전 12:27	너희는 그리스도의 몸이요 지체의 각 부분이라
고전 12:28	하나님이 교회 중에 몇을 세우셨으니 첫째는 사도요, 둘째는 선지자요, 셋째는 교사요, 그 다음은 능력 행하는 자요, 그 다음은 병 고치는 은사와, 서로 돕는 것과, 다스리는 것과, 각종 방언을 말하는 것이라
고전 12:29	다 사도이겠느냐 다 선지자이겠느냐 다 교사이겠느냐 다 능력을 행하는 자이겠느냐?
고전 12:30	다 병 고치는 은사를 가진 자이겠느냐 다 방언을 말하는 자이겠느냐 다 통역하는 자이겠느냐
고전 15:35	누가 묻기를 죽은 자들이 어떻게 다시 살아나며 어떠한 몸으로 오느냐 하리니
고전 15:36	어리석은 자여 네가 뿌리는 씨가 죽지 않으면 살아나지 못하겠고
고전 15:37	또 네가 뿌리는 것은 장래의 형체를 뿌리는 것이 아니요 다만 밀이나 다른 것의 알갱이뿐이로되
고전 15:38	하나님이 그 뜻대로 저에게 형체를 주시되 각 종자에게 그 형체를 주시느니라
고전 15:39	육체는 다 같은 육체가 아니니 하나는 사람의 육체요 하나는 짐승의 육체요 하나는 새의 육체요 하나는 물고기의 육체라
고전 15:40	하늘에 속한 형체도 있고 땅에 속한 형체도 있으나 하늘에 속한 자의 영광이 따로 있고 땅에 속한 자의 영광이 따로 있으니
고전 15:41	해의 영광도 다르며 달의 영광도 다르며 별의 영광도 다른데

별과 별의 영광이 다르도다

고전 15:42　죽은 자의 부활도 그와 같으니 썩을 것으로 심고 썩지 아니할 것으로 다시 살아나며

고전 15:43　욕된 것으로 심고 영광스러운 것으로 다시 살아나며 약한 것으로 심고 강한 것으로 다시 살아나며

고전 15:44　육의 몸으로 심고 신령한 몸으로 다시 사나니 육의 몸이 있은즉 또 신령한 몸이 있느니라

고전 15:45　기록된 바 첫 사람 아담은 생령이 되었다 함과 같이 마지막 아담은 살려 주는 영이 되었나니

고전 15:46　그러나 먼저는 신령한 사람이 아니요 육 있는 자요 그 다음에 신령한 사람이니라

고전 15:47　첫 사람은 땅에서 났으니 흙에 속한 자이거니와 둘째 사람은 하늘에서 나셨느니라

고전 15:48　무릇 흙에 속한 자는 저 흙에 속한 자들과 같고 무릇 하늘에 속한 자는 저 하늘에 속한 자들과 같으니

고전 15:49　우리가 흙에 속한 자의 형상을 입은 것같이 또한 하늘에 속한 자의 형상을 입으리라

고전 15:50　형제들아 내가 이것을 말하노니 혈과 육은 하나님 나라를 유업으로 받을 수 없고 또한 썩은 것은 썩지 아니한 것을 유업으로 받지 못하느니라

고전 15:51　보라 내가 너희에게 비밀을 말하노니 우리가 다 잠잘 것이

	아니요 마지막 나팔에 순식간에 홀연히 다 변화되리니
고전 15:52	나팔 소리가 나매 죽은 자들이 썩지 아니할 것으로 다시 살고 우리도 변화되리라
고전 15:53	이 썩을 것이 반드시 썩지 아니할 것을 입겠고 이 죽을 것이 죽지 아니함을 입으리로다
고전 15:54	이 썩을 것이 썩지 아니함을 입고 이 죽을 것이 죽지 아니함을 입을 때에는 사망을 삼키고 이기리라고 기록된 말씀이 이루어지리라
고전 15:55	사망아 너의 승리가 어디 있느냐 사망아 너의 쏘는 것이 어디 있느냐
벧전 3:18	그리스도께서도 단번에 죄를 위하여 죽으사 의인으로서 불의한 자를 대신하셨으니 이는 우리를 하나님 앞으로 인도하려 하심이라 육체로는 죽임을 당하시고 영으로는 살리심을 받으셨으니
계 11:11	삼일 반 후에 하나님께로부터 생기가 그들 속에 들어가매 저희 발로 일어서니 구경하는 자들이 크게 두려워하더라

창조적 치유와 기적의 간증

초판발행 | 2009년 4월 21일
초판 2쇄 | 2009년 12월 10일

지은이 | 제리 레오나드

발행인 | 박경진
펴낸곳 | 도서출판 진흥
출판등록 | 1992년 5월 2일 제 5-311호

주소 | (130-812) 서울특별시 동대문구 신설동 104-8
전화 | 영업부 2205-5113, 편집부 2230-5155
팩스 | 영업부 2205-5114, 편집부 2230-5156
전자우편 | publ@jh1004.com
홈페이지 | www.jh1004.com

ISBN 978-89-8114-326-9
값 10,000원